Rainer Köpf
Ich komm, weiß wohl woher!
EINE REISE ZU MARTIN LUTHER

Rainer Köpf

Ich komm, weiß wohl woher!

EINE REISE ZU MARTIN LUTHER

Calwer Verlag Stuttgart

Gedruckt mit freundlicher Unterstützung
der Calwer Verlag-Stiftung

Die im Text verwendeten Lutherzitate sind *kursiv* gedruckt.
Beim Zitieren wurde auf sinngemäße Wiedergabe
und verständliches Deutsch geachtet.

Bibliografische Information der Deutschen Bibliothek

Die Deutsche Bibliothek verzeichnet diese Publikation in der Deutschen
Nationalbibliografie; detaillierte bibliografische Daten sind
im Internet über *http://dnb.ddb.de* abrufbar.

ISBN 978–3–7668–4342–5

2. Auflage 2016
Lektorat: Andrea Scholz-Rieker, Herrenberg
Satz und Herstellung: Karin Class, Calwer Verlag
Umschlaggestaltung: Karin Class, Calwer Verlag
Umschlagmotiv: Porträt Martin Luther um 1525 von Lucas Cranach d.Ä.
© LWL-Museum für Kunst und Kultur (Westfälisches Landesmuseum),
Münster / Dauerleihgabe der Bundesrepublik Deutschland
Foto: Sabine Ahlbrand-Dornseif
Druck und Verarbeitung: Beltz Bad Langensalza GmbH

Internet: www.calwer.com
E-mail: info@calwer.com

Danken möchte ich
Frau Ingrid Olofsson, Beutelsbach
Herrn Kirchenrat i.R. Hans Lachenmann, Satteldorf
Herrn Oberstudienrat i.R. Hanns-Hermann Lohrer, Crailsheim
und meinem Sohn stud. paed. Frieder Köpf, Heidelberg
für die fachliche Beratung.

Inhalt

Geleitwort

Beim Lesen der Lutherbiografie kann man auch eine Reise durch Luthers Glaubensüberzeugungen vollziehen. Was ihn antrieb und bewegte, entdeckt man so aufs Neue. Das Lutherbild des Verfassers ist von Bewunderung geprägt, verschweigt aber auch nicht die dunklen Seiten des Reformators.

Mein Dank gilt Pfarrer Rainer Köpf für dieses Buch, das unterhaltsam zu lesen ist. Für Menschen, die an Reformationsgeschichte interessiert sind, ist es ein großer Gewinn. Und wer Freude am Reisen hat, kann die Biographie gar als Reiseführer verwenden. Schön, dass das Buch dazu anregt, eine „Reformations-Reise" zu machen!

Kurzum: ein gelungener Beitrag zu der Idee, dass das Jubiläum 2017 in den Kirchengemeinden und bei den vielen interessierten Leserinnen und Lesern ankommen möge. Ein Glaubens-, Reise- und Geschichtsbuch mit romanhaften Zügen.

Ich wünsche Ihnen allen eine unterhaltsame und zugleich erbauliche Lektüre. So kann man bei Luther in die Schule gehen und findet unter anderem einprägsame Bilder für die Erneuerungskraft der Bibel, die die eigene biblische Spiritualität neu anregen: „Das Wort Gottes ist wie ein Kräutlein: je mehr man es reibt, umso mehr duftet es" (Martin Luther).

Landesbischof Dr. h.c. Frank Otfried July

Einführung

Und dennoch Luther

In meinem Amtszimmer hängt ein Porträt Martin Luthers aus dem 19. Jahrhundert. Das unzeitgemäß wirkende Bild entstammt dem Nachlass eines pietistischen württembergischen Kinderheimes. Es zeigt eine vollständig vergoldete Lutherstatue auf schwarzem Hintergrund. Als glorifizierter Glaubenszeuge steht Luther auf einem Steinsockel, in dem das trutzige Pauluszitat aus dem Römerbrief eingraviert ist: „Wenn Gott für uns ist, wer mag wider uns sein?" Die Bibel fest in der Hand thront der Reformator auf erhöhtem Podest und schaut, Bismarck gleich, entschlossen nach vorne.

Nicht nur schwäbische Waisenkinder sind mit diesem verklärten „Heiligenbild" groß geworden. Generationen von Protestanten waren von einer geradezu schwärmerischen Lutherverehrung geprägt. In den kritischen 1970er Jahren hat die damalige Heimleitung das Gemälde entsorgt. Es war nicht mehr zeitgemäß. Vom Speisesaal aus gelangte es zunächst in den Speicher und nach einem Frühjahrsputz auf den Flohmarkt. Der neue Zeitgeist hat historische Autoritäten hinterfragt und vermeintliche Helden vom Sockel der Unangreifbarkeit geholt. Hierarchisch Überhöhtes passte nicht mehr zu einer emanzipierten, offenen Gesellschaft. Im Gold eines undifferenzierten Lutherporträts sah man die Schatten überdeckt, im Rausch des Weihrauchs den realen Menschen gefälscht. Unser modernes Lutherbild ist distanzierter, filigraner, vielleicht auch farbiger. Es nimmt zu Recht die grellen, aber auch die dunklen Seiten des Reformators wahr. Luther selbst hätte sicher nichts gegen die Entschleierung seines Denkmals gehabt. Mit scharfem Verstand und drastischer Zunge hätte er jeden Personenkult schnell enttarnt und zur Strecke gebracht. Ich habe mir dieses ausrangierte Lutherporträt dennoch ins Büro gehängt.

Es ist nicht nur das eigenwillig Surreale, das die Darstellung für mich anziehend macht. Und es ist auch nicht bloß das Vergangene, das als Entmachtetes wieder exotisch zu wirken beginnt. Die goldene Lutherikone bringt in ihrer kindlichen Einseitigkeit eine Saite meines eigenen „Luthergefühls" zum Schwingen. Ein malender Pfarrkollege kam einmal zu Besuch und hat das Bild eingehend betrachtet. Als er die Stirn in Falten legte, fragte ich ihn: „Dir gefällt es wohl nicht?" Er antwortete ganz offen: „Man muss Luther mögen, um das Bild zu mögen!"

Ich mag Martin Luther. Sein Aufstieg vom Handwerkersohn zum Akademiker spiegelt sich in meiner eigenen Biographie wider. Seine inneren Kämpfe kenne ich: Er ist hin- und hergerissen zwischen Tradition und Aufbruch, zwischen Wurzeln und Wachsen. Das Gesetz des Müssens fordert und überfordert ihn. Er ringt um existentielle Annahme und Überwindung der Daseinsangst. Durch seine unverstellte Art wirkt er gelegentlich wie ein Elefant im Porzellanladen. Calvin und viele Feingeister hat das erschreckt. Ich finde es glaubwürdig und attraktiv, dass Klarheit ihm wichtiger ist als politische Correctness. Er schwadroniert nicht mit staatstragenden Floskeln, sondern trägt munter sein Herz auf der Zunge. Die Bücherregale können die Fülle seiner pulsierenden Schriften kaum fassen. Wie bei einer im innersten Wesen Gottes entsprungenen Quelle sprudeln die Worte aus ihm heraus. Obwohl das ordnende Kriterium *was Christum treibet* alles intellektuelle Erkennen leitet, fehlt eine schriftliche Dogmatik, die systematische Zusammenfassung seines Denkens. Seine Schlussfolgerungen entziehen sich der berechenbaren Zwangsläufigkeit. Sein Blick ist offen für Gott. Seine dynamische Theologie bleibt im Fluss und bewässert unverbraucht die Felder unserer Gegenwartsfragen. In seiner Sprache fließt Strom von oben. Auch Luthers Persönlichkeit ist mit systematisierendem Schubladendenken nicht zu fassen. Er ist der ganz eigene, zutiefst geniale und zutiefst schwache Mensch. Sein Reflektieren, Predigen und Beten geschieht in kindlicher Unmittelbarkeit vor Gott. Ob er zitternd erschrickt vor dem Dunkel des eigenen Lebens oder ob er sich überschwänglich freut über die leckeren Hechte im Rhein: Der Schöpfer ist immer präsent. Unterschiedliches geht bei Luther noch zusammen: Kopf und Herz, Wort und Tat, Begriff und Bild, Bibel und Bier. Seine ethischen Äußerungen wirken lebendig und überraschend. Seine „Denkschriften und Verlautbarungen" sind keine im Voraus berechenbaren Gebetsmühlen. Man hört ihm noch zu. Und trotz dampfwalzenartiger Leidenschaft kann er sich einfühlen in Andersdenkende. Dass er dem Gegner Johann Tetzel an dessen Sterbebett einen ergreifenden Trostbrief schickt, zeigt die seelsorgerliche Wärme. *„Die Geister lasset aufeinander prallen, aber die Fäuste haltet stille."* Luther kann hart kämpfen, aber auch vergeben. Wie kaum ein anderer besitzt er ein Gefühl für die wunderbare Bedeutung des Wortes „Gnade". Natürlich ist da die „gratis" geschenkte Erlösung zum ewigen Leben, die „Rechtfertigung allein aus Gnaden". Aber er erlebt sie bereits in der Schöpfung. Dass wir leben und atmen und da sein dürfen, dieses täglich zu erfahrende Geschenk ist spürbare Gnade. Noch in seinen letzten Lebenstagen freut er sich über die köstlichen Eislebener Forellen und den guten örtlichen Wein. Bis zum letzten Atemzug lebt er unmittelbar aus der Hand seines Schöpfers als dankbares Gotteskind. Wo das Leben schon in dieser Welt zu seiner Bestimmung gelangt, triumphiert für ihn göttliche Gnade. Für Johann Wolfgang von Goethe war es besonders „Luthers Charakter", der „der Menge imponiert", alles Übrige sei „verworrener Quark".

Mir erging es anders. Auch ich war als Jugendlicher begeistert von Luthers dramatischer Biographie, wie er als kleines „Mönchlein" die Welt aus den Angeln gehoben hat. Aber mehr noch faszinierte mich später seine reformatorische Theologie. Aus manchen Verwirrungen heraus hat sie mir die Pforten ins Verstehen der Schrift geöffnet. Erst die Unterscheidung von Gesetz und Evangelium hat mir die Bibel lieb gemacht. Das Studium seiner Abhandlung „Vom gefangenen Willen" hat mich in meinem Gottesbild erschüttert und mir schlaflose Nächte bereitet. Es kränkt den Menschen, wenn sein

Heil zu hundert Prozent an Gottes Willen hängt. Aber am Ende stand ein befreites Aufatmen und Staunen über die verlässliche Liebe Gottes. Ich empfinde Dankbarkeit für das, was Martin Luther durch sein Vorbild und seine Lehre mir wurde.

Allerdings gibt es auch die düstere Seite. Das offene Visier Luthers macht auch die Schwächen sichtbar. Sein ungebremstes Auftreten hat einen Preis. Die theologische Eindeutigkeit löst in einer multikulturellen, um Toleranz bemühten Gesellschaft Widerspruch aus. Manche seiner Briefe strotzen geradezu vor Beleidigungen. Manche Hetzformulierungen wären nach heutigem Gesetz strafbar. Im Internet kann sich der User mit Lutherworten persönlich beschimpfen lassen. Die kämpferische Forschheit hinterlässt bei Gegnern tiefe Verletzungen, denn *„nichts wird langsamer vergessen als eine Beleidigung"*. Die Ökumene wird belastet durch entwürdigende Ausfälle Luthers gegen den Papst und die römische Kirche. Wirkt er manchmal nicht rechthaberisch? Seine krankhaft hasserfüllten Äußerungen über die Juden sind unentschuldbar. Hat er dem Antisemitismus nicht die Sprache geliefert? Sein obrigkeitsorientiertes Denken wirkt anachronistisch. Friedrich Engels sieht in ihm einen „Bauernverräter". Schaden Luthers „Heftigkeit, Wildheit und Zorn" (Calvin) nicht dem reformatorischem Werk? Kritische Fragen rütteln heute am Denkmal. Mit Recht wird am Glanzlack des Lutherbildes gekratzt. Luther hat das selbst auch schon getan. Er sah sich nicht als heiliges Vorbild oder gar Kirchenpatron. Auf die Frage, ob man seine Anhänger „lutherisch" nennen sollte, antwortete er: »*Wie käme denn ich armer stinkender Madensack dazu, dass man die Kinder Christi mit meinem heillosen Namen nennen sollte?"* Warum wird er dennoch im Rahmen einer eigenen Reformationsdekade gefeiert? Warum gehört er dennoch laut Umfragen zu den „größten Deutschen"? Finden wir in diesem schwachen Gefäß nicht doch am Ende eine Perle, die strahlt? Gibt es in der Bewertung seiner Person und ihres Werkes nicht doch am Ende „mehr Licht als Schatten" (Paul Dieterich)? Wenn Großes entsteht, sind die Spötter nicht weit, denn *„wo Christus seine Kirche baut, baut der Teufel seine*

Kapelle daneben". Ganz klar: Wer die Stacheln einer Blume nicht beachtet, wird sich daran stechen. Wer aber ausschließlich auf die Dornen schaut, wird die Rose nie blühen sehen. Was ist das Gold, das uns in Luther entgegenglänzt?

Im Rahmen einer Familienfreizeit in der Wittenberger Elbregion wollte unsere Urlaubergruppe eine alte Klosterkirche besichtigen. Sie befand sich unweit unseres Freizeitheims. Das dazugehörige Dorf hatte vielleicht 120 Einwohner. Das einstige Pfarrhaus war vermietet, die Kirche verschlossen. Als Kontaktadresse wurde im Schaukasten der Kirche das Büro der Superintendentur angegeben. Die Leitung des Kirchenkreises war für die Verwaltung der Kirche zuständig. Wir interessierten uns für eine Kirchenführung. Bei der telefonischen Anfrage wurde uns allerdings mitgeteilt, dass es niemanden gäbe, der uns die Kirche öffnen und erklären könne: „Im Dorf gibt es keine aktiven Gemeindeglieder mehr!" Wir waren betroffen von dieser Information. Ist der evangelische Glaube hier ausgestorben? Gibt es niemanden mehr, der sich mit dem Gotteshaus identifiziert? Wie konnte am Quellort der Reformation der Strom des Glaubens derart versiegen? Nach ein paar Stunden erreicht uns ein überraschender Rückruf. Am Apparat ist das Kirchenkreisbüro: „Eine Kirchenbesichtigung ist nun doch möglich. Der Superintendent selbst wird Sie führen."

Was wir nun in der Kirche erleben, ist ein Feuerwerk der Worte und Gefühle. Der erwartete Kirchenfunktionär entpuppt sich als leidenschaftlicher Geistlicher und mitreißender Prediger. Nüchtern schildert er uns die Situation seiner ostdeutschen Heimat: „Es wächst jetzt die dritte Generation ohne Gott heran. Sozialismus und Nationalsozialismus haben die Menschen gegen die Gottesfrage immunisiert. Viele haben Gott nicht nur vergessen: Sie haben vergessen, dass sie Gott vergessen haben. Der Atheismus ist zum Alltagsgefühl der Menschen geworden. Man definiert sich nicht als evangelisch oder katholisch. Man sieht seine Konfessionslosigkeit als sinnvoll und normal an. Unsere Kirchgemeinden sind oft überaltert. Die Jüngeren sind in den Westen gezogen. Der Genosse Trend der Kirche heißt immer noch Rückzug. Manche Kollegen haben resigniert." Doch statt in dieser Beschreibung mutlos aufzugehen, strömt uns sprühende Zuversicht entgegen. Der Superintendent erinnert uns an die vielen Wunder, die geschehen seien: dass bei der friedlichen Revolution die Kerzenlichter stärker waren als die Kanonenrohre der DDR-Panzer. Dass die Kirche den harten Gegenwind dieser Jahrzehnte überlebt habe und heute in vielen Dörfern als verlässlicher gesellschaftlicher Partner von den Kommunen geschätzt werde. Dass sich neue Möglichkeiten ergeben im Bereich von Religionsunterricht und Schulgründungen. Dass konfessionslose Menschen ganz selbstverständlich bei der Renovierung ihrer Dorfkirche mithelfen. Dass es neben harter Gleichgültigkeit doch auch Bewegung gäbe: Erwachsenentaufen und Kircheneintritte. Wie ein Steuermann, der kraftvoll gegen den Sturm segelt, erzählt er:

„Diese Klosterkirche stand kurz vor dem Abbruch. Es gab hier keine Gemeindegottesdienste mehr. Niemandem schien sie mehr wichtig zu sein. Doch die Wende kam genau rechtzeitig. Mit westlicher Finanzhilfe konnten wir sie erneuern. Örtliche Hände haben sich motivieren lassen zur Mithilfe. Heute gibt es ein wöchentliches Friedensgebet, regelmäßige Konzerte, vierteljährliche Gottesdienste. Die Kirche beginnt wieder zu arbeiten. Ich bin dankbar für den Wohlstand, der aus dem Westen kommt, aber er wärmt nicht die Herzen. Auch unsere Seelen brauchen eine Heimat. Die Menschen werden wiederkommen. Hier wurde achthundert Jahre lang Gottes Wort verkündigt, und ich bin gewiss, dass dies auch noch in achthundert Jahren so sein wird."

Und dann erinnert er uns an die reformatorische Tradition und an das reiche Erbe dieser Region, und es war, als wäre es in ihm lebendig geworden, als gehöre er zu denen, die das Feuer des Glaubens weitertragen, weil er mit Luther weiß: *„Wir sind es doch nicht, die da die Kirche erhalten könnten. Unsere Vorfahren sind es auch nicht gewesen. Unsere Nachfahren werden's auch nicht sein; sondern der ist's gewesen, ist's noch und wird's sein, der da sagt: ‚Ich bin bei* *euch alle Tage bis an der Welt Ende.*'" Aus den hoffnungsvollen Augen dieses Mannes hat ein trotziges Dennoch gefunkelt, das an Luther erinnert. Plötzlich leuchten die Steine, und durch den Staub der Geschichte funkelt das Gold des Evangeliums. Der glaubensgewisse Superintendent hat uns bei seiner Kirchenführung die toten Steine lebendig gemacht. Was zu kalter Leblosigkeit geronnen erschien, begann plötzlich durch seine Worte zu wärmen.

Dasselbe Anliegen verfolgt dieses Buch. Auf dem Hintergrund seiner Wohnorte wird Luthers Leben erzählt. Dem schweigenden Vergessen wird das „Schreien der Steine" (Lukas 19,40) entgegengestellt. Luthers Lebensstationen sollen transparent werden für seine theologischen Entdeckungen und die aktuelle Relevanz seiner Gedanken.

Bei Luther lernen wir, dass religiöse Gleichgültigkeit keine moderne Erscheinung ist. In einer Predigt über die Freude auf das ewige Leben zitiert Luther ein Stammtisch erprobtes mittelalterliches Gedicht von Martinus von Biberach. Es nimmt das unbekümmerte Lebensgefühl vieler Zeitgenossen auf und wurde später von Bertolt Brecht zitiert:

Ich komm – weiß nit, woher.
Ich geh – weiß nit, wohin.
Mich wundert, dass ich fröhlich bin.

Luther lehnt diesen Spruch als „Reim der Gottlosen" ab. Die Christen lebten doch genau in der umgekehrten Situation. Sie kennen Ursprung und Ziel ihres Lebens. Und trotzdem hätten sie oft Angst in der Welt. Deswegen hat Luther daraus ein ermutigendes Gegengedicht gemacht:

Ich komm – weiß wohl, woher.
Ich geh – weiß wohl, wohin.
Mich wundert, dass ich traurig bin.

Deswegen gefällt mir mein vergoldeter „Büro-Luther". Die Worte des Reformators sind für mich wie ein erquickender Strom mitten in Wüstenzeiten, ein Aufruf zur Zuversicht, wenn die Anfechtung groß ist.

Vorschläge für Stadtrundgänge von Möhra bis Eisleben sind mit einem grauen Strich auf den jeweiligen Seiten markiert.

Möhra

Zur Quelle

Man kann das Leben Martin Luthers mit einem Fluss vergleichen. Mal wild und sprudelnd in den Kämpfen der jungen Jahre, dann wieder in sich ruhend dahingleitend an hellen Sonnentagen, wenn das „Evangelium seinen Lauf" von ganz alleine tut. Reißende Stromschnellen und gefährliche Untiefen, wenn er wie ein Getriebener hastend fortgerissen wird vom Gefälle der sich verändernden Zeiten. Zum Ende hin dann ein breiter Strom, eine fast melancholische Schwere. Das Fließen wird langsamer, manchmal wie träge stehendes Wasser. Doch es gibt kein Zurück.

Da sind die vielen Rinnsale und Bäche, die den Fluss auf den Weg gebracht haben: eine herausfordernde Erziehung durch die Eltern, die gründliche Schulausbildung, klärende Zeiten im Kloster und an der Universität. Da sind menschliche und geistliche Lernerfahrungen, welche die ausgetrockneten Bachläufe seiner Existenzfragen tropfenweise angefüllt haben. Und dann die große Unterbrechung, wie ein vulkanisches Geschehen unmittelbar aus dem Herzen Gottes heraus: Er entdeckt die voraussetzungslose Gnade des himmlischen Vaters. Er macht die bestürzende Grunderfahrung des geschenkten Daseins. Für Luther war das nicht nur ein geistiges, sondern vielmehr ein alle Lebensadern umfassendes schöpferisches Ereignis. Er hat das Paradies erlebt und zittert vor glücklicher Erschütterung. Als ob ein Erdbeben ihm ein ganz neues Flussbett aufgerissen hätte, den Weg in die herrliche Freiheit der Kinder Gottes.

Dieser Strom verändert die deutsche Landschaft. Er ordnet mit seiner Fließrichtung die ganze Welt neu. Wie eine Kultur schaffende Lebensader ziehen Luthers Leben und Denken die Menschen in ihren Bann. Die Reformation prägt die westliche Gesellschaft über Jahrhunderte hinweg. Flüsse stiften Identität.

Vergleicht man also Luthers Leben mit einem Fluss, dann liegt hier im beschaulichen Möhra dessen Quelle. Hier fängt seine Familiengeschichte an. Hier steht das Stammhaus der Luthers.

Zur Welt gekommen ist der kleine Martin zwar woanders. In Eisleben, im östlichen Harzvorland, rund 160 Kilometer nordöstlich von hier. Sein Vater Hans war dort mit der Familie auf der Suche nach einer neuen beruflichen Existenz kurzzeitig untergekommen. Im Mansfelder Land boomte damals das frühindustrielle Wirtschaftsleben. Mit seiner hochschwangeren Frau war er hier angelangt. Eisleben ist eher zufällig zum Geburtsort geworden. Die Beziehungen dorthin gehen nicht in die Tiefe. Ein dort ansässiger Onkel der Mutter ist der Anknüpfungspunkt. Die Bande zu diesem Ort sind eher oberflächlich episodenhaft.

Gezeugt jedenfalls könnte Martin Luther hier in Möhra geworden sein, der jahrhundertelangen Heimat seiner Vorfahren. Frisch verheiratet haben seine Eltern wohl noch manche Zeit im Haus des alten Vaters Heine Luder verbracht, bevor sie sich auf den Weg in die weite Welt gemacht haben ins Mansfelder Land. Hier in Möhra, auf der Westflanke des nördlichen Thüringer Waldes, ist der Lebensraum des Lutherclans. An den Quellen dieser Landschaft wurzelt ihr starker Stamm.

Bereits um das Jahr 1300 herum findet sich in Möhra ein Wigand von Lüder. Ritter soll er gewesen sein und aus Großenlüder bei Fulda stammen. Ist er zum Ahnherrn des Reformators geworden? Eine adlige Herkunft? Namen erschlossen sich im Mittelalter nicht vom Schreiben, sondern vom Hören her. Es gab keinen Duden, der die orthographische Richtigkeit eines Begriffes bestätigte. Die meisten Menschen konnten nicht lesen. Ob Lüder, Luder, Ludher oder Luther, ob hessisch, thüringisch oder sächsisch – je nach Mundart klang es stets ein wenig anders, aber alle wussten: Das ist ein und dieselbe Person. Auch Martin Luther selbst hat seinen Namen mindestens auf drei verschiedene Weisen geschrieben. Und das Wörtchen „von" charakterisierte damals nicht unbedingt eine adlige Herkunft. Es hatte vor allem einen ortsanzeigenden Charakter und konnte auch sagen: Wigand, der „von" dem Ort „Lüder" herstammt.

Auch Ortsnamen veränderten sich. Möhra hieß früher einfach nur „Moor". Das erinnert an die namensgebende geologische Landschaft, ein ausgedehntes Feuchtgebiet, das auch im Namen der heutigen Großkommune weiterlebt. „Moorgrund" nennt sich der Gemeindeverband, zu dem Möhra mit seinen rund 600 Einwohnern seit 1994 gehört.

Durch seine Nord-Südlage liegt das Mittelgebirge des Thüringer Waldes wie eine 150 Kilometer lange Staumauer frontal zur Hauptwetterseite. Es regnet überdurchschnittlich viel. Aus Sümpfen werden Moore. Die kargen Böden können nur wenige Menschen ernähren. Der mühevolle Lebenskampf, der manchmal wie ein Fluch auf dem Land lastete, konnte aber auch Segen bedeuten. Zum einen sagt Luther einmal rückblickend: *Anstrengungen machen gesund und stark.*" Segen ist nicht nur das Geschenkte, sondern auch das Erworbene, auch die Erfahrung des Bewältigens von Problemen durch eigene Kraft. Und dann: Wer angesichts solcher herausfordernden Lebensbedingungen freiwillig hierher zieht, dem muss man schon etwas bieten. Von der Grundherrschaft her müssen attraktive Autonomie- und Besitzrechte garantiert werden, die das Siedeln und Bleiben in diesem herben Gebiet fördern.

So entstand im Thüringer Wald eine relativ freie, selbstbewusste Bauernschaft, die nur einen weltlichen Patron über sich kannte, den sächsisch-thüringischen Kurfürsten. Die hiesigen Landwirte mussten nicht vielen Herren dienen, wie ihre Berufskollegen in Süddeutschland, von woher im späteren Bauernkrieg die stärkste revolutionäre Sprengkraft kam. Sie waren keine Leibeigenen, die von den Erwartungen ihrer Besitzer schier erdrückt wurden. Der Kurfürst verlangte nicht viel mehr als den jährlichen Gulden für ein Zugviehgespann, eine Art Maschinensteuer. Dazu eine überschaubare Abgabe für Haus und Hof. Das war bezahlbar. Der Freibauer war nicht am Fürsten festgekettet. Er durfte den Wohnort wechseln und besaß das damals nicht selbstverständliche Recht, sich die

Ehefrau ohne obrigkeitliche Mitsprache aussuchen zu dürfen. Eigenständig waren die hiesigen Bewohner auch in der Bewirtschaftung der Allmenden, der gemeinsamen kommunalen Güter. Wald, Weide und Wasser wurde ohne Zutun des Grundherrn untereinander verteilt. Auch kleinere Rechtssachen durften auf gemeindlicher Ebene entschieden werden. Ein Dorf mit einem hohen Maß an politischer Selbstbestimmung.

Bei aller Freiheit, die den Möhraer Bauerngeschlechtern gewährt wurde: *Eine* juristische Bedingung gab es. Das Erbe durfte nicht geteilt werden. Der Hof musste am Stück an die nächste Generation weitergegeben werden. Erbberechtigt war immer der jüngste Sohn.

Nur wenn der Hof beieinanderbleibt, kann eine Familie davon existieren. Und dass gerade der jüngste Sohn erben sollte, war weitsichtig. Die Eltern konnten somit den Hof relativ lange selber bewirtschaften und die Kinder als Arbeitskräfte in ihrer Obhut behalten. Dadurch war es ihnen möglich, sich um deren weitere Versorgung nachhaltig zu kümmern. Denn von welchen Gütern leben die übrigen, die nicht-erbberechtigten Geschwister?

Wer nicht auf andere Bauernhöfe „einheiraten" oder sich eine eigene kleine Existenz aufbauen konnte, der diente als Knecht oder Magd beim Bruder auf dem elterlichen Hof. Einige der leer ausgegangenen Geschwister verließen aber auch ihre Heimat auf der Suche nach Arbeit und Brot. Der Abwanderungsdruck war groß in Gegenden, in denen das so genannte Anerbenrecht herrschte.

Diese harte Erbregelung war der Preis dafür, dass den bestehenden Höfen eine effiziente, wirtschaftliche Existenz bewahrt wurde und führte dazu, dass die Familien über Generationen hinweg sehr beständig auf ihren Höfen saßen. Die Sippschaft des Reformators zeigt sich als eine überaus ortsgebundene Familie. Im Jahr 1531 sind es mindestens vier Familien „Luder", die in Möhra wohnen. Sie halten ihre Stammhäuser jahrhundertelang in Familienbesitz. Auch in den umliegenden Gemeinden ist der Name vertreten. Martin Luther sagt einmal, dass seine Verwandtschaft „*fast die ganze Gegend einnehme*". Und dieser Eindruck gilt bis heute. Waren in vielen Regionen Deutschlands durch den Dreißigjährigen Krieg ganze Bauerngeschlechter ausgelöscht oder von ihren Dörfern vertrieben worden, so haben sich die Luthers am Ort behauptet. Im Telefonbuch des Jahres 2013 findet man für die Gemeinde Moorgrund noch neun verschiedene Anschlusspartner mit dem Namen „Luther".

Zur bodenständigen Stabilität kommt die finanzielle Solidität. Aus Steuerlisten geht hervor, dass Luthers Großvater Heine und die mit den Luthers verschwägerten Familien Ziegler, Parchelt, Eckhardt und Kehr zu den sieben reichsten Bauern des Dorfes gehören. Innerhalb der örtlichen Honoratiorenschicht verehelicht man sich untereinander. Es geht nach dem Motto frommer Lebenstüchtigkeit: „Gott hat sie zusammengeführt, aber die Äcker liegen auch beieinander." Aus deren Häusern kommen die Entscheidungsträger des Ortes: ehrenamtliche Bürgermeister, Räte und Dorfrichter. Martin Luther bekennt einmal, dass er selber, wenn sein Vater nicht nach Mansfeld gezogen wäre, in diesen Tätigkeiten seine Bestimmung gefunden hätte: *„Ich hätte eigentlich ein Vorsteher, Schultheiß und was sie sonst im Dorf haben, irgendein oberster Knecht über die anderen, werden müssen."* In solchen Familien ist man gewohnt, Verantwortung für das Gemeinwohl zu übernehmen, Entscheidungen zu treffen und Vorbild für andere zu sein.

Martins Vater Hans war nicht erbberechtigt. Er scheint der älteste der vier Luder-Buben gewesen zu sein. Heinz war der jüngste Sohn des alten Heine, der designierte Hoferbe. Was bekam der Erstgeborene? Gab es für ihn eine berufliche Perspektive?

Aufschlussreich ist, dass die Familie Eigentumsanteile an einer Mühle besaß, die zwischen Möhra und Ettenhausen lag. Ursprünglich war es eine Kupfermühle. Zahlreiche aufgelassene kleine Bergwerke zeigen, dass es durch das ganze Mittelalter hindurch Versuche gab, im Thüringer Wald Eisen, Kupfer und andere Mineralien zu gewinnen. Doch die Bemühungen blieben meistens enttäuschend. Die Erträge deckten oft nur die Binnenbereiche des regionalen Eigenbedarfs ab. Das Kupfererz war von schlechter Qualität. Es lohnte sich nicht mehr. Als das Mühlengebäude später verkauft wird, ist zu erfahren, dass in den 1480er Jahren aus der ehemaligen Kupfer- eine Getreidemühle geworden war. Die Umwandlung von der Metall- zur Kornverarbeitung geschah ungefähr zu der Zeit, als Hans ins Mansfelder Hüttenrevier ausgewandert ist. Ist das ein Zufall? Hat er sich vielleicht bereits als junger Erwachsener in einer Art Nebenerwerbstätigkeit den Geschmack und die Kenntnisse geholt für sein weiteres berufliches Fortkommen als Bergmann? Hätte er vielleicht, bei guten Umständen, die Mühle und das Hüttengewerbe übernommen? Und wollte er nun dorthin, wo der Kupferabbau lukrativer zu sein schien? Das junge Ehepaar verließ jedenfalls die Gegend. Der zukünftige Reformator wurde im Mutterleib davongetragen.

Aber Martin Luther ist später gerne hierher zurückgekommen. Er hat sich seines Möhraer Familienclans nicht geschämt. Als er die weiterführende Schule besucht und zu diesem Zweck ins nahe Eisenach umzieht, pflegt er Kontakt hierher. Ein dreistündiger Sonntagsspaziergang führt den Lateinschüler von seiner Lehranstalt aus leichtfüßig zu seinen Cousins und Cousinen hinter dem Wald. Vorbei an der Wartburg steigt ein Seitenpfad des Rennsteigs munter hinauf in den Thüringer Wald. Nobelpreisträger Thomas Mann schwärmt davon, dass die Natur hier „immer schöner, bedeutender und romantischer" wird. Man gelangt durch das Dickicht des Gehölzes in die Weite des Moorgrundes. Der Wanderer wird von „freundlichen Haufendörfern aus Fachwerkhäusern" sonnig begrüßt. Für den städtischen Teenager ist es eine fröhliche Landpartie. Ein Stück Heimat abseits des fernen Mansfelder Elternhauses.

Luther redet positiv über seine Verwandtschaft. Seinem Landesherrn bekennt er später, dass die hiesige Familie ihm „*geholfen hat*". Selbst als er bereits deutschlandweit bekannt ist, stellt er sich vorbehaltlos zu seinen bäuerlichen Angehörigen und verwendet sich beim Kurfürsten für den in finanzielle Schwierigkeiten geratenen Onkel Heinz. Dieser würde gewiss „*tun, was er für diesen Hof schuldig ist*". Luther bürgt für ihn und macht deutlich: Ich kenne ihn. Er wird seinen fälligen Kredit baldmöglichst begleichen. Offenbar war Heinz durch außergewöhnliche Umstände in Zahlungsrückstand geraten.

Am besten dokumentiert ist Luthers Aufenthalt in Möhra am 4. Mai 1521. Diese Sternstunde der Ortsgeschichte ereignet sich auf dramatischem Hintergrund. Mit dem Pferdewagen vom Rhein herkommend hat er bewegende Erlebnisse im Gepäck. Auf dem Wormser Reichstag hatte Luther öffentlich das Evangelium bezeugt, sich geweigert, seine Lehren zu widerrufen und war verurteilt worden. Vom Papst gebannt und vom Kaiser geächtet befindet er sich nun fast schutzlos auf der Rückfahrt nach Wittenberg. Unterwegs erreicht ihn eine durch Boten überbrachte Einladung zum Besuch seiner Verwandtschaft. Wer steckt dahinter? Gibt es eine kurfürstliche Regieanweisung für diesen Umweg? In Eisenach verlassen er und seine immer weniger werdenden Begleiter den breiten Heerweg, die Hauptstraße nach Gotha. Der Wagen biegt ab Richtung Südosten. Auf unübersichtlichen Seitenpfaden geht es weiter durch baumreiches, bergiges Gelände. Möhra kommt in Sicht. Von dort aus würde er morgen weiterreisen. Bei der Steige des Steinbacher Glasgrundes, zwei Wegstunden entfernt von hier, wenn die Pferde langsamer werden, würden sie ihn dann in Schutzhaft nehmen und auf die Wartburg bringen. Die Bergfeste seines Landesherrn würde zum Kavaliersgefängnis, zum rettenden Exil werden. Aufregende letzte Stunden vor der geplanten Hilfsoperation seines Schutzherrn Friedrichs des Weisen. Wie gut tun einem in Zeiten der Anfechtung die vertrauten, kampffreien Räume. Der Hof des Onkels. Ein warmes Willkommen. Das stärkende Essen. Eine sichere Schlafstatt. Wohltaten für Leib und Seele. Als ob sich der prominente Durchreisende in dieser Heimatlosigkeit noch einmal seiner Wurzeln versichern wollte, ein Rasten des Hastenden. Er holt sich Kraft an der erfrischenden Quelle des familiären Zusammenhaltes.

Und er versammelt sie alle um sich. Am nächsten Morgen hält er eine Predigt unter freiem Himmel. Auf dem Dorfplatz wollen ihn Hunderte hören. Man kennt sich und weiß voneinander. Es ist ein Heimspiel. Luther steht im Nachrichtenzentrum des Ortes, direkt unter der mächtigen Dorflinde. Hier wurde früher Gericht gehalten. Auch manch politischer Friedensschluss ist unter dem Baum bekannt gegeben worden. Der berühmt gewordene Wittenberger

Luther predigt in Möhra

Professor – freilich ein Aufsteiger, aber doch auch „einer von uns" –
verkündigt unter dem Baldachin des Blätterdaches das Evangelium:
das Gericht über fromme Werkgerechtigkeit und den Frieden für
verängstigte Seelen. Ganz Möhra steht hinter ihm in diesen schweren Stunden vor seiner fingierten Gefangenahme.

Was ist von dieser innigen Beziehung geblieben? Wie stellt sich
der Ort dem heutigen Besucher dar?

Die Dorflinde gibt es seit 150 Jahren nicht mehr. Da, wo Luther
einst predigte, steht seit dem Jahr 1861 sein fünfeinhalb Meter
hohes Bronzedenkmal. Es ist der augenscheinliche Ausgangspunkt
einer „neueren" Luthererinnerung des 19. Jahrhunderts. Die Welt
hat in den davorliegenden Jahrhunderten nicht viel von Möhra
gewusst. Luthers Stammort lag im Windschatten der Geschichte.
Man war hier evangelisch geworden, nicht aus Lokalpatriotismus,
sondern weil es der zuständige Kurfürst angeordnet hatte. In manchen eingesessenen Familien mag das Luthergedächtnis wach geblieben sein, aber die Augen der gebildeten Gesellschaft richteten
sich auf andere Lutherstätten, vorrangig nach Wittenberg. Die Uni-

versität an der Elbe wurde zum blühenden Anziehungspunkt vieler protestantischer Studenten. Über zweihundert Jahre hinweg prägte sie geistiges Leben im reformatorisch gesinnten Europa.

Erst am Ende des 18. Jahrhunderts verändert sich die akademische Wahrnehmung. Der Blick geht weg von den alten Griechen und ihren klassischen Vorbildern. Wissenschaftler und Künstler entdecken die eigene Nation. Die nun einsetzende Zeit der Romantik sucht ihre Ideale nicht mehr im antiken „ausländischen" Götterhimmel, sondern im Wurzelwerk germanisch-mittelalterlicher Mythen. Das „Kind aus dem Volk" mit seiner authentischen Reinheit wird zum Gegenstand forschenden Interesses gegen alles „Verbildete". Das sich emanzipierende Bürgertum sucht seine Identität im eigenen Herkommen. Die Werte der überschaubaren Welt des bäuerlichen Dorfes werden verklärt gegenüber der vermeintlich dekadenten, städtischen Lebensweise des Adels. Das 19. Jahrhundert ist eine Zeit der Ausgräber und Quellensucher. In der Gegenbewegung zur aufkommenden Industrialisierung entdeckt man den „deutschen Wald" als Ur-Ort des Lebens. Man sucht den geheimnisvollen Zauber verwunschener Plätze in Mooren, Bachläufen und Bergschluchten. „Ad fontes", der humanistische Ruf „zu den Quellen", wird in der Romantik zu einem Appell, die Wahrheit nicht in den Tempeln von Peloponnes, sondern im kulturellen Wurzelgrund des eigenen Landes zu finden. Der schwäbische Musikpädagoge Friedrich Silcher notiert die Lieder des einfachen Volkes. Die hessischen Gebrüder Grimm veröffentlichen alte Erzählungen, die die Großmutter noch wusste. Es entstehen gedruckte Sammlungen von Liedern und Sagen. Es ist, als würde ein verschütteter Quelltopf wiederentdeckt, ausgegraben und neu für die Menschen gefasst.

Aus diesem Geist heraus entsteht auch das berühmte „Deutsche Märchenbuch". Es stammt von dem Meininger Apotheker und Sagenforscher Ludwig Bechstein. Der herzogliche Kabinettsbibliothekar ist ein Universaltalent und wird auch zum Hauptinitiator des Möhraer Lutherdenkmals. Die romantische Sehnsucht braucht Pilgerorte und Symbole, deutsche Helden wie Martin Luther, die aufs Podest der Bewunderung gestellt werden. Bechstein geht voran und ruft eine Spendenaktion ins Leben. Zum 300. Todestag des Reformators 1846 soll die bronzene Skulptur fertig sein. Bechsteins Freund, der Meininger Hofbildhauer Ferdinand Müller, hat sie entworfen. Aber es zieht sich hin. Zwischen ungestümer Anfangsbegeisterung und praktischer Umsetzung liegt der meist lange Weg finanzieller und handwerklicher Realitäten. Als die überlebensgroße Darstellung 1861 in Anwesenheit fürstlicher Vertreter und unter Absingen des Chorales „Ein feste Burg ist unser Gott" feierlich enthüllt wird, ist Ludwig Bechstein bereits gestorben. Seine Dichterworte aber fassen die Gefühle der Festgesellschaft zusammen und klingen als Rezitation übers Land:

O Möhra, so beglückt und so verlassen.
Du hast ein Recht zu jubeln und zu klagen.
Der arme Bergmann ist davon gezogen.
Im fremden Land vielleicht das Glück zu fassen.
Dir – ward dein Stern im Mutterschoß enttragen.

Lutherdenkmal neben dem Stammhaus

Ist dieses Ehrenmal mit seiner heldenhaften Gestik und den im Sockel dargestellten biographischen Schlüsselszenen ein idealisiertes Lutherbild, eine überhöhte Heiligendarstellung? Zumindest ist es ein Trostpflaster für die entgangene Ehre, der Geburtsort dieser einmaligen Persönlichkeit geworden zu sein. Den bronzenen Reformator jedenfalls ließen sich die Einwohner Möhras nicht mehr nehmen. Als das Denkmal während des Zweiten Weltkriegs zu Kanonenfutter verwandelt und eingeschmolzen werden sollte, gab es mutige Ortsverantwortliche und gewiefte Beamte, die mit einer behäbigen Verzögerungstaktik die in Berlin befohlene Ablieferung zu verhindern wussten. Diesmal haben sie sich ihren Luther nicht „enttragen" lassen.

Die Ortsbesichtigung beginnt man am besten hier, im Zentrum des Dorfes, auf dem Lutherplatz, Auge in Auge mit dem denkmalgewordenen Glaubenszeugen. Auf den ersten Blick sieht man schon das Wichtigste:

Luthers rechte Hand zeigt auf ein typisch thüringisches Fachwerkhaus am Lutherplatz Nr. 1. Es ist „Dr. Martin Luthers Stammhaus". Aller Wahrscheinlichkeit nach war er in diesem Haus des Großvaters mehrfach zu Gast. Es ist der mutmaßliche Geburtsort seines Vaters. Das Gebäude wurde nach einem Brand 1618 von einem Georg Luther wieder neu aufgebaut. 1982 wurde bei einer Renovation der ursprüngliche Zustand wiederhergestellt. Das Haus ist nicht zu besichtigen, aber zu bewohnen. Wer rechtzeitig bucht, kann in einer der Ferienwohnungen unterkommen.

Am hinteren Ende des Platzes steigt man zum Kirchberg hinauf und betritt durch eine unauffällige Gartentüre den Kirchhof. In freundlicher Anmut steht dort ein ländliches Gotteshaus. Eine kleine Ausstellung befindet sich im Inneren der Kirche. Um das Jahr 1700 erhielt das Gebäude seine heutige Gestalt. Dem Turm wurde die typische „Thüringer Haube" als Dach aufgesetzt. So schön die Vorstellung gewesen wäre, dass Hans und Margarethe Luder hier geheiratet haben, so fand deren Vermählung tatsächlich wohl aber in der stattlichen Wehrkirche im Filialort Ettenhausen statt, der damaligen Hauptkirche des Kirchspiels. Sie stand für Brautmessen größerer Familien zur Verfügung. In Möhra selbst gab es nur eine kleine Kapelle. Ein Ort des Gebets und der Seelenmessen für Verstorbene, vielleicht auch für Taufen. Dieser bescheidene Andachtsort entsprach in der Größe ungefähr dem heutigen Chorraum. Die steinerne Tischplatte auf dem Altar mit den fünf eingehauenen Weihekreuzen stammt noch aus dieser Zeit. Viel später dazugekommen sind die bunten Bleiglasfenster, die ein Medizinalrat Luther aus Luckenwalde gespendet hat. Dass man sich auf Lutherland bewegt, zeigt auch der Gang über den angrenzenden Friedhof. Wer die Namen der Verstorbenen liest, wird fündig werden.

Die Höhepunkte des Ortes sind schnell erfasst: Lutherplatz, -denkmal, -haus und -kirche. Fehlt nur noch das 2002 eingerichtete Lutherzimmer. Es findet sich im Dorfgemeinschaftshaus, wenige Gehminuten vom Ortszentrum entfernt an der Hauptstraße. Ein nett gemachtes Museum, das einführt in die historischen Verbindungen Luthers hierher. Am eindrucksvollsten ist das große Bild, das Möhras geschichtsträchtigste Stunde zeigt: den predigenden Mönch unter der Dorflinde. Nach der Besichtigung lädt eine Bäckerei im unteren Stockwerk ein zum kulinarischen Nachklang bei Kaffee und Kuchen.

Das heutige Möhra ist noch immer ein kleiner Flecken, der von landwirtschaftlichem Leben geprägt zu sein scheint. Bellende Hofhunde und aufmerksame Nachbarn verfolgen den Weg des fremden Besuchers. In das beschauliche Bild passt der Geflügelpark, der auf Initiative des örtlichen Rasseflügelzüchtervereins gegründet wurde. In Volieren und Teichen sind heimische Geflügelrassen wie Steinbacher Kampfgänse und Thüringer Barthühner zu bestaunen. Luther hätte sich daran gefreut. Immer wieder nimmt er Bilder aus dem Tierreich auf und benützt sie als rhetorische Gleichnisse. Dem faulen Schüler rät er zum Beispiel: *„Liebes Kind, lernst du wohl, wirst du gebratner Hühner voll, lernst du aber übel, so geh mit den Säuen über den Kübel."*

Ob Luther auch das buddhistische Karmazentrum gefallen hätte, mag dahingestellt bleiben. Ein wachsendes „Unternehmen": Über dreißig neue Wohneinheiten sind am Ortsrand geplant. Im Angebot sind Kontemplation und Achtsamkeitswochenenden, Lebenshilfe und buddhistische Sterbebegleitung. Das Kloster auf Zeit lädt den Besucher ein, durch tibetische Meditation seine eigenen spirituellen Wurzeln zu finden. Bewusst wurde ein abgelegener Ort der Stille gewählt. Was würde Luther dazu sagen? Er hat ja sein Ordensgewand abgelegt und geäußert, dass *„alle Klöster und Stifte ausgewurzelt"* werden sollten. In seinem mönchischen Ringen hat er erfahren: Wer in sich geht, trifft immer auf den Sünder. Im Lied zeichnet er sein dramatisches Erleben nach: *„Die Angst mich zu verzweifeln trieb, dass nichts denn Sterben bei mir blieb, zur Hölle musst ich sinken."* Empfände Luther diese karmasuchende, friedliche Lebensgemeinschaft als Untergangszeichen für das abendländische Christentum? Eine Rückkehr zu längst überwunden Geglaubtem? Oder könnte er darin vielleicht auch ein geistliches Suchen entdecken? Ein erster Schritt auf dem Weg zum Evangelium? Sicher würde er uns eine wahrnehmende und gleichzeitig kritische Gelassenheit empfehlen. Und uns an das Versprechen Jesu erinnern, dass seine Gemeinde nicht von den Pforten der Hölle überwunden wird.

Mit diesem den Menschen zugewandten Gottvertrauen hat Christoph Martin Neumann von 1988 bis 2009 seinen Dienst als evangelischer Pfarrer in Möhra getan. Das Pfarrhaus steht neben der Kirche. Als Neumann in Pension ging, wurde es gründlich renoviert. Trotz kirchlicher Stellenreduzierungen soll die Möhraer Pfarrstelle mit Rücksicht auf die kirchengeschichtliche Bedeutung des Ortes erhalten bleiben. Neumann, der hier die Zeit der politischen Wende erlebt hat, lobt die positive Haltung der Menschen zur Kirche. So wurde der örtliche Kindergarten in den 1990er Jahren in die Obhut der Kirchengemeinde übergeben. Die christlichen Erzieherinnen wirken heute auch in Familien hinein, „die nicht mehr viel vom lieben Gott wissen". Ein hoher Anteil der Bevölkerung ist nach wie vor evangelisch. „Die Tradition wirkt nach", sagt der beliebte Seelsorger, dem eine „zu den Leuten hingehende Gemeindearbeit" wichtig war. Manche Kritiker würden die örtlichen Bewohner zwar als „lutherische Dickschädel" bezeichnen. Er jedoch habe seine Gemeindeglieder als vielleicht „bedächtig, aber immer offen und liebenswert" erlebt. „Viele sind bereit, sich mit ihren Gaben in die Kirchengemeinde einzubringen." Seinen interessanten Dienstort empfand er als ein „Dorfpfarramt mit dem Blick zur Welt". Auch im Ruhestand bringt er vielen Reisegruppen in humorvoller Lebendigkeit die Geschichte des Lutherstammortes nahe.

Was bleibt nun, wenn wir weiterziehen? Warum ist das unspektakuläre Möhra so wichtig für ein vollständiges Lutherporträt? Was ist die Mitgift dieses Ortes für Erben, die den Reformator verstehen wollen?

Vielleicht hilft uns dabei der Blick auf einen ganz anderen, einen lutherischen Theologen der Neuzeit. Eberhard Bethge, der Freund und Biograph Dietrich Bonhoeffers, schildert in seiner Lebensbeschreibung die „reiche Welt der Vorfahren" Bonhoeffers, der wegen seines mutigen Widerstandes gegen die Nazis zum Märtyrer geworden war. Seiner familiären Herkunft verdanke er „eine Sicherheit des Urteils und des Auftretens, wie sie nicht in einer Generation erworben werden kann". Bethge sieht im verwandtschaftlichen Wurzelgrund einen entscheidenden Faktor für die Souveränität und Unerschrockenheit Bonhoeffers: Wer auf sicherem Boden steht, kann sich weit aus dem Fenster lehnen.

Ist es nicht gerade diese innere Freiheit, mit der uns viereinhalb Jahrhunderte zuvor auch Luther in seinen entschlossenen Stunden begegnet? Luther kommt nicht aus großbürgerlichen Kreisen. Er hat keine Ratsherren, Generäle und Universitätsprofessoren in der Ahnenreihe. Seine Vorfahren gehören zum *gemeinen Volk*. Er sagt auch, dass *stolze Esel aus den Söhnen der Helden werden, die sich ihrer Tüchtigkeit rühmen*. Für ihn ist es ein *närrischer Traum*, wenn man meint, man würde der geistlichen Gaben *durch fleischliche Abstammung teilhaftig*.

Er hat einen völlig anderen persönlichen Hintergrund als Bonhoeffer, aber dennoch gibt es auch in seiner Familie ein unbeugsames Autonomiebewusstsein. Man sieht sich nicht als rechtlose Klasse, die mit devotem Sklavengeist passiv dahinvegetiert. Der starke Stamm dieser Thüringer Sippe gestaltet aktiv die Welt. Martin Luther ist geprägt von einem Selbstverständnis, das nicht nur über die eigene Leistung definiert wird, sondern auch aus dem Herkommen der Väter. Eine Standesehre, die „nicht in einer Generation erworben werden kann".

Luthers Vater war in seinem zweitgelernten Beruf Bergmann. Das war eine industrielle Tätigkeit, kein Bauerntum. Martin hat von Kindheit an in kleinstädtischen Verhältnissen gelebt, nicht auf dem Land. Dennoch stellt er sich entschieden zu seiner dörflichen Herkunft. Nur im Nachsatz zählt er fast leidenschaftslos die berufliche Erwerbstätigkeit des Vaters auf. Geradezu bekennerhaft dagegen stellt er fest: *„Ich bin eines Bauern Sohn, mein Vater, mein Großvater, mein Urgroßvater sind rechte Bauern gewesen."* Aus bäuerlicher Herkunft heraus entwickelt er sein erdiges Selbstverständnis. Hier in Möhra geht es um Luthers Identität.

Alte Heimatbücher schildern den Volkscharakter der Thüringer Waldbewohner. Sie beschreiben die „einladende Distanzlosigkeit" und „fehlende Zimperlichkeit" der örtlichen Bevölkerung. Im Ringen um das tägliche Brot wird ihre Kraft gestärkt. Im Moorgrund stellt man sich kampfesmutig den Widrigkeiten des Lebens, die nur mit ausdauernder Arbeit besiegt werden können. Es findet sich etwas Entschlossenes, Handgreifliches. Man ist aktiv und konservativ. Man kämpft gegen Ungerechtigkeiten, neigt aber nicht zu Revolutionen. Auch heute noch. Im örtlichen Gemeinderat bestimmt die CDU mit absoluter Mehrheit die kommunalen Geschicke. Die lebensnahe Orientierung am Machbaren entzaubert den künstlichen Schein weltfremder Ideologien. Es findet sich ein ausgeprägtes Rechtsgefühl, das im landwirtschaftlichen Herkommen und den Traditionen der Alten wurzelt. In manchem Beschriebenen mag man Luthers Wesen und Eigenarten wiedererkennen.

Da ist Luthers Nähe zum Kreatürlichen, das oft den Duft des Ackers in sich trägt. Der Landwirt erfüllt unmittelbar den biblischen Befehl des Schöpfers an den Menschen. Sein Ur-Beruf ist das „Bebauen und Bewahren" der Erde. Auftrag und Erfüllung, Wort und Antwort sind beim mittelalterlichen Bauern ungetrennt beieinander. In jeder eingebrachten Weizenähre und mit jedem gepflückten Apfel erfährt er handgreiflich die *„väterliche, göttliche Güte und Barmherzigkeit"*, durch die wir *„reichlich und täglich versorgt werden mit allem, was Not tut für Leib und Leben"*. Luther hat sich das dankbare Staunen des erntenden Landwirts bewahrt, wenn er appetitanregend bemerkt: *„Darf Gott gute, große Hechte und gute Rheinweine erschaffen, so darf ich sie wohl auch essen und trinken."*

Entschlossene Arbeit macht hungrig. Dass dabei im Überschwang der Freude auch manches Maß verloren geht, sieht man an der üppigen Körperfigur des verheirateten Luthers. Ein verwandter Großneffe wird in den Analen als „Georg der Dicke" beschrieben. Offenbar liegt auch etwas Maßloses, Ungebremstes in den Genen der Familie, ein Hang zur Leibesfülle.

Der Bauer kennt das Ernteglück, aber er weiß auch um die andere Seite, den „Fluch", der die Schöpfung durchzieht. Eine schöne und gleichzeitig schwere Welt, die dem Schöpfer wie ein tönernes Gefäß durch menschlichen Hochmut entglitten zu sein scheint. Das Wunder zeigt sich dem Landwirt nun in einer eigentümlichen Gebrochenheit: Ernte und Hunger, Sonne und Hagel, Kraut und Unkraut, Geburt und Tod. Er erlebt die Sünde nicht als harmlosen moralischen Defekt, sondern als wirkmächtige Tatsache, die der ganzen Schöpfung wie eine Klette „am Hals" liegt. Ein substantieller, bäuerlicher Realismus, der Luther in seinem Reden und Denken prägt.

Luthers Sprache ist alles andere als „professoral". Er schaut „dem Volk aufs Maul". Er neigt zu emotionsgeladenen Formulierungen, zu drastischen Bildern aus dem ländlichen Umfeld. Sein Vokabular ist reich an beleidigenden Ausdrücken. Nichts für den Hörsaal. Die Hölle vergleicht er mit einer „Kloake", dem Teufel will er nicht „einen Furz schenken" und die Kardinäle sind für ihn schlichtweg „Scheißdreck". Das ist nicht die feine englische Art, sondern ätzende Fäkalsprache aus der untersten Schublade. Steckt dahinter eine schlechte Kinderstube? Ist er eben doch „ein ungehobelter Bauer"? Nein, es ist gezielte Absicht. Seine anschauliche Sprache erreicht die Menschen über Milieugrenzen hinweg. Die leibhaften Formulierungen geben den Sprachlosen eine Stimme. Mit Analrhetorik macht er das Abgründige seiner Gegner plastisch. Durch das Fassbare seiner Sprache macht er deutlich: Das Beschriebene ist ekelhafte Realität. Man spürt seine Schmerzen. Es ist Kampfvokabular gegen den Teufel und all diejenigen, die mit ihm im Bunde stehen. Sein theologisches Erkennen wird im Leiblichen festgemacht. Die australische Historikerin Lyndal Roper fasst es so zusammen: „Luther denkt durch seinen Körper hindurch."

Und wenn Luther das christliche Ethos beschreibt, wenn er feststellt, dass ein Christ *„niemandem untertan"* ist im Glauben, aber *„allen untertan"* durch die Liebe, wenn er Freiheit und Verantwortung zu Zwillingsschwestern erklärt, sieht er da nicht seinen Großvater vor sich? Ein unabhängiger Bauer, der nur einem Herrn verpflichtet ist. Diese Beziehung zu dem einen Herrn macht ihn frei gegenüber den Ansprüchen der vielen kleinen „Herrlein". Diese Beziehung verpflichtet ihn aber auch zur Schuldigkeit gegenüber jedermann, zum gerechten Umgang mit seinem Nächsten.

Der Weg nach Möhra ist der Weg zur Quelle. Ein Ort, an dem Unterirdisches ans Tageslicht kommt und Verborgenes offenbar wird. Wie groß ein Fluss auch werden mag, die Quelle lebt doch stets in ihm weiter.

Mansfeld

Sohn eines Aufsteigers

Ein Aufstieg kostet Kraft. Verlässt ein Wanderer die weite Ebene, um den steilen Berg zu erklimmen, so steigt sein Puls. Die Lungen füllen sich, das Blut pulsiert in den Adern, sein Herz schlägt höher, der Kopf wird frei. Der Mensch kommt zu sich selbst und spürt seine Fähigkeiten und Grenzen. Er ist nun allein mit sich und dem Berg. Und die Strapazen sind nicht vergeblich: Eine faszinierende Aussicht lohnt die Mühe vergossenen Schweißes. Wer oben steht, sieht weiter. Der Blick über die Landschaft zeigt ihm seither unentdeckte Wege und Möglichkeiten. Das Gesehene macht Lust auf Neues. Aufstiege mögen wohl Kraft kosten, aber sie bergen in sich auch eine aufrüttelnde Dynamik.

Dieser entfesselte Schwung beflügelt Hans Luder, als er mit seiner jungen Familie im Frühsommer des Jahres 1484 nach Mansfeld zieht. In der Stadt im Wippertal macht er Karriere. Hier beginnt sein Aufstieg vom Bauern zum Bürger, vom armen Auswanderer zum angesehenen Unternehmer. Der spätere Bergwerksbesitzer am Mansfelder Rabenhügel symbolisiert mit seinem wirtschaftlichen Erfolg die aufstrebende Mentalität einer ganzen Epoche.

„Renaissance" wird dieses energiegeladene Zeitalter genannt, das den Platz des Menschen im geweiteten Universum neu definiert. Die veränderte Denkperspektive macht den Christen nicht gottlos, aber er sieht, dass Gott größer ist als seither geglaubt. Der Sterbliche begreift, dass der Urheber des Kosmos ihn nicht nur für den Himmel geboren, sondern auch für die Erde begabt hat. Zur Last des Pilgers, der vor dem Jüngsten Tag zittert wie ein Kandidat vor der Prüfung, tritt nun auch eine unbefangene Lust an der heutigen Welt. Deswegen ist es kein Teufelswerk, wenn der Mensch in der eigenen Anstrengung seine Talente entdeckt und im irdischen Handeln entfaltet. Darin kommen vielmehr die Gaben des Schöpfers zur Welt. Dem schwerblütigen, mittelalterlichen Dunkel wird nun das atmende Glück eines Gottes entgegengehalten, der sich an seinen Werken freut und nach deren Erschaffung lobend feststellt: „Siehe, es ist alles sehr gut!"

Die neue Sinngebung für das eigene Dasein lässt die Mauern eines seither geordneten Gemeinwesens bröckeln. Die jahrhundertealte Statik eines in Nähr-, Lehr- und Wehrstand dreigeteilten Gesellschaftsgebäudes bekommt durchlässige Risse. Die Zugehörigkeit zu einer Kaste mag noch wichtig bleiben, aber gewürdigt wird nun auch das Können des Menschen. Es ist die Zeit der beherzten Pioniere. Mit der Entdeckung Amerikas sprengt Christoph Columbus das Blickfeld des alten Europas. Johannes Gutenbergs Erfindung des modernen Buchdrucks macht es möglich, dass alle Welt diese Nachricht erfährt. In späteren Jahrhunderten wird der Forscher zum Prototyp der Epoche der Neuzeit. Als Erster erschließt er sich neue, unberührte Pfade. Er braucht Eigenschaften wie Mut, Experimentierfreude und Durchhaltevermögen. Der Weg zur Spitze kostet Schweiß und Tränen, doch das Geschaute ist Belohnung genug. Wie in einem wiedergefundenen Paradies eröffnen sich reiche Ressourcen und gestaltbare Lebensräume. Der Zauber des Ursprungs setzt bereits zum Ende des Mittelalters hin schöpferische Kräfte frei. Wissenschaft, Kunst und Kultur erblühen unter der belebenden Sonne prachtliebender Mäzene. Die Menschen zieht es nach oben. Tuchhändler werden zu Päpsten und Kaufleute zu Großbankiers. Die Familien Medici, Fugger und Welser sind die bestaunten Vorbilder des Aufstiegs. Fast ein Millennium lang waren die Menschen geborgen, aber auch gefangen in einer vermeintlich gottgegebenen hierarchischen Ordnung. Nun öffnen sich bislang verriegelte Tore. Vieles ist möglich. Auch wenn es noch keinen utopischen, optimistischen Zukunftsglauben gibt – wie in späteren Zeiten, als man das Paradies durch menschliche Kraft erlangen wollte –, so gibt es doch so etwas wie die Hoffnung auf ein besseres Leben. Dieser Geist durchströmt jene Aufbruchsjahre.

Auf diesem zeitgeschichtlichen Hintergrund dürfen wir die Übersiedelung der Familie Luder vom Thüringer Wald nach Mansfeld nicht nur als einen gewöhnlichen Umzug verstehen. Es ist vielmehr der Schritt aus dem sich auflösenden Mittelalter in die anbrechende Neuzeit. Der Beginn eines Aufstiegs, dessen mitreißende Dynamik auch in der nächsten Generation fortwirkt. Martin Luthers Ausbildung steht im Sog des „Wind of Change", der ihn nach oben trägt. Zwei Generationen vorher wäre dieses familiäre Vorwärtskommen noch undenkbar gewesen. Der spätere Theologe kennt freilich auch den Preis für den Fortschritt. Er weiß etwas von den Schmerzen des Menschen im Unterwegssein zwischen den Zeiten. Stets muss ein neuer Schritt gewagt und die angeborene Bequemlichkeit überwunden werden. Vertrautes ist freizugeben, um Großes zu gewinnen. In der Auslegung zu Philipper 3,13 äußert sich Luther zur Mühe des ständigen Aufbrechens im Blick auf das geistliche Leben: *„Einem Gläubigen ist nichts schädlicher, als dass er meint, er habe es schon ergriffen, und es sei nicht nötig, es erst zu suchen. Viele fallen zurück in Sicherheit und Faulheit. Das Leben ist keine Frömmigkeit, sondern ein Fromm-Werden, keine Gesundheit, sondern ein Gesund-Werden, kein Wesen, sondern ein Werden, keine Ruhe, sondern ein Üben. Wir sind es noch nicht, wir werden es aber."*

Der Grund für Hans Luders ökonomisches „Werden", die Basis seines wirtschaftlichen Erfolgs, liegt buchstäblich unter ihm. Im Boden der Ostharzer Mulde lagert ein Schatz, der sich weithin sichtbar dem Besucher erschließt. Grün überwucherte Abraumhalden und Pyramiden aus Schlackeresten sind die markanten Überbleibsel einer 800-jährigen Bergwerkstradition im Mansfelder Land. Ein außergewöhnlich hoher Anteil an taubem Ballastmaterial macht die riesigen Schuttberge erklärbar. Lediglich drei Prozent des hier gebrochenen Kupfererzes sind nutzbares Metall, das übrige ist unverwertbarer Abfall. So war zur Gewinnung des Rohstoffs von jeher ein beträchtlicher technischer Aufwand mit hohen Investitionskosten nötig. Für die oft selbstständigen, kleingewerblich organisierten Bergleute bedeutete das erhebliche finanzielle Risiken, die später das Entstehen von Solidargemeinschaften und Kupfergesellschaften begünstigten. Bis in die DDR-Zeit hinein wurde im einstmals größten deutschen Kupferrevier das begehrte Bronzemetall zu Tage gefördert. Auch Silber und achtzig weitere Begleitmetalle sind aus den Sedimenten dieses prähistorischen Zechsteinmeeres entnommen worden. Endgültig eingestellt wurde die Grubenarbeit im östlichen Harzvorland nach der politischen Wende im Jahr 1990. Bereits in den Zwanziger Jahren war die letzte Mansfelder Hütte geschlossen worden. Damit endete eine erfolgreiche Industriegeschichte, die schon im Hochmittelalter begonnen hatte. Zwei aus Goslar stammende, miteinander befreundete Bergleute mit den fremdartigen Namen Nappian und Neucke sollen hier im Jahr 1199 das Kupferschieferflöz rein zufällig entdeckt haben. Bei ihrer Suche nach einer neuen Arbeitsstelle waren sie nicht nur auf die hübsche Tochter eines Köhlers gestoßen. Im Dunst seines abgebrannten Kohlefeuers hatten sie auch das rotfunkelnde Juwel dieser Gegend entdeckt. Als Happy End erzählt dann die Finderlegende von der glücklichen Braut und einem neuen, allerdings knochenharten Job für die zugewanderten „Kumpel". In der Eislebener Lutherausstellung kann man die beiden Gefährten in Ausübung ihrer schweren Arbeit betrachten. Auf zwei Konsolsteinen, die einst den Chorbogen einer örtlichen Kapelle trugen, sind sie am Boden kauernd dargestellt. Ihre verkrümmte Haltung zeigt das mühselige Handwerk der Mansfelder Bergknappen. Dass der Broterwerb für die Steiger hier so außerordentlich unbequem war, hat mit der Besonderheit des Flözes zu tun. Die Mansfelder Kupferschieferschicht ist ein sehr gering mächtiges, aber gleichzeitig sehr ausgedehntes Flöz. Die für den Bergbau interessante Gesteinsschicht ist rund einen halben Meter dick und lässt sich in einer breiten, sanften Wellenlinie von der Erdoberfläche bis in die Tiefe von 1200 Meter fallen. Der Abbau, anfangs über Tage, dann in unterirdischen Schächten, gestaltete sich im Lauf der Jahrhunderte immer schwieriger: Die mit fragilem Holz verstrebten Gänge sind allenfalls schulterhoch und lassen nur ein gebücktes Durchkommen zu. Hockend oder auf dem Bauch liegend schuftet der Bergmann an der vorderen Bruchfront des Stollens. Auf Knien rutschend bohrt er sich in die schwarze

Tonsteinschicht wie ein Wurm in den Apfel. In ermüdender Handarbeit schlägt er das Schiefererz mit dem Eisenkeil wuchtig heraus. Seine gedrehte Körperhaltung widerstrebt der normalen orthopädischen Physionomie. Beständig verbiegt er den Kopf gegen den Hals. „Krummhälser" nannte man früher die Mansfelder Bergarbeiter. An den Haltungsschäden hat man ihnen auch über Tage den Beruf angesehen. Das außergewöhnliche Flöz bringt weltweit einzigartige Arbeits- und Lebensverhältnisse mit sich. Die Gesteinsschicht ist schmal, der Abbau gefährlich, der Steiger braucht Mut. Der Kampf mit den Elementen schweißt die Knappen zusammen. Ein früherer Direktor des deutschen Bergbaumuseums in Bochum, Dr. Rainer Slotta, stellt achtungsvoll fest: „Der Mansfelder Bergmann fühlte sich im Vergleich mit Berufskollegen anderer Reviere immer als etwas Besonderes, als ein von der Natur Benachteiligter, der der Natur aber dennoch ihre Schätze abgerungen hat. Dieses Dennoch machte ihn einerseits stark, selbstbewusst und es befähigte ihn zu besonderen Leistungen, andererseits wurde er dadurch aber auch streitbar und kampfeslustig." Die spezielle Mansfelder Mentalität, die sich aufgrund der herausfordernden Arbeitsbedingungen entwickelt hat, erinnert an die unerschrockene Beharrlichkeit des späteren Reformators, der sich von Widerständen nicht beirren lässt und immer wieder mutig *„anklopft"* am biblischen Wort. Als Sohn eines *„Häuers"* hat er das unermüdliche Graben gelernt – freilich nicht wie sein Vater im Erdboden, sondern in den Worten der Heiligen Schrift. Er sucht nach dem Schatz des Evangeliums, das Gott in der Bibel verborgen hat, so wie er *„Gold und Silber in die Berge"* gelegt hat, dass es die *„menschliche Arbeit soll finden"*.

Hans Luder jedenfalls kommt mit der herausfordernden Lebenssituation dieser Gegend gut zurecht. Innerhalb weniger Jahre bringt es der eingewanderte Thüringer vom einfachen Bergmann zum geschäftsführenden Sprecher der Mansfelder Hüttenbesitzer. Als Ratsmitglied und „Vierherr" gehört er zu den einflussreichsten Personen des Mansfelder Landes. Pragmatisches Geschick und kommunikative Führungsqualitäten machen ihn zum begabten Netzwerker. Ein ihm scheinbar in die Wiege gelegtes großbäuerliches Selbstbewusstsein lässt ihn freimütig auftreten. Als verantwortungsbewusster Erstgeborener, heute würde man vielleicht sagen „als gebürtiges Alphatier", rückt er wie von selbst an die Spitze des örtlichen Gewerbevereins. Im bürgerlichen Gegenüber zu den Grafen von Mansfeld, die als Landesherren die eigentlichen Besitzer allen Grund und Bodens sind, tritt er als souveräner Interessenvertreter der lokalen Montanindustrie auf.

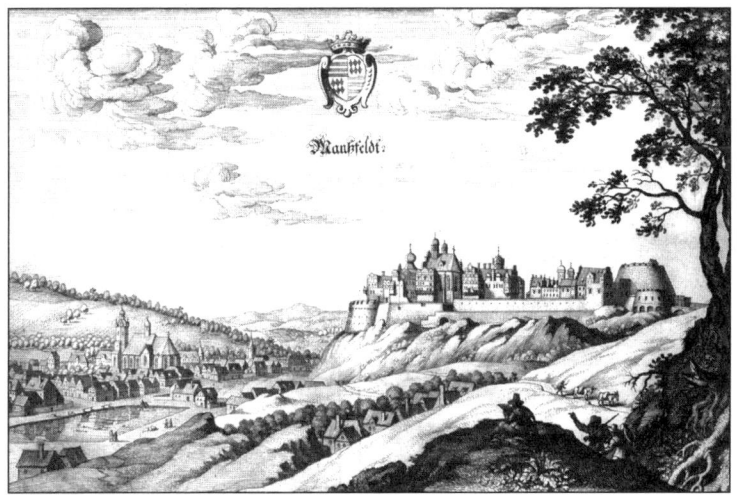

Ortsansicht von Mansfeld um 1650

Doch die Klassenschranken der ständischen Gesellschaft bleiben intakt. Die Aristokraten des Ortes sind letztlich immer noch unerreichbar. Sie wohnen hoch auf dem Berg. Wie ein Adlerhorst erhebt sich die monumentale Feste der Grafen von Mansfeld über dem Tal und der namensgebenden Stadt. Die imponierende Burganlage ist dreigeteilt und gilt als eines der größten Renaissanceschlösser Deutschlands. Wegen der politischen Schwäche der deutschen Kaiser konnten niedrigere Adelshäuser ihre Machtfülle erweitern. Die Vielzahl prächtiger Burgen in Deutschland macht die komplizierten, kleinräumigen Herrschaftsverhältnisse sichtbar. Schloss Mansfeld ist mit seiner hochgerüsteten Uneinnehmbarkeit wehrhafter Ausdruck der politischen Autorität und des erworbenen

Wohlstands seiner Besitzer. Das Kupfer und Silber dieser Gegend hat die Landesoberen reich gemacht. Scheinbar unbesiegbar von außen, doch tief im Innern zerstritten. Dicke Mauern schützen sie zwar vor äußeren Feinden, doch nicht vor der Habgier im Herzen. Es ist, als ob das erworbene Edelmetall nicht nur in den Schatzkammern des Schlosses läge, sondern auch hinter den Fensterscheiben zum Nachbarn. Eine dünne Silberfolie hinter Glas genügt schon, dass daraus ein Spiegel wird und kein Durchblick mehr möglich ist. Der Egoist sieht nur noch sich selbst. Der lebenskluge Reformator sagt später: *„Reichtum ist das geringste Ding auf Erden und die allerkleinste Gabe, die Gott einem Menschen geben kann. Er gibt in der Regel Reichtum den groben Eseln, denen er sonst nichts gönnt."* Das Mansfelder Adelshaus erlebt die zerstörerische Kraft des materiellen Überflusses. Die Dreiteilung des Schlosses in Vorder-, Mittel- und Hinterort veranschaulicht sichtbar die Spaltung der Familie, deren Geschlecht im 17. Jahrhundert endgültig ausstirbt. Luther ermahnt sie schon vorher: *„Wer zuviel haben will, der kriegt das Wenige."* Geradezu sprichwörtlich waren die „Mansfelder Händel", die immer wieder aufbrachen und Martin Luther später sogar das Leben kosten sollten. Als Friedensbotschafter hatte er die um ihr Erbe streitenden Grafen miteinander versöhnen wollen. Bei nasskaltem Wetter hatte er sich auf den beschwerlichen hundert Kilometer langen Weg von Wittenberg hierher gemacht. Die Schlichtung war gelungen. Wenigstens für kurze Zeit. Doch von den gesundheitlichen Strapazen der winterlichen Reise sollte er sich nicht mehr erholen. Er stirbt unterwegs in Eisleben.

Dieses tragische Ereignis zeigt die schicksalhaften Beziehungen, die auch schon den Vater Luder mit seinen Landesherren verbanden. Hatte das Kupfer im Boden die wirtschaftliche Ermöglichung seines Aufstiegs bedeutet, so malte das Schloss in der Höhe ihm so manche Sorgenfalte ins Gesicht. Das unberechenbare Gebaren der Grafen mit den sich immer wieder verändernden Pachtbedingungen, Verordnungen und Abgaben hat ihm seinen Wohlstand mehrfach in Gefahr gebracht. Doch wann und warum kommt Hans Luder überhaupt nach Mansfeld? Was führt den gebürtigen Möhraer so überzeugend und bleibend hierher, dass dessen Sohn Martin diese Gegend später als seine *„Patria"*, seine *„Heimat"* bezeichnet? Er bekennt später ausdrücklich gegen das von ihm ungeliebte kursächsische Wittenberg: *„Ich bin ein Landkind in der Herrschaft zu Mansfeld, dem es gebühret, sein Vaterland und Landesherren zu lieben und das Beste zu wünschen."*

In den 1480er Jahren ziehen frühlingshafte Friedenslüfte durchs Land. Recht unerwartet hatten die Grafen eine gegenseitige Verständigung erzielt – untereinander und mit dem ebenfalls in den Streit involvierten sächsischen Kurfürsten. Am Horizont wird es heller. Die gräfliche Familie will nun den schwächelnden Bergbau beleben. Nach Jahren des wirtschaftlichen Niedergangs soll eine neue Form der Verhüttung zur besseren Ausbeute der edlen Metalle führen. Der lange, teure Streit hatte die wohlstandverwöhnten Landesherren in die Schuldenzone geführt. Weil sie Geld brauchen, werden nun auswärtige Bergleute angeworben, gräfliche Stollen verpachtet, alte Hüttenbetriebe wieder eröffnet und frische Bauplätze für Wohnsiedlungen erschlossen. Die Grafschaft steht am Anfang eines Wirtschaftswunders. Der Fahrstuhl zur „Beletage" des Wohlstands steht für ein kurzes Zeitfenster lang offen. Hans Luder hält ohnehin gerade Ausschau nach einer geschäftlichen Zukunft. Ihm kommt diese Entwicklung gerade recht. Von einem Verwandten seiner Frau, einem Onkel – nicht „aus Amerika", sondern aus Eisleben – bekommt er einen „Insider-Tipp". Der Hüttenbesitzer Antonius Lindenmann, Bruder von Hans' Schwiegermutter, lädt den angeheirateten, landlosen Möhraer Bauernsohn ein: „Du kennst doch den Bergbau aus deiner Thüringer Heimat. Mach dich auf ins ,gelobte Harzer Land'. Hier tanzt bald der Kupferbär!"

Hans Luder folgt dem Ruf. Kurzzeitig kommen er und seine noch kleine Familie in Eisleben unter. Der Verwandtschaftskontakt wird zum Brückenkopf in die „neue Welt". Der zweitgeborene Sohn Martin erblickt während dieser beruflichen Orientierungsphase der Eltern das Licht der Welt. Noch bevor er richtig laufen kann, nach einem halben Jahr schon, ziehen die Luders weiter. Vater Hans bekommt die Möglichkeit, eine eigene Kupferhütte im fünfzehn Kilometer entfernten Mansfeld zu pachten. Dass man dort zunächst ein Haus am damaligen „*Stufen*berg" bewohnt, mag als programmatisches Zeichen gesehen werden: Die zielbewussten Existenzgründer stehen nun auf den Sprossen nach oben. Nur wenige Jahre später kann sich Hans Luder ein stattliches Anwesen im unteren Talbereich der 2000-Seelen Gemeinde erwerben. Hier wächst Martin auf.

Luthers Vater   Luthers Mutter

Recht ärmlich muss es allerdings in den ersten Jahren seiner Kindheit zugegangen sein. Der soziale Aufstieg wird mit Fleiß und Sparsamkeit erkauft. Martin beschreibt den anfänglich kargen Alltag seiner Eltern: „*Mein Vater ist in seinen jungen Jahren ein armer Häuer gewesen. Die Mutter hat all ihr Holz auf dem Rücken heimgetragen. So haben sie uns erzogen. Sie haben harte Mühsal ausgestanden, wie sie die Welt heute nicht mehr ertragen wollte.*" Diese Lebensschwere sieht man ihnen an. Ungefähr drei Jahre vor ihrem Tod reisen Hans und Margarethe Luder zur Taufe der Enkeltochter Elisabeth nach Wittenberg. Ihren längeren Aufenthalt im Haus des Sohnes nutzt der Maler Lucas Cranach d.Ä., um die Eltern des weltweit berühmten Reformators zu porträtieren. Studiert er beim Skizzieren deren Charakter? Sucht er nach Ähnlichkeiten zwischen den Vorfahren und ihrem Abkömmling? Das kantig Massige in den Backenknochen der Mutter, die wache Intelligenz in den Augen des Vaters? Die Festigkeit im Gesicht des Bergmanns, das Depressive im Wesen seiner Ehefrau? Man sieht in die ernsten Gesichter zweier selbstständiger, in sich ruhender Menschen. Vom Existenzkampf geprägt stehen sie am Ende ihrer arbeitsreichen Erdentage. Die Herausforderungen einer müde machenden Lebenswanderung haben sie sicher nicht ohne persönliche Konflikte, aber doch gemeinsam durchgestanden. Von den wohl neun Kindern, die ihnen geschenkt wurden, haben nur vier das Erwachsenenalter erreicht. Auch wenn frühes Sterben zu diesen Zeiten üblich war, so ist doch jedes Kindergrab eine Narbe im Herzen der Eltern. Der lutherische Pfarrer Paul Gerhardt dichtet später aus eigener Erfahrung:

„Ach, es ist ein bittres Leiden und ein rechter Myrrhentrank,
sich von seinen Kindern scheiden durch den schweren Todesgang.
Hier geschieht ein Herzensbrechen,
das kein Mund recht kann aussprechen."

Zeit für notwendige Trauerarbeit gibt es damals nicht. Man ist nie „privat" bei Luders. Es gibt kaum Rückzugsbereiche für Muße und seelisches Aufatmen. Geschäft und Familie durchdringen einander. Der berufliche Stress des Vaters und die hauswirtschaftlichen Mühen der Mutter wirken hinein in eine strenge, ergebnisorientierte Erziehung. Man vertraut vor allem auf die „schlagenden Argumente" der Körperstrafe. Es gilt der alttestamentliche Satz: „Wer die Rute spart, hasst seinen Sohn, wer ihn liebt, nimmt ihn früh in Zucht" (Sprüche 13,24). Diskussionen sind nicht erlaubt. Die Erziehungsberechtigten fordern absoluten Gehorsam. Sie orientieren sich an den Zehn Geboten und den eigenen Kindheitserfahrungen. Sie geben unreflektiert weiter, was sie selbst erlebt haben. Mit der „Prügelpädagogik" liegen Luthers Eltern im Rahmen des damals

Üblichen. Martin erinnert sich, dass sein Vater ihn einmal so sehr „stäupte", dass er ihn „floh" und ihm „bange" vor ihm war. Die Mutter war nicht weniger rigoros. Sie schlug ihn einmal blutig wegen einer „einzigen Nuss", die er ungefragt stibitzt hatte. Der eisernen Härte des Lebens entspricht die schneidende Schärfe der Erziehung. Auch in der Schule.

Dass Martin Luther die Mansfelder Lateinschule besuchen darf, ist im ausgehenden Mittelalter nicht selbstverständlich. Es besteht noch keine allgemeine Schulpflicht. Vater Luder erreicht seine bedeutende Stellung noch aufgrund von Tüchtigkeit und Charisma. Er macht in dieser weithin schriftlosen Zeit Karriere, obwohl er weder lesen noch schreiben kann. Im Umgang mit den Beamten der gräflichen Administration werden dem Analphabeten allerdings bald die Grenzen seiner bescheidenen Bildung bewusst. Er spürt, dass die Zeit der im Alltag praktizierten Mündlichkeitskultur zu Ende geht. Die Juristen sitzen bei schwierigen Verhandlungen meist am längeren Hebel. „Wer die Begriffe hat, hat die Macht." Die ernüchternde Wahrheit dieses antiken Merksatzes erlebt er in zahlreichen Debatten. Auch in der erfolgreichen Verwandtschaft seiner Frau gibt es einige studierte „doctores". Ihre Aufstiegsgeschichten werden in der Familie bewundernd weitererzählt. Das wünscht sich der willensstarke Vater für seinen begabten Sprössling: „Du sollst es besser haben als ich. Mach dir den Hals nicht mehr krumm und schmutzig wie wir Bergleute, sondern streck ihn strebend und lernend nach oben!" Und so legt die Familie jeden Kreuzer zurück, um das Schulgeld für ihren Sohn zu bezahlen.

Am Montag, dem 12. März 1488, ist es soweit: Er wird eingeschult. Zeitgenossen schildern unverblümt das charakteristische Aussehen der Familie Luder. Sie seien eine „bräunliche Sippe" von „kleinen, kurzen Personen". Die geringe Körpergröße mag ein Vorzug für die Arbeit im niederen Bergschacht bedeuten, dem noch nicht einmal fünfjährigen Abc-Schützen machen allerdings die kurzen Beine beim Schulweg zu schaffen. So trägt ihn ein Verwandter am ersten Schultag huckepack zur St. Georgenschule. Als so genannter „pusillus" ist Martin der „Kleinste" in der Klasse. Das

Große wächst aus Unscheinbarem. Gottes Kraft ist in den Schwachen mächtig.

Das Schulhaus steht unmittelbar neben der damals sich gerade im Bau befindlichen Georgenkirche in der Mitte der Stadt. Der räumlichen Nähe zur Kirche entspricht auch die inhaltliche Ausrichtung des Lernens. Der Stoffplan zielt vor allem auf das Hineinwachsen der Schüler in die katholisch definierte liturgische Tradition. Im Mittelpunkt steht das Auswendiglernen von Merksätzen und Bibelworten. Grundlegend ist auch die Aneignung der mittelalterlichen Kirchensprache. Latein ist der Schlüssel zum Verstehen der abendländischen Gedankenwelt, der Tunnel ins Licht des Geistes. Latein macht den, der damit umgehen kann, zum Teilhaber der akademischen Führungsschicht. Die Sprache gilt als Kommunikationsschranke zwischen den gesellschaftlichen Ständen. Ein hörbares Erkennungsmerkmal der Gebildeten.

Der oberste Zweck der von der Kirche unterhaltenen Elementarschule besteht in der Befähigung der „Scholaren" zum rechten Gottesdienst. Als Ministranten und Chorknaben sollen sie die Liturgie der Heiligen Messe kompetent mittragen können. In zweiter Hinsicht geht es aber auch um das gesellschaftliche Fortkommen der Schüler. Die Lateinschule ist eben auch die maßgebliche Einrichtung, die die Bildungsvoraussetzungen schafft für den Besuch von weiterführenden Lehranstalten, für das Universitätsstudium und schließlich für das Erlangen eines angesehenen Amtes.

Hans Luders Kirchlichkeit war moderat. Es hat ihn später „bitter verdrossen", als sein Sohn Martin Mönch wurde. Mehrfach äußert er Kritik an den lasterhaften Sitten der „Betbrüder und Horensänger". Trotz des klerikalen Drucks und der eingeredeten Höllenangst weigert er sich standhaft, sein Erbe der Kirche zu vermachen. Im Hause Luder geht man selbstverständlich zur Messe, man ruft die Heiligen an und praktiziert die damals übliche Alltagsfrömmigkeit. Der in seinem gefährlichen Beruf besonders verwundbare Bergmann weiß, wie nötig er die schützende Hand Gottes hat. Die kirchenkritischen Äußerungen zeigen jedoch, dass Hans Luder nicht in einem kniefälligen Abhängigkeitsverhältnis zum „himmlischen

Bodenpersonal" steht. In seiner nüchternen Christlichkeit erinnert er an den verstorbenen Stuttgarter Oberbürgermeister Manfred Rommel. Im Umgang mit ideologisch verbohrten Fanatikern hat dieser einmal den entwaffnend pragmatischen Satz geprägt: „Auch heilige Kühe sind Rindviecher." Dem lebenspraktischen Hans Luder war vor allem wichtig, dass sein Sohn *„ein Baccalaureus und Magister"* würde, dass er den von ihm begonnenen Aufstieg fortsetzt und eine Stufe weitergeht als er selbst.

Alte Holzschnitte zeigen die dominierende Position des Schulmeisters. Er thront über den Kindern. Das ist kein einfühlsamer Lehrer, der aufmerksam durch den Raum geht, um schwachen Schülern bei ihren Aufgaben zu helfen. Er sitzt vielmehr wie festgenagelt an einem erhöhten Pult in unangreifbarer Autorität. Unterrichtet wird mit der Methode der „imitatio", der Nachahmung: Der Lehrer spricht eine Formulierung vor, die Schüler wiederholen das Gehörte. Dann müssen sie die neu gelernten Vokabeln entsprechend der eingepaukten Regeln hinsichtlich Zeitform und Kasus verändern. Wer es beim dritten Mal nicht begriffen hat, bekommt das wichtigste Unterrichtswerkzeug zu spüren, den Rohrstock. Der befindet sich in greifbarer Nähe des Lehrers und kommt täglich zum Einsatz. Dem Schwachen werden die Lerninhalte gleichsam „auf den Rücken geschrieben". Die Schüler werden dressiert wie Hunde. Ob da außer Angst und Schmerzen noch anderes hängen geblieben ist?

Der Unterricht wird jahrgangsübergreifend erteilt, wie es noch lange Zeit in Dorfschulen üblich war. Es gibt die Kleinen, die „Schützen". Sie lernen zunächst das Lesen und Schreiben, auch ein paar Worte Latein. Auf kleine Wachstafeln ritzen sie ihre ersten Buchstaben ein. Mit der Wärme der Hand können sie ihre unsicheren Schreibversuche wieder kostengünstig einebnen und von neuem beginnen. Auf teures Papier schreiben dann die „Donatisten", die mittleren Schüler zwischen acht und elf Jahren. Sie beschäftigen sich vor allem mit der lateinischen Grammatik nach dem Lehrbuch des Donatus. Ihren fortgeschrittenen Status sieht man ihnen auch äußerlich an: Sie kommen am Gürtel „bewaffnet" mit Gänsefeder und Tintenfass zur Schule. Zu ihren Aufgaben gehört auch das langatmige Deklinieren und Konjugieren von Wörtern. Die „Großen" der Lateinschule sind die „Alexandriner". Sie lesen bereits anspruchsvolle lateinische Texte und lernen sie auswendig.

Schulferien gibt es zwar keine, dafür aber rund hundert arbeitsfreie Heiligenfeiertage im Jahr. Nur an zwei Dritteln des Jahres wird tatsächlich Unterricht gehalten. Die schlecht bezahlten Lehrer sind nicht besonders ideenreich und kennen keine moderne Pädagogik. Luther erinnert sich an die Schmerzen seiner Schulzeit: *„Es sind manche Präzeptoren so grausam wie die Henker. So wurde ich einmal vor Mittag fünfzehnmal geschlagen, ohne jede Schuld, denn ich sollte deklinieren und konjugieren und hatte es doch noch nicht gelernt."* Man ist den Launen des Lehrers ausgeliefert. Permanenter Druck auf die Schüler wird durch eine Art geheimes Spionagesystem ausgeübt: Ein allwöchentlich neu vom Lehrer verpflichteter „Wolf" im Schafspelz muss am Ende der Woche seinen Wolfszettel abliefern. Darauf sind namentlich diejenigen Mitschüler vermerkt, die sich ungebührlich verhalten haben. Ihnen wird der öffentliche Prozess vor der Klasse gemacht. Sie bezahlen ihre „Untaten" mit körperlichen Schlägen und psychischen Entwürdigungen. Wer beispielsweise den Lehrer nachäfft oder im Unterricht gähnt, muss tagelang die hölzerne Eselsmaske tragen. Luther weiß es noch gut: *„Ach, der Lupus* (Wolf) *am Freitag und die Teile des Donat am Donnerstag, wo sie genau jeden einzelnen fragten: legeris, legere, legitur – wo steht das im Donat? Solche Examina waren der reine Totschlag."* Er lässt kein gutes Haar an seinen früheren Lehrern. Es waren *„abgeschmackte Schulmeister, die durch ihr barsches Wesen viele treffliche Anlagen verdarben".* Das Lehrinstitut war für ihn ein *„Eselstall mit Tyrannen und Stockmeistern",* die den Jungen das *„Fegefeuer und die Hölle"* in den Leib prügelten. Sie *„konnten selber nichts"* und haben deswegen auch nicht gewusst, *„wie man lernen soll".* Ein hartes Urteil über die Schule seiner Kindheit.

Trotz dieser negativen Erfahrungen widersteht Luther später den Forderungen der wissenschaftsfeindlichen Schwarmgeister von Wittenberg. Die damaligen Pfingsttheologen halten nichts mehr von Bildung und Gelehrsamkeit. Sie würden die unmittelbare Gottesbeziehung zerstören und den kindlichen Glauben der Menschen untergraben. Andreas Karlstadt, ein einstiger Kollege und späterer Kritiker Luthers, meint, dass der Verstand die Wirksamkeit des Geistes dämpfe. Der vom Professor zum Bauern mutierte Enthusiast fordert, man solle die „Kinder aus der Schule nehmen".

Luther hält dagegen. Trotz negativer Kindheitserfahrungen profitiert er von dem schulisch Erworbenen sein Leben lang. Legendär ist sein gutes Gedächtnis. Durch das frühe Auswendiglernen vollzieht sich bei ihm eine Art Formatierung der intellektuellen „Festplatte". Auf dieser Grundlage vermag er den Lernstoff systematisch zu erfassen und abzuspeichern. Viele lateinische, auch antike Schriften kann er bei entscheidenden Diskussionen wie aus der Pistole geschossen zitieren. Auch die vorchristlichen Texte sind seiner Meinung nach wichtig. Durch die „Sittenlehre" antiker Schriften würde den jungen Leuten „etwas dargeboten", was viel zu deren innerem „Aufbau" beitrage. Er verteidigt auch das Erlernen der alten Sprachen. Sie seien „die Scheide, darin das Messer des Geistes steckt". Die kraftvolle Übersetzung der Bibel wäre ohne die scharfen Operationsinstrumente seiner Sprachkenntnisse unmöglich gewesen. Die Auseinandersetzung mit dem Papst und der scholastischen Theologie wäre ohne sein philologisches Auslegungsvermögen stumpf und erfolglos geblieben. Der kämpfende Reformator hat die Schwerter des Geistes am Gelernten geschärft. Luther hat ein positives Verhältnis zur Bildung. Theologisch betrachtet ist sie für ihn nicht in erster Linie der Weg zum gesellschaftlichen Aufstieg, sondern ein Mittel zur Entfaltung der schöpfungsgegebenen Fähigkeiten. Gott will dadurch Armut und Not in der Welt beseitigen. Die zum Blühen gebrachten Talente des Einzelnen sollen dem Gemeinwohl zu Gute kommen. Deshalb nimmt Luther die „Fürsten und Ratsherren" in die Pflicht, Schulen „aufzurichten und zu erhalten". Die Unterweisung der Kinder ist nicht nur die natürliche Angelegenheit von Eltern und Kirche. Für ihn braucht es darüber hinaus tatsächlich ein ganzes Dorf, um Kinder zu erziehen. Für Luther gibt es einerseits den geistlichen Aspekt der Bildung:

Die Menschen sollen lesen können, damit sie selbstständig die Bibel „verstehen" und über die „rechte Lehre" urteilen können. Nach evangelischem Verständnis ist der Einzelne vor Gott unvertretbar. Er steht eigenverantwortlich für sein Erkennen und Handeln vor Gott. Andererseits ist ihm auch der politische Aspekt eines wirksamen Schulwesens wichtig: Es braucht „geeignete Leute", die umsichtig das Land regieren und redlich verwalten, damit das Gemeinwesen „Ruhe und Frieden habe". Es braucht Menschen, die Verantwortung in der Gesellschaft übernehmen und „der Stadt Bestes" suchen. Beim Unterricht geht es also um beides, um das irdische Wohl und um das ewige Heil des Volkes.

Neun Jahre lang finden wir Martin Luther an jedem Werktag von 7 bis 10 und von 13 bis 16 Uhr als geplagten, aber doch konzentrierten Schüler in der Georgenschule. Er mag ein wenig aufgeatmet haben, als er im Alter von dreizehn Jahren die „Kinderdressuranstalt" verlassen darf. Das Lernen hört aber nicht auf. Er kommt an einen neuen Schul- und Wohnort: Aus dem seitherigen „Alexandriner" wird nun ein „Magdeburger". Zusammen mit einem Freund verlässt er die Heimat. Er zieht an die Elbe und geht auf ein geistliches Internat in der Ottonenstadt. Nach Mansfeld kommt er von nun an nur noch „als Gast".

Der heutige Besucher von Mansfeld sollte vor Luthers Elternhaus beginnen. Das im 19. Jahrhundert erneuerte Gebäude befindet sich am unteren, talseitigen Ende der einstmals vollständig ummauerten Stadt. Neuere Ausgrabungen haben eine bemerkenswerte Größe der ursprünglichen Wohnanlage nachgewiesen. Als bei einer Straßensanierung eine umfangreiche Abfallgrube aus der Zeit um 1500 herum entdeckt wurde, konnten die Archäologen eine kleine Sensation vermelden. Man war auf die Müllkippe der Familie Luder gestoßen und hatte Erstaunliches zutage gefördert. Die große Menge abgenagter Geflügelknochen beweist, dass häufig Fleisch auf dem Mittagstisch der Hüttenbesitzerfamilie stand. Nur Vermögendere konnten sich das leisten. Man fand Spielzeug wie Schellen und Murmeln, die belegen, dass die jüngeren Geschwister Martins in späteren Jahren wohl nicht mehr nur gebüffelt und geschuftet haben. Entdeckt wurden auch kunstvolle Kleiderapplikationen und Reste edler Buntglasfenster. Die sprechenden Funde offenbaren, dass die Familie mittlerweile zu beträchtlichem Wohlstand gelangt war. Doch es bleibt ein gewisses Rätsel. Warum hat man funktionierende Gegenstände einfach auf die Müllkippe geworfen? Warum finden sich in der Abfallgrube über 160 werthaltige Silbermünzen? Sie wurden nicht versteckt, sondern bewusst fortgeschafft. Hängt die Komplettentsorgung möglicherweise mit einer Pestepidemie im Jahr 1505 zusammen? Zwei jüngere Geschwister Martins waren dabei ums Leben gekommen. Wollte man alle „infizierten" Gegenstände bleibend beseitigen? Vom Müll lässt sich jedenfalls auf die wohlhabenden Lebensverhältnisse der Hausbewohner schließen. Hans Luder hatte es bis zu seinem Tod im Jahr 1530 auf ein Vermögen von 1 250 Gulden gebracht. Das war etwa so viel, wie das zehnfache Jahresgehalt eines Professors, oder in Immobilien umgerechnet: der Gegenwert von zwei stattlichen Wohnhäusern. Kein unermesslicher Reichtum, aber doch mehr als das unmittelbar Lebensnotwendige: ein durch Fleiß und Entsagung mühevoll erworbener Wohlstand. Davon kann man sich bei der Ausstellung „Luthers Heimat" in Mansfeld ein anschauliches Bild machen.

Folgt der Besucher nun der Lutherstraße nach oben und steigt zum Altstadtkern hoch, so bewegt er sich auf dem einstigen Schulweg Luthers. Durch die steile, leicht anstrengende Steigung kann er das gesellschaftliche Aufsteigen der Familie Luder auch körperlich nachvollziehen. Nach hundert Metern steht man vor der Stadtkirche St. Georg, dem größten Gebäude innerhalb des Ortes. Links davon befindet sich die heutige Stadtinformation. Sie wird mit einem Schild als „Luther-Schule" bezeichnet. Das ursprüngliche Unterrichtsgebäude wurde Anfang des 19. Jahrhunderts wegen Baumängel abgerissen. Vom Klassenzimmer aus hatte der Schüler Martin den täglichen Blick auf die damals neu entstehende Georgenkirche. „1493" steht als Jahreszahl des Baubeginns auf der Nordseite des Gotteshauses. Der damals gerade 10-jährige Martin hat hier in den darauffolgenden Jahren wohl manchen Anschauungsunterricht bekommen, wie eine „Kirchenerneuerung" praktisch durchzuführen ist: Überflüssiges wegmeißeln, damit das Wesentliche bleibt. Die Steine so setzen, dass sie einander tragen können. Und der Tragfähigkeit des Fundamentes vertrauen. Das ist das Entscheidende! Besonders an heißen Sommertagen mögen seine Gedanken öfters einmal mehr bei den hämmernden Steinmetzen als beim trockenen Lernstoff gewesen sein.

Das Innere der Georgenkirche spiegelt verschiedene Mansfelder „Themen" wider: Die opulent verzierte Ausstattung lässt den durch Kupfer erworbenen Reichtum der Stadt anklingen. Die Epitaphe und Zinnsärge der Mansfelder Grafen nehmen Bezug auf die örtliche Herrschaft. Und das bereits 1574 aufgehängte, damals einzige Ganzkörperporträt, das den Reformator im Pastorengewand zeigt, erinnert an den großen Sohn der Stadt.

Geht man die Lutherstraße noch einmal hundert Meter weiter, gelangt man zum Lutherplatz. Ein 1913 von Paul Juckhoff geschaffener Kalksteinbrunnen fängt mit drei bronzenen Reliefs die Aufbruchsstimmung ein, die Martin Luther mit dem Ort Mansfeld verbindet.

Dann die stattliche Feste der Landesherren, der räumliche Höhepunkt des Ortes. Die dominierende Stellung des Grafenhauses wird dem Spaziergänger allein schon optisch bewusst. Das auf der gegenüberliegenden Anhöhe prangende Mansfelder Schloss begegnet ihm alle paar Schritte. Im Durchblick der Straßen und Gassen taucht es immer wieder auf. Wer zu Fuß den zwei Kilometer langen Weg an der Straße entlang zum Schloss hinaufsteigt, muss eine halbe Stunde dafür berechnen. Von der dortigen Talbastion aus zeigt sich ein schöner Blick auf die Stadt.

Die wirtschaftliche Situation in der einstmals stärksten Industrieregion Sachsen-Anhalts ist seit der Wende geprägt durch den Niedergang des Kupferbergbaus und der Aluminiumverhüttung. Die Arbeitslosenquote ist überdurchschnittlich hoch. Viele, vor allem jüngere Bewohner, haben die Gegend verlassen oder pendeln zur Arbeit in den Westen. Nach den Bevölkerungsverlusten der vergangenen Jahrzehnte wohnen im heutigen Mansfeld wieder rund zweitausend Einwohner, genauso viele wie zu Martin Luthers Zeiten. Auch die kirchliche Situation stellt sich nüchterner dar als in Möhra. Im Volksmund galt der von der Montanindustrie geprägte Ort bereits in den 1920er Jahren als „rotes" Mansfeld. Dementsprechend durchschlagend war die antikirchliche Propaganda des SED-Staates. Obwohl die Bevölkerung seit der Reformation fast durchweg evangelisch war, gehören im Kindheitsort Luthers heute nur noch knapp zehn Prozent der Einwohner zur Kirche. Nach mehreren Stellenkürzungsrunden müssen von dem einzigen in Mansfeld verbliebenen Pfarrer mittlerweile noch neun weitere Kommunen betreut werden. Eine entsprechend hohe Anzahl von Kirchen, Pfarrhäusern und anderen Gebäuden bindet viele Kräfte und macht die schrumpfenden Gemeindegliederzahlen sichtbar.

Dennoch feiert die ganze Bevölkerung unbefangen mit, wenn an jedem ersten Samstag nach Ostern ein großes „Kirchen- und Kulturfest" stattfindet. Die „Einschulung Luthers" wird festlich begangen und filmreif nachgespielt. Offensiv gestaltet die Kirchengemeinde das historische Ereignis mit. In Theateraufführungen und Konzerten, mit Handwerkermärkten und kulinarischen Angeboten wird die damalige Zeit lebendig gemacht. Die Kirche schaut nicht beleidigt zur Seite, sondern nutzt die Heimatgeschichte, um das reformatorische Anliegen deutlich zu machen. Darüber hinaus sucht die Kirchengemeinde auch neue Wege der Verkündigung. Mit der Projektstelle „Alternative Gottesdienste für Ausgetretene" wird ein Modell zur Förderung des Gemeindewachstums ausprobiert. An markanten außerkirchlichen Orten wird das Evangelium in ungewohnter Form verkündigt. Statt der Orgel gibt es eine Band, statt Liturgie die Moderation, und statt der traditionellen Textpredigt hören die Besucher eine kurze, lebensweltlich bezogene Ansprache. Getreu dem Anliegen Luthers wollen die Veranstalter das Evangelium aller Welt wie ein leckeres Essen „*darreichen*" und dem Volk dabei „*auf's Maul*" und „ins Herz" schauen. Dass aus dem einstigen Grafenschloss der Mansfelder bereits zu DDR-Zeiten ein Christliches Jugend- und Begegnungszentrum des CVJM Sachsen-Anhalt wurde, mag ein sprechendes Zeichen sein. Es macht anschaulich, wie grundlegend sich die Machtverhältnisse auf der Welt ändern können: Aus negativ besetzten Orten der Zwietracht können aufbauende Stätten der Versöhnung werden. Aus dicken Mauern der Distanz geöffnete Tore des Miteinanders. Ein christliches Hoffnungszeichen mag auch sein, dass alle Schüler der „säkularen" Mansfelder Grundschule täglich den ermutigenden Merksatz Luthers in ihrem Gebäude zu lesen bekommen: *„Ich befehle euch das junge Volk, dass ihr's nicht ärgert, sondern wohl liebet, denn Gott ist viel an ihm gelegen."*

Welches Gefühl nehmen wir von Mansfeld mit? Welche Facetten unseres Lutherbildes gewinnen hier an Farbe? Lebensgeschichtlich betrachtet ist es der persönlichkeitsbildende Ort, an dem sich dem Bergmannssohn die Wirklichkeit kognitiv und emotional erschließt. Hier lernt er sehen, sprechen und verstehen, aber auch lachen und weinen. Es sortiert sich die eigene Existenz. Luther war später an Erziehungsfragen leidenschaftlich interessiert. Im Rückblick auf sein Mansfelder Erwachsenwerden mögen sich ihm fundamentale Fragen stellen: Was hat mich stark gemacht? Was hat mir geholfen, meinen Platz in der „modernen" Gesellschaft zu finden? Was braucht ein Kind?

Die große zeitgeschichtliche Welt, aber auch Luthers kleines Universum, befinden sich damals im Umbruch. Epochale Veränderungen setzen leidenschaftliche Spannungen frei. Da umgeben ihn noch mittelalterliche Eierschalen wie steinerne Relikte archaischer Zeiten. Da ist der unerbittliche Vater, der den Druck seines Arbeitsfeldes oft ungebremst an die Kinder weitergibt. Da ist die zu Schwermut neigende Mutter, die ihre tägliche Überforderung nach innen verarbeitet und von Melanchthon später als „seltsame Frau" beschrieben wird. Da herrschen im Schulbetrieb erzieherische Brutalitäten und unmenschliche Entwürdigungen. Da umgibt den Heranwachsenden eine bedrückende Alltagsgesellschaft, die durchzogen ist von Aberglaube, Zauberei und Teufelswahn. Da gibt es ökonomische Belastungen, dramatische Grubenunglücke und fürchterliche Krankheiten. Da verwandeln sich in den Gesprächen der Eltern die Ängste zu Dämonen und absonderliche Nachbarn zu bösen Hexen. Und Gott wird zum richterlichen Garanten dieser gesetzesharten Gesellschaft erklärt: Der oberste Wächter, der alles sieht und jeden straft. Muss eine solche beunruhigende Kindheit den Menschen nicht krank machen, muss er nicht jedes Vertrauen ins Leben verlieren? Ist Luthers spätere reformatorische Entdeckung also letztlich nur eine psychologische Erscheinung, die Folge eines pathologischen Gottesbildes? Verarbeitet er mit der Theologie die menschlichen Leiden seiner Kindheit? Oder könnte es auch so sein, dass das Geschrei seiner Kinderzeit ihn vielmehr sensibel gemacht hat für die Schmerzen eines vergänglichen Kosmos, die selbstzerstörerische Realität einer von Gott getrennten Welt, das Seufzen der Kreaturen und die schicksalhafte Macht der Sünde? Hat er in seiner Kindheit noch eine Realität gespürt, die der moderne Mensch mit dem Verstand zwar bändigen, aber doch nicht beseitigen kann?

Martin Luther schreibt in der Tat, dass er es *„von Kindheit auf so gewöhnt"* war *„zu erblassen und zu erschrecken"*, wenn er *„den Namen Christus auch nur nennen hörte"*. Er war *„nicht anders unterrichtet, als dass er Jesus Christus für einen gestrengen und zornigen Richter hielt"*.

Und doch gibt es auch die andere Seite, das Umsorgte und Geborgene dieser Jahre, das ihm unter dem Strich doch als eigentlicher Kern dieser Zeit erscheint. Vom Evangelium her öffnet sich ihm der Blick auch für manch humorvoll Leichtes im kindlichen Sein. In der Erinnerung beschreibt Luther die Heiterkeit des Vaters, der manchen Spaß und Schabernack mit ihm getrieben habe. Luther hat Verständnis für die Existenzsorgen, die sich manchmal vor dessen eigentliches Wesen gestellt haben. Er sieht die *„schwersten Mühen und gefährlichsten Arbeiten"* der Bergleute und begegnet ihnen mit einer erstaunlichen Nachsicht, wenn er ihnen sonntagnachmittags nach dem Gottesdienst einen *„starken Trunk"* zugesteht, denn *„wegen ihrer Belastungen"* müsse man bei ihren *„Bräuchen ein Auge zudrücken"*. Er erinnert sich, dass gerade in solchen angetrunkenen Zuständen der wahre, freundliche Charakter seines Vaters herausgekommen sei und dass er gewiss *„kein Wüterich"* gewesen sei. Als ihm die Nachricht vom Tod seines Vaters überbracht wurde, war seine Trauer kaum zu stillen. Und später erkennt er: „*Es wandelt sich alles. Sollte ich noch einmal in meines Vaters Haus kommen, so würde mich vieles anders anschauen als einst. Das Beste, das aus meines Vaters Gut geraten ist*", ist nicht sein Wohlstand, sondern „*dass er mich erzogen hat*".

Luther hatte später im Blick auf seine eigenen Kinder andere Erziehungsmaßstäbe. Nicht der materielle Aufstieg war ihm entscheidend, sondern dass seine Kinder vor allem „*rechte*" Bauern, Gelehrte oder Soldaten werden sollten, dass sie in allem, egal was sie tun, ihrem in Christus gebundenem Gewissen folgen. Ihm war wichtig, dass „*der Apfel bei der Rute ist*", dass Strenge und Liebe beieinander sind, so untrennbar wie Gesetz und Evangelium. Ihm war elementar, dass die rechte *Er*ziehung aus einer guten *Be*ziehung erwächst.

Trotzdem blickt Martin Luther nicht im Zorn zurück. Er will lieben, woher er kommt. So wie der Bergmann zwischen all dem für ihn nutzlosen Gestein das wertvolle Kupfer sieht, so vermag Luther den „Schatz in den irdenen Gefäßen" seiner Kindheit wahrzunehmen und dafür zu danken. Er sieht die gute Absicht hinter der familiären Strenge, das hohe Ziel hinter dem anstrengenden Aufstieg, die Zuneigung hinter den Hieben. Er weiß, „*ein Vater schilt, straft und stäubt sein Kind und ist ihm doch nicht feind*". Luther selbst versteht sich nicht als Opfer einer despotischen Erziehung, sondern als ein Beschenkter, da er den Eltern „*alles verdankt*". Der familiäre Aufstieg war mit vielen Kämpfen und Ängsten verbunden, aber es erwuchs daraus auch die Kraft zur Veränderung der Welt.

Magdeburg

Sichtbarer Glaube

Im Frühjahr 1497 kommt Martin Luther nach Magdeburg. Zwei Tage dauert der Fußweg von Mansfeld hierher. Sicher gibt es Abschiedstränen, als er aufbricht und die vertrauten heimatlichen Hügel des Mansfelder Landes hinter sich lässt. Beim Wandern öffnet sich ihm die ausgedehnte Weite der Elbniederung wie eine breite Pforte ins Leben. Dem Blick des halbwüchsigen Jungen erschließt sich eine imposante mittelalterliche Metropole. Deren umfangreiche Dimension sprengt die gewohnte kleinstädtische Überschaubarkeit. Staunend steht Martin vor einer der größten Städte des Reiches. Dreißigtausend Menschen leben hier. Gleich hinter den Stadtmauern liegt sein Ziel: die weiterführende Domschule, die er fortan besuchen wird.

Die frostige Schulzeit in Mansfeld war heil überstanden. In Magdeburg soll es freundlicher zugehen. Ein menschlicher Umgangston und weniger Schläge. Es heißt, die unterrichtenden „Brüder vom gemeinsamen Leben" seien einfühlsame Pädagogen. Sie betreiben eine fortschrittliche Lehranstalt mit gutem Renommee. Ehemalige Mansfelder Klassenkameraden sind bereits da und berichten Positives nach Hause. Hans Luder ist überzeugt: Die Schule der frommen Gelehrten ist die richtige Ausbildungsstätte für seinen begabten Sohn. Eine folgerichtige Zwischenstation auf der Karriereleiter des erhofften Juristen. Für Martin beginnt ein neuer Lebensabschnitt. Es geht in die Fremde.

Doch es bleibt ein flüchtiges Intermezzo. Gerade ein Jahr hält er es aus. Viel zu bald verlässt er ohne Abschluss die Schule. Was ist der Grund? Luther ist seltsam zurückhaltend, wenn er später auf diese Magdeburger Monate zu sprechen kommt. Muss das pulsierende Leben in einer derartigen Großstadt nicht aufregend gewesen sein: grandiose Bauwerke, farbenfrohe Prozessionen, orientalische Marktgerüche, bemerkenswerte Persönlichkeiten? Warum schweigt er sich darüber fast vollständig aus? Macht ihn die urbane Fülle sprachlos? Kann seine jugendliche Seele die überwältigende Wirkmächtigkeit dieses Ortes nicht fassen? Plagt ihn das Heimweh?

Ohne menschliche Beziehung ist Martin jedenfalls nicht. Sein Mansfelder Freund Hans Reinicke drückt mit ihm die Schulbank. Die Verbindung der beiden reicht zurück bis in Sandkastenzeiten. Man war zusammen aufgewachsen. Die väterlichen Hüttenbetriebe lagen nebeneinander. Jetzt waren sie gemeinsam nach Magdeburg gezogen. Der Kontakt reißt auch später nicht ab. Die ehemaligen Nachbarsjungen haben – wie Luther *„gute Freundschaft"* einmal bildhaft beschreibt – mehr als *„einen Scheffel Salz"* miteinander *„gegessen"* und gewiss auch viel salzige Tränen zusammen vergossen. Sie stehen einander bei in dunklen Tagen der Anfechtung. Als Luthers Vater stirbt, ist Freund Reinicke da und tröstet ihn. Zur Beerdigung seiner Frau Ursula schreibt Luther dem treuen Gefährten Reinicke einen bewegenden Brief. Auch auf dem schweren Gang zum Wormser Reichstag finden wir Hans an der Seite des herausgeforderten Wittenberger Mönches. In der Erklärung des Katechismus zum „Vaterunser" fragt Luther die Schüler, was denn mit dem dort erbetenen *„täglichen Brot"* gemeint sei. Die ganz immaterielle Antwort lautet: *„Gute Freunde, getreue Nachbarn und desgleichen"*. Solche verlässlichen Beziehungen sind für ihn lebensnotwendig. Er wusste aus eigener Erfahrung: *„Wenn die Schwermut dich überfällt, so sprich mit Freunden über Dinge, an denen du Freude hast."*

Hat der 14-jährige Neu-Magdeburger diese Ermutigung nötig gehabt? Das ist durchaus möglich, denn der erweiterte lokale Gesichtskreis muss erst emotional verkraftet werden. Unbekannte Wege und Stege machen neugierig und ängstlich zugleich. Hinzu kommen die biologischen Wandlungen im Inneren des Jungen, die sich in diesem Lebensalter ereignen. Die Brückenzeit zwischen Kindheit und Jugend macht den Menschen anfällig für depressive Gedanken. Das Wort „Pubertät" ist im Mittelalter noch unbe-

Magdeburg um 1600

kannt, aber man erlebt deren körperliche Auswirkungen. Die Ge-
schlechtsreifung verändert den Heranwachsenden. Er verliert den
Boden unter den Füßen. Das Gehirn wird zur Baustelle. Rasende
Hormone lassen ihn schwanken zwischen „himmelhochjauchzend"
und „zu Tode betrübt". Rohes und Zartes liegen wie grellste Farben
hart beieinander. Das Denken in Extremen lässt ihn andere Kreaturen bejubeln oder verteufeln. Erlebte Geschichten werden zu
Symbolen überhöht, Idole zu Halbgöttern verklärt. Er braucht das
Vorbild, dem er blindlings vertraut. Im Chaos der Gefühle sucht er
nach eindeutiger Orientierung. Doch despektierlich prüft er auch,
was wahr ist und falsch, was Fels ist und was nur Fassade. Es sind
Entscheidungszeiten, in denen er sich gleichsam den Wanderstab
für sein zukünftiges Leben schnitzt. Er erwirbt sich, was ihn trägt.
Er entdeckt die Werte, auf die er sich stützen kann. Die Erfahrungen der Pubertät haben eine weitreichende Weichenfunktion für
das spätere Denken. Sie formen Einstellungen und Weltanschau-
ungen auf Jahrzehnte hinaus. Unbewusst mag die Magdeburger
Zeit deshalb den späteren Reformator nachhaltiger prägen als dieser
tatsächlich beschreibt. Was nimmt er hier wahr?

Zunächst die Silhouette einer Stadt mit rund dreißig Türmen.
Stolz erheben sie sich über den Dächern der mittelalterlichen Fach-
werkhäuser. Wie aufgeschlossene Himmelsportale ragen die sie-
ben Hauptkirchen mit ihren mächtigen Zwillingstürmen heraus.
Ein Gotteshaus mit gleich mehreren Türmen zeigt dessen hohes
Ansehen. Das Zweifache der beiden Türme könnte man auch als

Bild deuten für die beiden Pfeiler, auf denen die Anziehungskraft der Stadt beruht: den wirtschaftlichen Erfolg und die kirchliche Tradition.

Als im Jahr 805 die „Magadoburg", die „große Burg", zum ersten Mal urkundlich erwähnt wird, tritt sie bereits als profitabler Wirtschaftsstandort in Erscheinung. Drei bestimmende ökonomische Faktoren führen zu ihrem Wohlstand. Da ist zunächst der fruchtbare Lössboden der Magdeburger Börde. Außergewöhnlich hohe Bodenwerte verwandeln die Äcker in wahre Goldgruben. Die Stadt wird zur Kornkammer Mitteldeutschlands. Zweitens befördert die verkehrstechnische Lage die günstige Entwicklung des Geschäftslebens. Am Flussübergang kreuzen sich zwei europäische Hauptstraßen. Durch Burgwachen geschützt, findet der Händler sicher über die Elbe. Und schließlich besitzt die Stadt das vom Kaiser verliehene Stapelrecht. Es zwingt die durchreisenden Kaufleute, ihre Güter abzuladen und sie der Bevölkerung zum Kauf anzubieten. Nur durch kräftige Gebühren kann davon Abstand genommen werden. Der Warenverkehr boomt. Schon im 11. Jahrhundert wird Magdeburg zur Messestadt erhoben und bald darauf zum geschätzten Mitglied der norddeutschen Hanse.

Unter diesen günstigen Bedingungen entsteht eine vermögende Kaufmannsschicht, die europaweit ihre Geschäfte betreibt. Die Händler tragen die Magdeburger Silbermünze bis auf die Färöer-Inseln und das damals moderne „Magdeburger Recht" bis hinein in die Tiefen Russlands. Bereits ab dem Jahr 1294 liegen die führenden Ämter der Stadt in den Händen der Bürgerschaft. Die reichen Einwohner hatten dem Erzbischof das Besetzungsrecht abgekauft und konnten künftig Schultheißen und Burggrafen selber ernennen. Damit beginnt die Zeit der kommunalen Selbstverwaltung. Sie setzt innovative Kräfte frei zum Wohl der ganzen Bevölkerung. Seinen steingewordenen Ausdruck findet das bürgerliche Selbstbewusstsein im Gebäude der mächtigen Johanniskirche. Diese wird im 11. Jahrhundert als „ecclesia mercatorum" erwähnt, als erste Kaufmannskirche Deutschlands. Sie steht für Bürgerstolz und Unabhängigkeit.

Martin Luther lässt diese Wirtschaftsentwicklung nicht unbeeindruckt. Sie fordert ihn später zu einer theologischen Stellungnahme heraus. Es ist ein ökonomischer Grundsatzentwurf, der „durch die Tür des Rechtfertigungsartikels" (Melanchthon) gegangen ist. Als im Jahr 1524 die Reformation in Magdeburg eingeführt und von der bürgerlichen Schicht der Wohlhabenden begeistert vorangetrieben wird, schreibt Martin Luther seine wirtschaftsethische Schrift „*Von Kaufshandlung und Wucher*". Darin spricht er die Kaufleute direkt an. In der programmatischen Abhandlung zeigen sich das sozialpolitische Interesse und die soliden ökonomischen Kenntnisse Luthers. Das Armutsideal der Bettelmönche verwirft er. „*Der Mensch ist zur Arbeit geboren, wie der Vogel zum Fliegen*." Arbeitslust ist für ihn eine Gabe des Schöpfers, darum „*will Gott keine faulen Müßiggänger haben, sondern man soll treulich und fleißig arbeiten*". Der Christ soll nicht um Almosen bitten, sondern kraftvoll Hand anlegen, damit er Segen erwirbt und den wirklich Bedürftigen helfen kann. Indem er bei seiner Kirchenreform aus theologischen Gründen zahlreiche Heiligenfeiertage abschafft, fördert Luther indirekt das Wirtschaftsleben. Die gewonnene Arbeitszeit dient nun nicht mehr dem Kirchgang, sondern der Steigerung von Produktion und Konsum. Das ist durchaus ein Stück Marktliberalisierung. Luther bestätigt zunächst auch das Recht des Handels, denn man kann es „*nicht leugnen, dass Kaufen und Verkaufen ein notwendiges Ding ist, das man nicht entbehren kann, besonders in den Dingen, die zum täglichen Bedarf*" notwendig sind. Segen wird mit tatkräftigen Händen erworben. Ausgehend von der „*gefallenen Natur*" der Geschöpfe, weiß er allerdings auch um die Gefahren des Kapitalismus. Deren schlimmste seien „*der Geiz und der Wucher*". Dahinter stehe „*die Habsucht: sie wirkt alles Übel*". An die Stelle Gottes wird dann nämlich der persönliche Besitz gestellt. Der Mammon beherrscht die Zügel des menschlichen Handelns. Statt als Beschenkter im Vertrauen auf Gott zu leben, will der nimmersatte Pfennigfuchser seine Existenz durch eigene Werke absichern. Das wird tödlich enden. Darum: „*Dein Verkaufen soll nicht ein Werk sein, das frei in deiner Macht und Willen ohne Gesetz und Maß steht als wärest du Gott, der niemandem verbunden wäre*." Dem gottlosen „Bei-sich-selber-Bleiben" des sündigen Menschen stellt Luther die soziale Anbindung des Kapitals gegenüber, den Blick für das Ganze. Das eigene Gewinnstreben muss letztlich dem Wohlergehen der Gemeinschaft dienen. Die Markwirtschaft wird durch das Soziale beschränkt. Monopolistische Wirtschaftskartelle, undurchsichtige Finanztransaktionen und risikoreiches Schuldenmachen – alle Erscheinungen, in denen sich Gier institutionell organisiert – lehnt Luther strikt ab. Er weiß wohl, dass *„die Welt nicht nach dem Evangelium zu regieren"* ist. Auch der Kaufmann wird schuldig werden, denn *„die reich werden fallen in Versuchung und in viel törichte Begierden"*. Deswegen soll *„das Verkaufen durch Gesetz und Gewissen begrenzt sein"*. Geld ist für ihn ein notwendiges Übergangsmittel in vergänglicher Zeit und Welt. Im Hinblick auf das irdische Wohlergehen des Menschen hat das Finanzwesen durchaus ein begrenztes Recht, aber seiner verführerischen Macht soll der Christ nicht erliegen: *„Wer Geld und Gut hat, der weiß sich sicher, ist fröhlich und unerschrocken, als sitze er mitten im Paradies."* Gegen die trügerische Selbstsicherheit des reichen Kornbauern, der noch in derselben Nacht sterben und alles verlieren wird, sollen wir unsere *„Zuversicht allein auf Gott setzen"*. Die Dinge dieser Welt dürfen wir freudig gebrauchen, denn Gott hat sie uns zum Lebensvollzug geschenkt, aber wir sollen sie *„haben, als hätten wir nicht"*. Das Wirtschaften stellt Luther, wie auch alle anderen menschlichen Handlungen, unter die zentrale Frage: *„Was wird Gott zuletzt dazu sagen?"*

Dass Luther aufgrund dieser ordnungspolitischen Äußerungen von manchen Historikern geradezu zum deutschen „Nationalökonom" hochstilisiert wurde, ist sicher übertrieben. Überraschend zeigt sich aber doch sein kluger Sachverstand, mit dem der gelernte Theologe souverän über das Thema „Geld" spricht. Als Mönch hat er ja völlig besitzlos gelebt und in der späteren Ehe überließ er alle Finanzfragen seiner Frau Käthe. Trotzdem kennt er sich aus mit dem Geldbeutel. Hat er nicht gerade hier in Magdeburg, dem bedeutendsten Wirtschaftsraum unter seinen Wohnorten, wenigstens ein Gefühl für das Kommerzielle entwickelt? Sollte davon nicht etwas hängen geblieben sein?

Und dann die andere große Kirche: der St. Mauritius Dom, die räumliche Dominante der Ortssilhouette, das Wahrzeichen der Stadt. Er steht für den zweiten, noch viel augenfälligeren Pfeiler, auf dem Magdeburgs Selbstverständnis beruht. Über dreihundert Jahre lang wurde an diesem Gotteshaus gebaut. Es gilt als die erste und größte gotische Kathedrale Deutschlands und verkörpert die zentrale kirchliche Bedeutung der Stadt an der Elbe.

Otto der Große, der erste Kaiser des Heiligen Römischen Reiches Deutscher Nation, legte den Grundstein für die kommunale Aufwärtsentwicklung. Während seiner Regierungszeit erblühte die Stadt und wurde im Jahr 968 zum Amtssitz eines Erzbischofs. Benachbarte Bistümer wurden diesem zu- und untergeordnet. Durch die gezielte Stärkung der erzbischöflichen Macht sollte der Ort für seine spezielle Aufgabe ausgerüstet werden: die Missionierung der Slawen und Magyaren, die östlich der Elbe wohnten. Magdeburg sollte zum christlichen Brückenkopf in den Osten, zur Missionsstation der Verkündigung des Evangeliums werden. Anfangs allerdings wenig erfolgreich. Die Weitergabe des Glaubens geschah zunächst mit Blut an den Händen und kriegerischer Gewalt. Ein großer Aufstand der Slawen setzte dem westlich-christlichen Imperialismus deutliche Grenzen. Doch was die Waffen der Ritter nicht vermochten, das brachten die Klöster zustande. Durch die Entsendung von Ordensleuten gewann die Kirche in den slawischen Gebieten an Kraft. Aus den neu gegründeten Klöstern strahlte geistliches Leben ins heidnische Umfeld. Nicht das bewaffnete, sondern das einladend gelebte Christentum erreichte die Herzen der Menschen. In der leiblichen Gestalt von praktizierter Diakonie und ermutigender Seelsorge erfuhren Notleidende augenfällig die Barmherzigkeit Christi. Luther sagt: *„Das Evangelium macht Christen, aber man sieht's ihnen nicht an den Kleidern an, sondern an den Werken der Liebe."* Die Abteien wurden zu wärmenden Zufluchtsorten der Suchenden. „Belonging comes before believing" – der Spitzensatz heutiger angelsächsischer Missionstheologie beweist sich schon Jahrhunderte vorher am Beispiel der von Magdeburg ausgehenden Frömmigkeit. Durch eine aktive Beziehungsaufnahme, die sich für den Fremden öffnet, wird Glaube erfahrbar. Durch das Liebhaben breitet sich Christentum aus. Diese Botschaft liest man zwischen den Zeilen der Stadtgeschichte.

Luther erlebt in der Ottonenstadt steinerne und lebendige Zeugen echten Glaubens. Nicht nur die Magdeburger Türme weisen nach oben, auch die vielen Nonnen und Mönche deuten mit ihrem Gewand und Verhalten zum Himmel. Deren radikale Absage an die „fleischlichen Lüste dieser Welt" offenbart ihm die Wirkkraft der Religion. Hinter den Stadtmauern empfängt ihn authentisches Klosterleben. Asketisches Christsein wird von den Ordensleuten erkennbar auf die Straßen getragen. Besonders die franziskanische Armutsfrömmigkeit wird allenthalben sichtbar. Um des Himmels willen verzichten die Mönche auf Hab und Gut dieser vergänglichen Welt. Die konsequente Haltung beeindruckt den Heranwachsenden. Besonders die Erscheinung eines hochadligen Bettelmönches geht ihm unter die Haut. 1533 schreibt er:

„Als ich in meinem vierzehnten Jahr zu Magdeburg in die Schule ging, habe ich mit eigenen Augen einen Fürsten von Anhalt gesehen, der in der Barfüßerkappe auf der Breiten Straße um Brot bettelte und den Sack trug wie ein Esel, dass er sich zur Erde krümmen musste."

Die Person des entstellten Fürst Wilhelm muss ein Bild des Schreckens gewesen sein. „Willst du vollkommen sein, so geh hin, verkaufe, was du hast, und gib's den Armen, so wirst du einen Schatz im Himmel haben; und komm und folge mir nach" (Matthäus 19,21). Die radikale Aufforderung Jesu an den reichen Jüngling hatte der anhaltinische Edelmann ernst genommen. Vom reichen „Herrn" war er zum armen franziskanischen „Bruder" geworden und hatte auf alle Standesprivilegien verzichtet. *„Grau und geschoren"* und vom unaufhörlichen Fasten so abgemagert, dass er *„nur noch Bein und Haut"* ist, so nimmt Martin den ausgezehrten Adligen wahr und stellt fast erlösend fest: *„Er starb auch bald."* Bleiben derartige Begegnungen nicht wie ein Fragezeichen auf der Seele haften? Sind die Beispiele solcher geradlinigen Persönlichkeiten nicht wie leere Platzhalter, die durch eigene Entscheidungen gefüllt werden müssen? Luther sagt im Rückblick: *„Wer den Fürsten* *ansah, der schmatzte vor Andacht und musste sich seines weltlichen Standes schämen!"* Auch wenn er später von dieser weltverachtenden Lebenshaltung Abstand genommen hat, so bleibt sie doch für den nach Glaubwürdigkeit suchenden Jugendlichen eine Herausforderung.

Zu den gesellschaftlich wahrnehmbaren Glaubenszeugen gehören auch einige entschlossene Magdeburger Erzbischöfe, die die geistliche Berufung ihres Amtes ernst genommen haben. Immer wieder kommen vom Dom her verändernde Impulse zur Weiterentwicklung von Kirche und Stadt. Erzbischof Ernst von Sachsen, der jüngere Bruder von Luthers späterem Landesherrn Friedrich dem Weisen, ist ein Reformer. Er fördert die Wissenschaften und setzt Neuerungen in den Klöstern durch. Mit einem fortschrittlichen Bein steht er bereits auf dem Boden der neuen Zeit. Als er im Sterben liegt, will er sich im Blick auf das himmlische Endgericht nicht auf die zahlreich erworbenen Verdienste des Magdeburger Barfüßerordens stützen, sondern vertraut auf seines „Herrn Christi Werke, die müssen's allein tun". Mit pflichtbewusster Tatkraft übt er sein Amt aus. Der Gestaltung des Schulwesens hat er sich besonders angenommen. Gegen den erklärten Widerstand der etablierten Klöster und Domherren holt er ein Lehrerkollegium der „Brüder vom gemeinsamen Leben" hierher und erteilt ihnen einen Unterrichtsauftrag. Wahrscheinlich an der örtlichen Domschule.

Die neuen Pädagogen sind fromme Laienbrüder und kommen von Hildesheim nach Magdeburg. Ende des 14. Jahrhunderts war ihre pietistisch anmutende Gemeinschaft aus der Reformbewegung der „devotio moderna" hervorgegangen. Die „moderne Frömmigkeit" wurde von deren Anhängern als bewusste Alternative zur bisher geübten Glaubenspraxis des Mönchtums verstanden. In dieser Oppositionsbewegung zum Klosterwesen wird innere Bekehrung betont und die rituelle Formenhaftigkeit der Kirche skeptisch gesehen. Vom niederländischen Deventer aus hatten sich die Brüderhäuser über ganz Norddeutschland verbreitet. In Magdeburg lernt Luther sie als „Nullbrüder" kennen. Diese Bezeichnung mag von deren Kopfbedeckung, der „Nolle", herrühren. Vielleicht liegt aber auch Spöttisches in dem nach einer Ziffer klingenden Namen. Der lateinische „nullus" ist weniger als einer, nämlich „keiner". Das Numerale „Nullus" ist zwar ein Zahlwort, beinhaltet aber keine Zahl. Schein ohne Sein sozusagen. Nach Meinung ihrer Kritiker sind die Nullbrüder gar keine richtigen Ordensleute. Sie nennen sich so, ihnen fehlt aber das notwendige Mönchsgelübde, das Tor zum geistlichen Stand. Die Mitglieder der Gemeinschaft wollen als christliche Bruderschaft gemeinsam leben, ihre Organisation stellt aber kein Klosterleben im klassischen Sinne dar. Als letzter orientierender Maßstab gilt ihnen nicht die abgrenzende Ordensregel. Sie setzen vielmehr auf die unmittelbare Christusbeziehung, auf die persönliche Jesusnachfolge des Einzelnen. Man kann die Echtheit dieses Glaubens nicht „nachzählen" wie die geleistete Erfüllung menschlicher Satzungen. Die geistliche Weite der Fratres ist mit dem Messstab von Kirchenparagraphen nicht zu fassen. Wo der Geist des Herrn weht, besteht „null" Kontrolle von außen. Freiheit ist riskant. Deswegen die Vorbehalte des damaligen Magdeburger Kirchenestablishments.

Doch Spott enthält meist auch verborgene Bewunderung. Die „Brüder vom gemeinsamen Leben" erscheinen nicht mit lautem Fastengeschrei auf den Straßen. Durch ihren authentischen Lebensvollzug wirken sie jedoch tief hinein in die spätmittelalterliche Gesellschaft. Ihr Glaube wird sichtbar in Bücherregalen und Schulen. Dass sie fleißig sind, gefällt den arbeitsamen Kaufleuten Magdeburgs. Das lethargische Bettelchristentum der Barfüßermönche lehnen die Nullbrüder ab. Sie wirken tatkräftig in der Welt, anders als die weltabgewandten Asketen, die ihre Erdenzeit möglichst unberührt vom Leiblichen überstehen wollen. Die Nullbrüder wollen Gottes Gabe zur Aufgabe für andere werden lassen. Sie werden aktiv zum Wohl und Heil der Welt. Ihr Einkommen bestreiten sie aus eigener Hände Arbeit. Viele Mitglieder leben von der Buchproduktion. Von Hand schreiben sie biblische und theologische Schriften ab. Später sind sie die ersten, die den Buchdruck für ihr geistliches Anliegen nützen. Man nennt sie darum auch die „Brüder von der

Feder". Ihre Frömmigkeit lässt sie obendrein selbst zur lebendigen Bibelübersetzung für andere werden. Besonders Jugendliche sollen aus ihrem Lebenswandel Christus herauslesen können. So ist deren Engagement im Schulwesen ein zweiter missionarischer Aufgabenschwerpunkt. Im Unterricht wollen die Brüder den christlichen Glauben liebevoll weitergeben. Sie entwerfen neue Schulbücher und entwickeln reformpädagogische Gedanken. Sie empfehlen Internate für auswärtige Schüler und bauen erstmals Konvikte auf. Werte sollen über das Vorbild des Lehrers und nicht durch unkontrolliertes Prügeln weitergegeben werden. Erziehung braucht Geduld. Die offenen Arme sind wichtiger als der erhobene Zeigefinger. Muss der jugendliche, sensible Mansfelder Bergmannssohn nicht gejubelt haben angesichts dieser ganz anderen Schulerfahrung? Warum bleibt er dann nur ein Jahr?

Luther redet ausnahmslos positiv über diese Bruderschaft. Er bezeugt in einem Brief, dass er in Magdeburg *„mit Hans Reinicke zu den Nullbrüdern in die Schule ging"*. Er bestätigt voll Respekt: *„Wenn es um alles so stünde, wie um die Brüderhäuser, so wäre die Kirche selig schon in diesem Leben."* Luther schätzt die Theologen dieser Bewegung, den Tübinger Gabriel Biel oder Thomas von Kempen. Als junger Professor zitiert er sie in seinen Vorlesungen. Johannes Gerson, den Rektor der Pariser Sorbonne, nennt er liebevoll seinen *„Doktor Tröster"*. Luther nimmt Positionen der devotio moderna auf. Er teilt die Liebe der Fratres zur Heiligen Schrift und deren Wertschätzung der Schulbildung für die Weitergabe des Glaubens. Er kann deren fromme Begriffe benutzen. Dennoch spricht er eine andere Sprache. In seiner späteren theologischen Entwicklung wächst er deutlich über die urchristlich orientierten Gedanken der Brüder hinaus. Deren überzeugende Lebenspraxis beeindruckt ihn zwar, aber sie befriedigt noch nicht sein Suchen. Dass im Zweifel der Verstand dem Glauben untergeordnet werden sollte, lässt ihn aufbegehren. Die Kernfrage seiner Existenz sollte an anderer Stelle beantwortet werden. Und so bleibt die Begegnung mit den Brüdern, wie überhaupt das ganze Magdeburger Jahr, eine aufweckende, aber dennoch vorübergehende Zeit. Es drängt ihn weiter. Er sucht die Quellen, an denen sein Glaube stark wird. Er geht seinen eigenen Weg.

Diese Eigenständigkeit spiegelt sich auch in der Geschichte seiner Magdeburger Erkrankung wider. Als er einmal darnieder liegt und schweres Fieber bekommt, will man ihm nichts zu trinken geben. Nur durch Verzicht würde er genesen. Nur durch Askese könne er den bösen Dämon austreiben. Ein brennender Durst bringt ihn dabei schier um den Verstand. Als seine Krankenschwester endlich zur Kirche geht, ist er allein im Haus. Er kann nicht anders und wagt den „Bruch des Gebotes". Mit letzter Kraft schleicht er sich in die Küche und leert in einem Zug den vollen Krug mit Wasser in sich hinein. Halb ohnmächtig erreicht er seine Kammer und fällt in einen tiefen, erholsamen Schlaf. Am nächsten Morgen ist das Fieber verschwunden. Er fühlt sich wie neu geboren. Was für ein einprägsames Schlüsselerlebnis! Darin verbirgt sich doch auch die traditionskritische Botschaft: „Mach deine eigenen Erfahrungen, um den Durst deiner Lebensfragen zu stillen!"

In späteren Jahren war Luther noch mehrfach zu Gast in Magdeburg. Als verantwortlicher Distriktvikar des Augustinerordens reist er um 1516 ein paar Mal an, um seine hiesigen Ordensbrüder bei ihren Reformprozessen zu begleiten. Sehr einschneidend und öffentlich ist allerdings der Besuch im Jahr 1524. Dieses Mal kommt er nicht als jugendlicher Schüler, auch nicht mehr als visitierender Augustinermönch. Das alles liegt hinter ihm. Man holt ihn jetzt als helfenden Retter der Magdeburger Reformation. Die dramatischen Geschehnisse dieser Wochen sollten das Schicksal der Stadt über Jahrhunderte hinweg prägen. Was war geschehen?

Ein Tuchmachergeselle hatte auf dem alten Markt Luthers jüngst entstandene, aus Wittenberg mitgebrachte Lieder gesungen. Darunter auch den erzählenden Protestsong *„Ein neues Lied wir heben an!"*. In dieser tragischen Ballade wird das Schicksal der beiden ersten „lutherischen" Märtyrer erzählt. Ganz unvermittelt waren diese in Brüssel den „Spürhunden" der katholischen Inquisition zum Opfer gefallen. Ihr grausamer Tod auf dem Scheiterhaufen hatte Luther schockiert und zum singenden Protest bewegt. Luther spürt: Der flammende Widerstand braucht beides, den Kopf und das Herz. Er nimmt sich die mutigen „Knaben" zum Beispiel. Sie seien gestanden „wie eine Mauer". Singend sind sie ins Feuer gegangen. So entstehen seine ersten Lieder. Die emotionale Kraft dieser Gesänge zieht die Magdeburger Bevölkerung zu hunderten an. Der rezitierende Leinweber entfacht die Gefühle. Der Platz erbebt in reformatorischer Glut. Genau in diesem Moment verlässt der altgläubig gesinnte Bürgermeister Hans Rubin die Johanniskirche. Als er den lautstarken Volksauflauf wahrnimmt, gerät er außer sich. Er lässt den singenden Tuchmacher verhaften. Es kommt zum gewaltsamen Aufruhr. Die Protestierenden befreien den Gefangenen. Im Überschwang ihres neu erlebten Wir-Gefühls setzen sie die Ratsherren unter Druck: Künftig soll auf allen Magdeburger Kanzeln evangelisch gepredigt werden. Es folgen Aufruhr und Bildersturm. Die Reformen laufen aus dem Ruder. Die Parteien geraten in Streit über die Fragen von Seelenmessen und Abendmahl. Da greift Nikolaus Sturm zur Reißleine. Er, der andere Magdeburger Bürgermeister, ein Befürworter der neuen Lehre, schreibt nun einen Brandbrief an Luther. Die beiden kennen sich aus früheren Zeiten. Während seiner Magdeburger Schulzeit hatte Luther bei dem aus Mansfeld stammenden Offizial Doktor Paul Moßhauer gewohnt. Bei dem obersten Kirchenjuristen des Erzbischofs verkehrten die maßgeblichen Persönlichkeiten der Stadt. Hier hatte Luther auch das spätere Stadtoberhaupt kennengelernt. Nikolaus Sturm bittet ihn nun inständig, nach Magdeburg zu kommen und ordnend einzugreifen. Den militanten Schwärmern müsse gewehrt und die Reform gewaltlos durchgeführt werden.

Im Juni trifft Luther in Magdeburg ein und predigt in der überfüllten Johanniskirche. Seine Worte zeigen Wirkung. Der wildgewordene Strom des Aufruhrs wird wieder in sein Flussbett zurückgeholt. Die Revolution wird unterbunden, die Reformation aber umso zielstrebiger angegangen. Der 17. Juli 1524 wird zum Einführungstag des neuen Glaubens erklärt. Wenige Wochen später sind alle Altstadtkirchen Magdeburgs mit evangelischen Predigern besetzt. Lediglich der Dom und die Klöster bleiben noch für einige Jahre „katholisch". Luther schickt seinen treuen Weggefährten Nikolaus Amsdorf hierher. Als Superintendent soll er die friedliche Umgestaltung Magdeburgs verstetigen. Der organisationsbegabte Beamtensohn setzt besonders am Schulwesen an und gründet im ehemaligen Augustinerkloster die später berühmt gewordene Magdeburger Stadtschule. Er verändert und verdeutscht den Gottesdienst und sorgt für eine ordentliche Armenfürsorge.

Kaum eine deutsche Großstadt ist so entschlossen und bleibend evangelisch geworden wie Magdeburg. Sie gilt bald als „protestantische Bastion". „Unseres Herrgotts Kanzlei" nennt sie der Schriftsteller Wilhelm Raabe im 19. Jahrhundert. Der Sohn eines preußischen Justitiars rühmt deren unbestechliche Treue zum Evangelium. Als einzige Stadt hatte sich Magdeburg während des kaiserlichen Interims geweigert, einem katholisch dominierten Kompromiss zuzustimmen. Der verärgerte Kaiser schwört grausame Rache. Er behandelt die reformatorische Stadt wie den Reformator selbst und stellt sie unter die aussondernde Reichsacht. Es folgen Belagerungen und entsetzliche Verwüstungen. Aus dem missionarischen Brückenkopf in den Osten war nun ein bekennendes Bollwerk im Landesinneren geworden, jahrhundertelang angefeindet und brutalsten Angriffen ausgesetzt. Berüchtigter Tiefpunkt der Ortshistorie ist die so genannte „Magdeburger Hochzeit" während des Dreißigjährigen Krieges. Die evangelische Stadt sollte dabei gewaltsam zur symbolischen „Ehe" mit dem katholischen Kaiser gezwungen werden. Friedrich Schiller beschreibt diesen blutigen Unterwerfungsakt als unbeschreibliche „Würgeszene" deutscher Geschichte. Die Brandschatzungen der Truppen Tillys im Jahr 1631 waren maßlos.

Trotz äußeren Drucks bleibt Magdeburg ein begehrter Zufluchtsort evangelischer Glaubensflüchtlinge. Die Wallonerkirche ist mit ihrer reformierten Tradition ein Beispiel für das weltoffene Exil, das französischen Hugenotten und anderen bedrängten Protestanten gewährt wurde. In deren Ansiedlung liegt mithin ein Grund für den weiteren Wirtschaftsaufschwung der Stadt.

Auch in der beginnenden Neuzeit stellt sich Magdeburg als ökonomisches Zentrum im mitteldeutschen Raum dar. Die evangelisch begründete Bildungsfreundlichkeit und Luthers Wertschätzung der menschlichen Arbeit fördern die industrielle Entwicklung. Ingenieure, wie der Magdeburger Bürgermeister Otto von Quericke, vermitteln der Stadt belebende Impulse. Der multibegabte Entdecker des Vakuums erfindet die Kolbenpumpe, lässt ein Barometer vor dem Rathaus errichten und experimentiert bereits im 17. Jahrhundert mit elektrischen Spannungen. Die Wirtschaftsentwicklung im 19. Jahrhundert ist geradezu rasant. In der Stadt werden Messgeräte, Armaturen und Dampfmaschinen gebaut. Die preußischen Jahre begründen Magdeburgs Ruf als Maschinenbau-City. Damals wird zudem die Magdeburger Börse eingerichtet, zeitweise die drittgrößte der Welt.

Der epochale Glanz der Stadt zerbricht allerdings im Zweiten Weltkrieg. Bei mehreren Luftangriffen der britischen Royal Air Force werden neunzig Prozent der Stadt zerstört, darunter fünfzehn Kirchen. Auch die Johanniskirche ist ein Opfer des Bombardements. Von dem Symbol christlich-bürgerlichen Wohlstandes stehen damals nur noch Turmreste und Außenmauern.

Wer heute die Johanniskirche besichtigt, sieht in der Vorhalle die „trauernde Magdeburg" stehen. Das Bronzedenkmal zeigt eine kämpferische, aber ermüdete, schwermütige Frau. Es ist die einzige unversehrte Skulptur, die aus den Trümmern der kriegszerstörten Kirche geborgen werden konnte. Der Erstabguss der Figur befindet sich in Worms. Am dortigen Reformationsdenkmal sind einige bedeutende evangelische Städte symbolisch porträtiert. Deren geschichtliche Eigenarten werden in der Darstellung aufgenommen. Die „trauernde Magdeburg" erinnert an den schweren Blutzoll, den die Stadt für ihre entschlossene Freude am Evangelium zahlen musste.

Nach dem Zweiten Weltkrieg wurde die Stadt wieder aufgebaut und zeigt heute bemerkenswerte Großgebäude im sowjetisch beeinflussten Stil des „sozialistischen Klassizismus". Die Besichtigung beginnt man am besten bei der Stadtinformation in der Ernst-Reuter-Allee. Jeden Tag um 11 Uhr startet dort ein zweistündiger Stadtrundgang. Dieser fängt beim alten Markt im Herzen der Innenstadt an. Ein Till-Eulenspiegel-Brunnen erinnert an die derben Späße, die der berühmte Scherzbold mit den Bürgern hier getrieben haben soll. Gegenüber steht das eindrucksvolle Rathaus, deren bronzene Eingangstür verschiedene Szenen aus der Magdeburger Stadtgeschichte zeigt. Daneben befindet sich eine Rolandstatue, das alte Rechts- und Freiheitssymbol städtischer Selbstständigkeit. Der berühmte „Goldene Reiter" aus dem Jahr 1240, dem Rathaus entgegengesetzt, ist das älteste freistehende Reiterstandbild Deutschlands. Es stellt vermutlich den ortsprägenden Lieblingskaiser der Stadt dar, Otto I. An Markttagen kann man ein Glockenspiel hören. Vielleicht spielt der Carilloneur gerade das Lied „Ich bin der Doktor Eisenbarth, kurier die Leut' nach meiner Art". An diesen kuriosen Arzt erinnert der Brunnen, auf den wir nördlich des Platzes treffen. 1939 wurde das Denkmal dort errichtet, wo der Wundarzt Dr. Andreas Eisenbarth ab 1703 gewohnt hat. Der Brunnen stellt die Charakteristik des unkonventionell operierenden Gernegroß dar. Das fließende Wasser soll dessen ständigen Redefluss symbolisieren. Überquert man die dahinterliegende Straße, steht man nach einigen Schritten vor dem großen Luther-Denkmal an der Johanniskirche. Lange war die Kirche als Ruine dagestanden und wurde erst nach der Wende wieder vollständig aufgebaut. Ihrer bürgerlichen Tradition entsprechend wird sie heute vor allem als Konzertsaal und Festhalle der Stadt genutzt. Elbaufwärts geht es nun Richtung Dom. Unterwegs sollte man sich das Kloster „Unser Lieben Frauen" anschauen, ein einzigartiges tausendjähriges Bauwerk, das die romanische Zeit der Stadt lebendig werden lässt. Auf dem Weg zum Dom liegt die „Grüne Zitadelle", das letzte architektonische Werk von Friedensreich Hundertwasser. Das auffallende Gebäude will nach Aussage des Architekten „eine Brücke zwischen Vergangenheit und Zukunft sein", es soll die Menschen „ins verloren geglaubte Paradies zurückführen". Durchaus ein geschichtlich belegtes Magdeburger Thema! Am Domplatz angekommen, stehen wir auf dem Gelände einer tausendjährigen Kaiserpfalz. Höhepunkt der Besichtigung ist der Besuch des Domes, der dem heiligen Mauritius geweiht ist. Der aus Ägypten stammende, namensgebende römische Offizier ist im Gotteshaus als „Mohr" dargestellt. Er hatte sich geweigert, gegen andere Christen zu kämpfen und war deswegen vom Kaiser umgebracht worden. Als Patron der Stadt mag er erinnerlich bleiben, da dessen Standfestigkeit sich auch im Schicksal der Stadt wiederfindet. Das Innere des Domes ist erstaunlich hell und steinsichtig. Wer an den Skulpturen vorübergeht, durchschreitet ein ganzes Millennium an Kunstgeschichte. Der Dom beherbergt auch die originale Grablege von Kaiser Otto (gest. 973) und seiner Gemahlin.

Ältere Besucher, die Magdeburg noch aus der Zeit vor der Zerstörung gekannt haben, beklagen den Verlust der turmreichen Stadtsilhouette. Ihnen fehlen die vielen markanten Kirchtürme von einst. Nicht nur Gotteshäuser, die im Krieg zerstört wurden, auch noch acht weitere, in der DDR-Zeit abgerissene Kirchen, sind unwiederbringlich verloren gegangen. Statt dass die ausgebrannten Kirchen wieder aufgebaut wurden, hat man sie im Sozialismus dem Erdboden gleichgemacht.

Dem Rückgang der Kirchengebäude entspricht auch die nachlassende Kirchenbindung der Bevölkerung. 86 Prozent der Magdeburger Bürger sind heute konfessionslos. 4 Prozent bekennen sich zur katholischem Kirche, 9 Prozent zählen sich noch zu einer evangelischen Gemeinde. Von der imposanten kirchlichen Vergangenheit scheinen nur Reste übrig geblieben zu sein. Ist die 1200-jährige Geschichte des einst so vitalen Kirchenwesens ans Ende gekommen? Wenn Christen in ihren Gemeinden vor allem Abbrüche und Überalterung erleben, können sie dann noch auf ein neues Erwachen des Glaubens hoffen?

Es gibt auch Ermutigendes. Magdeburg ist seit 1994 wieder der Sitz eines katholischen Bischofs. Dessen Hauptkirche St. Sebastian befindet sich gegenüber vom evangelischen Dom. Dieser ist seit 2007 die zentrale Kathedrale der neu gegründeten Evangelischen Kirche in Mitteldeutschland (EKM). Die äußere Nähe der beiden Bischofskirchen zeigt auch deren inneres Selbstverständnis. Von den Kirchengemeinden wird der ökumenische Alltag in unaufgeregter Selbstverständlichkeit gelebt. Ein glaubwürdiges Zeugnis der Einheit. Die Diasporasituation verbindet beide Kirchen und zeigt ihnen den gemeinsamen Auftrag. Die aus Württemberg stammende Bischöfin Ilse Junkermann beschreibt die Kirche nicht als „Traditionsverein mit reichem Erbe", sondern als „Botschafterin des göttlichen Wortes".

Daran anknüpfend hat die EKD-Synode im Jahr 2009 den alten missionarischen Impuls der einst ostwärts ins Heidentum ausgerichteten Elbestadt aufgegriffen. Auf dem Hintergrund zunehmender Säkularisation hat sie sich für einen Erneuerungsprozess der Kirche ausgesprochen. Im Rahmen der „Magdeburger Erklärung" stellen die Synodalen fest: „Gott spricht noch, darum: Setze keinen Punkt, wo Gott ein Komma gesetzt hat." In dieser Erklärung wird das biblische Bild der Emmausgeschichte aufgenommen. So wie Jesus mit den nachösterlich zweifelnden Jüngern einen Weg nach Emmaus gegangen und mit ihnen dort den Esstisch geteilt hat, so soll die Kirche heute als teilnehmende, einladende Gesprächspartnerin im atheistischen Umfeld präsent sein. Durch eine „Theologie des Tisches" sollen Wege zum Glauben eröffnet werden.

Martin Luther ist in Magdeburg an verschiedenen Tischen gesessen. Er hat unterschiedliche Menschen und vielfältige Wege zu Gott kennengelernt. Sein Magdeburger Schuljahr könnte man mit dem erstmaligen Theaterbesuch eines Jugendlichen vergleichen. Der vom Lande Kommende erlebt noch kindlich naiv die „moderne" Welt des Sich-Darstellens. Mit der landschaftlichen Weite öffnet sich ihm auch innerlich der Vorhang für ein dramatisches Spielstück. Auf der Theaterbühne begegnen ihm die Kulissen eines missionarischen Christentums. Die profilierten Darsteller verkörpern die ganze Breite christlicher Existenz: almosenschenkende Kaufleute und asketische Mönche, agile Kirchenfürsten und missionarische Lehrer. In geballter Farbigkeit tut sich ihm die weite Dimension christlicher Himmelssuche auf – sichtbarer Glaube!

Und Gott? Luther erkennt ihn in Magdeburg nicht als Regisseur dieser Aufführung. Er sieht ihn vielmehr als dessen himmlischen Zuschauer. Auf ihn hin richtet sich dieses Schauspiel, alle Anstrengung, alle Dramatik. Ihm zu gefallen und am Ende den göttlichen Applaus zu gewinnen, das ist das Ziel dieses irdischen Bühnenstücks.

Vielleicht hat Luther diese Schau überfordert. Vielleicht empfand er noch Scham, wie der Jugendliche, den die Nacktheit erschreckt. Vielleicht hat er sich zurückgesehnt zum Vertrauten, zur Überschaubarkeit der Familie. Jedenfalls bricht er den „Theaterbesuch" vorzeitig ab. Er geht nach dem ersten Akt. Doch die geschauten Szenen bleiben unauslöschlich haften. Sie werden zum Schlüssel für neue Türen, die nun vor ihm liegen.

Eisenach

Singen und Sagen

Der Weg nach Eisenach ist Luthers zweiter, diesmal geglückter
Schritt in die Fremde. Ohne Anzeichen einer Krise besucht er „*vier
Jahre lang*" die hiesige Georgenschule als gymnasiale Vorbereitung
für das spätere Universitätsstudium. Er fühlt sich wohl. Vielleicht
deswegen, weil es neben dem aufregend Neuen auch das beruhi-
gend Vertraute gibt. Selbst waghalsige Seefahrer brauchen ein bekanntes Schiff, um unbekannte Länder zu entdecken.

Eisenach ist der Heimatort seiner Mutter. Der großelterli-
che Name Lindemann hat einen guten Ruf in der Stadt. Luther
schreibt: „*Hier sitzt fast meine ganze Verwandtschaft. Sie ist wohl-
angesehen. Keine Stadt kennt mich besser.*" Auch die Angehörigen
des Vaters wohnen fußläufig erreichbar im nahen Möhra. Luther
knüpft an Voraussetzungen an, die er sich nicht erst erwerben muss.
Die familiäre Basis gibt ihm den sicheren Stand, seine Lebenskreise
zu erweitern. Musikalische Begabung und pädagogisches Geschick
öffnen ihm gesellschaftliche Türen. In den Bürgerfamilien Schalbe
und Cotta begegnet ihm ein frommes, zugleich geistvolles Milieu.
Dort findet er Wertschätzung und Weite, Bildung und Benehmen.
Vorbildliche Lehrer klären seine Sicht auf die Welt. Die Stadt blickt
ihn wohlwollend an. Er gewinnt Freude am Dasein.

Luther kommt aus dem 240 Kilometer nordöstlichen Magdeburg hierher. Mit viertausend Einwohnern ist das damalige Eisenach gerade ein Zehntel so groß wie die Metropole an der Elbe.
Die Optik der lauschigen Wartburgstadt erinnert den Heranwachsenden an das bergige Mansfeld. Die grenzenlose Weite der Magdeburger Börde hinter sich lassend, findet sein Auge in den bergenden
Hügeln des Thüringer Waldes verlässliche Grenzen. Eisenach nennt

er seine „*liebe Stadt*". Hier findet der Vogel ein Nest. Er traut sich zu jubilieren. Hier wird aus dem bettelnden Straßensänger eine singende Nachtigall, aus dem verschüchterten Jungen ein „fröhlich, hurtiger Gesell".

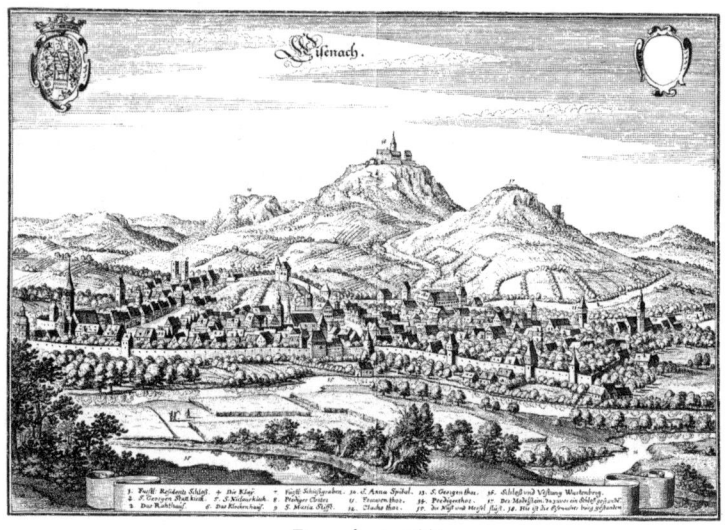

Eisenach um 1647

Warmer Wohlklang empfängt ihn bei seiner Ankunft. Der Wiederhall unzähliger Glocken reflektiert sich an den Hängen der Stadt hinauf zur Wartburg. Sieben Klöster, drei Kirchen und viele Kapellen prägen das Gemeinwesen. Alle großen Mönchsorden sind hier vertreten. Jeder zehnte Einwohner ist ein Kleriker. Ein religiöser Ort, von dem Luther meint, dass es ein „*Pfaffennest und Stapelplatz der Geistlichen*" sei.

Schon die erste Eisenacher Türglocke, an der er läutet, hat einen einladenden Ton. Beim Nikolaitor, direkt am Eingang in die Stadt, wohnt Konrad Hutter. Er ist Martins Großonkel, der als Küster der Nikolaikirche ein zwar schlecht bezahltes, aber ehrenvolles Amt ausübt. Der Kirchenhüter öffnet sein Haus für den Neuankömmling und nimmt ihn anfangs als täglichen Tischgast unter seine Fittiche. Hier findet der 15-Jährige persönliche Wärme und eine erste lokale Orientierung. Luther vergisst ihm diese Gastfreundschaft nicht. Als er später in Erfurt seine Primiz als Priester feiert, lädt er den Onkel freundlich dazu ein. Hutters räumliche Möglichkeiten waren allerdings begrenzt. Martin wohnt zunächst in einer der Kammern des Spitals gleich neben der Georgenschule. Es gab dort Wohnmöglichkeiten für externe Schüler.

Die örtliche Nähe zur Lehranstalt löst in Eisenach keinen Schrecken mehr aus. Anders als in der Mansfelder Prügelakademie gewinnt der perfekte Lateiner an dieser renommierten Schule bald Freude an *„den Wissenschaften"*. Im Nachhinein bedankt er sich ausdrücklich bei den Pädagogen, die ihn hier unterrichtet haben. Da ist der hochgebildete Lehrer Wigand Güldennapf, dem er später einmal aus einer sozialen Notlage heraushilft. Oder der achtsame Rektor Johannes Trebonius, von dem erzählt wird, dass er morgens seinen Hut vor den Schülern gezogen und sie „entblößten Hauptes" respektvoll begrüßt habe. Trebonius sieht in „diesen Knaben" bereits „Leute, aus denen Gott Bürgermeister, Kanzler, Doctores und obrigkeitliche Personen macht". Ein Schulmeister, der hinter dem Äußeren den Edelstein sucht.

In dieser menschenfreundlichen Atmosphäre können sich Luthers Begabungen entfalten. Er vervollständigt seine grammatikalischen Kenntnisse und studiert die klassischen Fächer Rhetorik, Logik und Musik. Er tut es offensichtlich mit Erfolg, denn sein Professorenfreund Melanchthon stellt im Rückblick auf Luthers Lehrjahre anerkennend fest, dass der geniale Bibelübersetzer bereits als Schüler alle anderen „hinter sich" gelassen habe.

Wie mancher Klassenkamerad muss auch Luther sich seinen Lebensunterhalt durch eigenes Zutun aufbessern. Sein Vater war zu diesem Zeitpunkt nicht in der Lage, alle anfallenden Ausbildungskosten zu finanzieren. Der elterliche Bergwerksbetrieb litt gerade an den Folgen eines wirtschaftlichen Rückschlages. So geht Martin mit dem Schülerchor auf die Straße und *„bettelt Brot von Haus zu Haus"*. Im Rückblick rät er: *„Verachte nicht die Gesellen, die vor der Tür das ‚Brot um Gottes Willen' sagen und den Brotreigen singen. Man hört große Fürsten und Herren singen. Ich bin ein solcher Partekenhengst gewesen, besonders zu Eisenach."*

Im Bild des Partekenhengstes vergleicht sich Luther mit einem hungrigen Pferd, das auf der Straße um Nahrung wiehert. Nicht um Süßes oder Saures, sondern um einige „Partikel", einige Überbleibsel vom Tisch des Hauses, um etwas Herzhaftes für den Magen. Jahrhundertelang war das Ständchensingen „um eine milde Gabe" eine allgemein akzeptierte Form der Jugend- und Armenfürsorge. Eine Tradition, die in manchen deutschen Regionen noch heute nachwirkt. Besonders in der Adventszeit.

Die Musikalität öffnet Martin auch in gesellschaftlicher Hinsicht die Türen. Seiner klangvollen Singstimme ist es wohl zu verdanken, dass sich ihm ein bisher unbekanntes Milieu auftut. Luthers erster Biograph, sein Schüler Johannes Mathesius, beschreibt die Entdeckung des begabten *„Sohnes eines Häuers"* durch maßgebliche Kreise der Stadt. Eine „Matrone" aus dem Hause Schalbe habe ihn bei der sonntäglichen Messe beobachtet. Der vornehmen Dame sei die schöne Stimme und sein „herzliches Singen und Beten" aufgefallen. Luthers ernsthafte und zugleich aufgeschlossene Ausstrahlung wirkt offensichtlich schon früh auf die Menschen. Familie Schalbe nimmt Martin bei sich auf. Er soll deren Sohn Caspar zur Schule führen. Als eine Art bezahlter Schulkamerad hat er nun Anteil an der humanistisch geprägten Erziehung des Sohnes aus besserem Hause. Er begleitet Caspar in allen Lebenslagen. Er sitzt mit der Familie zu Tisch und lernt die Umgangsformen gesitteter Honoratioren. Statt mittelalterlichem Poltern erlebt er nun höfliches Maß halten, statt ungebremster Grobheit die Freundlichkeit des Weisen. Der feinsinnige Franzose Johannes Calvin kritisiert später einmal das ungezügelte Temperament Luthers. Doch Luther ist keiner, dem diplomatische Zurückhaltung nicht beigebracht worden wäre. Seine manchmal scharfe Leidenschaft ist nicht Frucht einer mangelhaften Erziehung, sondern die Folge seines emotionalen Kampfes um die Wahrheit des Evangeliums. Gegen den Teufel streitet der Reformator mit offenem Visier.

Die Eisenacher Patrizierfamilien Schalbe und Cotta sind miteinander verwandt. Sie stellen die tonangebenden Ratsherren und Bürgermeister der Stadt und besitzen einige respektable Gebäude am Ort. Später wohnt Luther im Hause Cotta. Zu Ursula Cotta, geborener Schalbe, scheint er ein mütterliches, fast romantisches Verhältnis gehabt haben. Der Reformator erinnert sich an seine damalige Gastgeberin mit schwärmerischen Worten: *„Es ist kein liebers Ding auf Erden, denn Frauenliebe, wem sie kann zuteil werden."*

Luther merkt bald, dass das besondere Verhalten seiner Wirtsleute nicht auf ständischem Elitebewusstsein basiert. Deren beherrschte Lebensführung gründet vielmehr in franziskanischer Frömmigkeit, der sich die Familie verbunden weiß. Man trifft sich regelmäßig im Collegium Schalbense. In diesem Hauskreis tauscht man sich aus über die Gedanken des Heiligen Franz von Assisi. Die Gefolgsleute dieses Ordens wollen glaubwürdige Täter des biblischen Wortes sein. Wie viele reformorientierte Humanisten sind auch sie davon überzeugt, dass die Kirche nur durch Einfachheit und Demut erneuert werden kann. Die Achtung gegenüber jeglicher Kreatur gehört ebenfalls zu den grundlegenden franziskanischen Werten.

Die Eisenacher Franziskanermönche gehen bei Schalbes und Cottas ein und aus. Sie werden großzügig mit Spenden bedacht. Luther stellt rückblickend kritisch fest, dass man in der Familie beinahe deren *„Knecht und Gefangener"* gewesen sei. Die Franziskaner prägen das geistige Leben der Stadt. Vor allem, weil sie das Andenken der geliebten Stadtheiligen pflegen. Ihr Kloster am Fuße des Wartbergs erinnert an das wohltätige Leben der heiligen Elisabeth, der legendären Patrona Thuringia. Als jung verheiratete Gräfin hatte sie sich des Elends der Eisenacher Bevölkerung erbarmt. Aus der Höhe der Wartburg war sie hinunter zu den Armen der Stadt gestiegen und hatte den Hungernden Brot und den Kranken Hilfe gebracht. Ein Beispiel franziskanischen Lebensvollzuges. Die Eisenacher Franziskaner besaßen geradezu symbolhaft den Mantel, den Becher und den Gürtel der großherzigen Landesmutter. Ihr Kloster lag wie ein lebendiger Gedenkstein auf Elisabeths Weg ins Tal, einem Weg in der Nachfolge Christi.

Doch hinter den Klostermauern lauert ein dunkles Geheimnis. Gerüchte halten die Erinnerung an einen wach, der dort scheinbar spurlos verschwunden war. Die ansonsten weltoffenen Franziskaner hatten einen der ihren vor der Welt versteckt: Johannes Hilten.

Der aus Livland stammende Hilten hatte Theologie und Philosophie studiert und war in den Augen des Klerus zum Irrlehrer geworden. Nach seinem Eintritt ins Magdeburger Franziskanerkloster war seine Kritik an den verweltlichten Zuständen in der Kirche gewachsen. In seinem 1485 veröffentlichten Daniel-Kommentar überträgt er die Visionen des alttestamentlichen Apokalyptikers auf die gegenwärtige Zeit und trägt sie durch das Land. Er verbreitet Endzeitstimmung. Auf die türkische Eroberung Deutschlands folge der Untergang der Welt. Wie ein zweiter Messias werde aber zuvor im Jahr 1516 noch einer kommen, der das Mönchtum auslöschen und die große Wende einläuten werde. War er ein früher Ankündiger des Reformators?

Diese phantasierende Dramatik war den praxisorientierten Franziskanern zu viel. Viele seiner Klosterbrüder teilten Hiltens Kritik an der Kirche, aber derart fragwürdige Zukunftsgedanken durften nicht im braunen Habit des Ordens in halb Deutschland verkündigt werden. Das gefährdete die Arbeit der Mönche. Hilten hatte das gebotene Maß der Demut verloren. Er war zum prophetischen Seher geworden. Und so hält man ihn in Eisenach fest und sperrt ihn in einer Klosterzelle ein. Die Türen und Fenster werden zugemauert. Nur durch eine kleine Öffnung hindurch wird er mit Nahrung versorgt. Als er stirbt, leben jedoch seine Weissagungen weiter, auch außerhalb der Mauern. Immer wieder werden Hiltens Ankündigungen von den späteren Reformatoren aufgenommen. Melanchthon erwähnt seinen Namen in der Apologie der Augsburger Konfession und Luther zitiert ihn in späteren Wittenberger Vorlesungen. Doch bis dahin ist es noch ein langer Weg. Für den heranwachsenden Schüler sind solche prophetischen Geschichtsdeutungen noch in unverständlichem Dunkel.

Der jugendliche Luther orientiert sich damals vielmehr an sichtbaren Glaubensvorbildern, bei denen er Wohlwollen und Zugehörigkeit empfindet. Überzeugendes Christsein begegnet ihm im Familienhauskreis seiner Gastgeber, aber auch in einer Schülergemeinschaft, die der Priester Johannes Braun um sich herum versammelt hatte. Der Vikar am Marienstift schien eine besondere Begabung im Umgang mit Teenagern zu besitzen. Wie später Don Bosco besaß er die Fähigkeit, das Vertrauen von Jugendlichen zu gewinnen und sie seelsorgerlich zu begleiten. Er war offen für ihre Fragen und Sorgen und hat das Leben mit ihnen geteilt. Neben theologischen Gesprächen gab es bei den Zusammenkünften immer auch fröhliche Geselligkeit. Es wurden Lieder und Motetten musiziert, man hat miteinander gebetet und gelacht. Zahlreiche Briefe belegen Brauns vielfältige Beziehungen zu Eisenacher Schülern. Luther hat lebenslang Kontakt zu ihm gehalten und nennt ihn seinen *„lieben, väterlichen Freund"*.

In Eisenach gewinnt Luthers Glaube an Farbe und Wärme. Der düster mittelalterliche Wolkenhimmel bekommt Löcher zur Sonne hin. Kluge Lehrer und gelebte Frömmigkeit fördern sein Interesse an theologischen Fragestellungen. Und es werden Spuren gelegt, die der spätere Reformator auch an die Kirche weitergibt: die Freude an der Bildung und die Liebe zur Musik. Beides kann man in der Stadt bis heute spüren.

Die Besichtigung beginnt man am besten dort, von wo aus auch Luther sich seinen neuen Wohnort erschlossen hat, am Nikolaitor. Wer vom Bahnhof her kommend durch das Portal des turmhohen Gebäudes geht, folgt den Fußstapfen des anreisenden Schülers zum Wohnort des Onkels. Ihm bietet sich ein Blick auf die mittelalterlichen Reste der Stadt. Das Nikolaitor ist das älteste Stadttor Thüringens. Es erinnert an die aufstrebende Zeit des 12. Jahrhunderts, als Eisenach noch Zentralresidenz der Landgrafen von Thüringen war. Nach dem Aussterben der ludowingischen Grafenlinie zerfiel das seitherige Herrschaftsgebiet in zwei Teile. Aus der ehemaligen Landgrafschaft wurden die beiden eigenständigen Länder Hessen und Thüringen. Eisenach besaß zuvor eine strategische Schlüsselstellung. Als Pfortenstadt zwischen den Hörsel- und den Werrabergen liegt sie in einem verkehrsoffenen Raum. Durch die nun folgende Verschiebung der Machtzentren verlor sie an politischer Bedeutung.

Aus der blühenden Gründerzeit stammt auch die romanische Nikolaikirche. Mit ihren bunt verzierten Kapitellen und Arkaden bezeugt sie die bauliche Verwandtschaft mit der zeitgleich errichteten Wartburg. Sie lässt erahnen, in welcher architektonischen Atmosphäre Elisabeth von Thüringen gelebt und gebetet hat. Neben der Kirche befindet sich das Mutterhaus der Eisenacher Diakonissen, ein evangelisches Zentrum der Stadt. Im Rahmen der Reformationsdekade soll dort ein Empfangsort für Spurensucher der Reformation entstehen. Mitten auf dem Karlsplatz hinter dem Tor steht ein 1896 errichtetes Lutherdenkmal, das in seinen Sockelreliefs die bekanntesten Aufenthaltsorte des berühmten Eisenacher Schülers zeigt. Auf der Rückseite stehen die Anfangsworte des Chorals *„Ein feste Burg ist unser Gott"*.

Durch die belebte Fußgängerzone der Georgenstrasse führt der Weg zum Markplatz vor der Georgenkirche. Die verschiedenen Gebäude aus der Renaissance-, Biedermeier- und Jugendstilzeit stehen für wirtschaftlich günstige Zeiten der Stadtgeschichte. Unterwegs sollte man nicht versäumen, eine der typischen Thüringer Rostbratwürste zu genießen, die hier auf der Straße zu haben sind. Wie seit Jahrhunderten werden sie auf dem Holzkohlenfeuer knusprig gegrillt. In Eisenach sind sie besonders schmackhaft. Auch der Wurstliebhaber Martin Luther kannte den unverwechselbaren Geschmack dieser regionalen Spezialität. Seit dem Jahr 1404 ist die Bratwurst in Thüringen urkundlich belegt. Er lobt ausdrücklich das dafür geschlachtete Schwein als fürstliche Speise, *„denn es hat Wurst, Speck und Fleisch"*. In seiner körperhaften Volksverbundenheit stellt er sich hinter die alte sächsische Redensart: *„Ich liebe Frau Morf und ihre Kind."*

Hinter der Georgenkirche, auf dem seit 1866 so genannten Lutherplatz, steht das heutige Lutherhaus. Das dreistöckige Fachwerkgebäude ist eines der ältesten und augenfälligsten Häuser der Stadt. Dessen gotische Bausubstanz stammt vermutlich aus dem Jahr 1480. Ob Luther tatsächlich hier gewohnt hat, ist umstritten. Nachweislich gehörte das Gebäude damals zum Immobilienvermögen der Familie Cotta. Dass Luther immerhin hier zu Besuch war,

Das Lutherhaus

darf angenommen werden. Das verschachtelte Doppelhaus zeigt
die baulichen Spuren seiner nachmaligen Besitzer, das Steinmetz-
zeichen des Georgenkirchenbaumeisters oder einen Steinkeller
des späteren Bierbrauers. Im Zuge der nationalbewegten Lutherverehrung wurde der mittelalterlich anmutende Bau ab 1817 als
offizielles Lutherhaus geführt. Die thüringische Kirche hat sich auf
diese Ortstradition bezogen und das Haus 1956 käuflich erworben.
Die dort eingerichtete Lutherausstellung sollte die kirchliche Sicht
auf die Reformation zeigen. Diese stand in Spannung zur marxis-
tischen Geschichtsdeutung, die dem Besucher auf der Wartburg
vom DDR-Staat vermittelt wurde. Heute beinhaltet das renovier-
te Gebäude neben den beiden vermeintlichen Lutherstuben auch
einen beschaulichen Innenhof. Ins Auge fallen die großflächigen
Historienbilder aus dem 19. Jahrhundert, darunter besonders die
Darstellung des singenden Scholaren Martin Luther. Die bewegt

lauschende Frau Cotta sitzt dabei in der Wohnstube dieses Hauses mit den Butzenglasscheiben. Sozusagen der nachgelieferte Beweis für die historische Echtheit dieses Ortes. Im Lutherhaus befindet sich auch das thüringische Pfarrhausarchiv. Mit Nachlässen und Biographien lutherischer Pfarrer zeigt es den kulturellen Beitrag des evangelischen Pfarrhauses zur gesellschaftlichen Entwicklung Deutschlands. Eine bereits jetzt medientechnisch ansprechende Ausstellung wird zum Reformationsjubiläum 2017 noch einmal überarbeitet und dokumentiert Luthers Leben und Werk. Wie der Glaube sich in Kathedralen sichtbare Orte des Feierns verschafft, so ist das Lutherhaus ein greifbares Objekt des Luthergedenkens. Im Vordergrund steht nicht die historische Faktizität, sondern die hier anschaulich werdende Botschaft, dass aus kleinen Verhältnissen heraus das Große entsteht. Ein Sinnbild nationaler Romantik, ein heiliger Ort des aufsteigenden Bürgertums.

Die von Luther besuchte Georgenschule war von Cottas Haus nur einen Steinwurf entfernt. Das ursprüngliche Schulgebäude befand sich südlich der Georgenkirche. Bereits 1507 musste es der neuen Residenz weichen und wurde abgerissen. Die Lateinschule verlegte man daraufhin ins Barfüßerkloster und nach der Reformation in die frei gewordenen Räume des Dominikanerklosters am Schlossberg. Eine dort befindliche Lutherfigur legt fälschlicherweise nahe, dass Martin dieses Schulhaus besucht habe, das ja erst später als solches genutzt wurde.

Die eindrucksvolle Georgenkirche stellt das beherrschende bauliche Monument in der Innenstadt dar. Hier wurden die ungarische Königstochter Elisabeth und der Thüringer Landgraf Ludwig 1221 getraut. Hier empfing der in Eisenach geborene Johann Sebastian Bach 1685 die heilige Taufe. Hier predigte Luther auf seiner Rückreise aus Worms 1521, zwei Tage vor seiner Gefangennahme. Die Erschütterungen durch Bildersturm und Bauernkrieg sind unmittelbar durch diese Kirche hindurchgegangen. Nach den daraus folgenden Zerstörungen wurde sie 1561 als erste protestantische Predigtkirche im italienischen Stil neu gestaltet. Seine heutige Größe und Ausgestaltung bekam der Sakralbau am Ende des 19. Jahrhunderts. Das Gotteshaus ist gefüllt mit emotionalen Erinnerungen. Nikolaus Amsdorf, der treue Freund Luthers, liegt hier begraben. Johannes Hilten, der verhaftete Prophet Luthers, wird mit einer Gedenktafel am Ausgang geehrt. In der Georgenkirche verdichtet sich die Geschichte. Wer gleichzeitig unter Luthers Kanzel und vor Bachs Taufstein steht, mag noch das Echo ihrer kräftigen Knabenstimmen nachhallen hören. Beide sangen im selben Schülerchor. Beide haben zu unterschiedlichen Jahrhunderten hier Gottesdienst gefeiert. Ein sprechender Ort: Wort und Weise, Text und Ton, Sagen und Singen sind hier eins. Ein Symbol lutherischer Frömmigkeit.

Und auch an angefochtene Zeiten erinnert die Kirche. 1920 wurde mit dem Ende der Monarchie das Staatskirchentum abgeschafft. Es bedurfte neuer kirchlicher Strukturen. Sieben ursprünglich eigenständige evangelische Gebietskirchen wurden zu einer gemeinsamen Thüringischen Landeskirche vereinigt. Eisenach wurde zum Bischofssitz und die Georgenkirche zur Bischofskirche erklärt. Der verfasste Status blieb auch während der DDR-Zeit unverändert. In der Georgenkirche predigte nun von 1947 bis 1970 der umstrittene Landesbischof Moritz Mitzenheim. Der ehemalige Eisenacher Pfarrer hatte während der Hitlerzeit zur innerkirchlichen Opposition gehört. Der thüringische Landeskirchentag war damals von nazifreundlichen Deutschen Christen beherrscht. Nach dem Krieg suchte der an Luthers „Zwei-Reiche-Lehre" geschulte Mitzenheim einen Weg der Verständigung mit dem kommunistischen Regime. Der von ihm maßgeblich mitbestimmte „Thüringer Weg" sah die Kooperation mit den staatlichen Behörden vor. Die erwirkten kirchlichen Freiräume wurden freilich mit Kompromissen bezahlt. Mitzenheim galt als „roter Bischof", der als einer der ersten Kirchenrepräsentanten mit dem Staatsratsvorsitzenden Ulbricht zusammentraf. Immerhin ein Versuch, der Kirche, die ihres landesherrlichen Schutzes beraubt war, ein Überleben im Gegenwind der Gesellschaft zu ermöglichen.

Seit der Wende stellen sich neue Herausforderungen. Zusammenlegungen und Einsparungen kennzeichnen die Entwicklung im Kirchenkreis Eisenach. Von den 41 000 Eisenachern gehören noch rund 7 200 zu den vier evangelischen Stadtgemeinden. Die Zahlen schwinden wie anderswo auch. Die neuesten Kirchenmitgliedschaftsuntersuchungen zeigen eine ernüchternde Entwicklung. Die religiöse Sozialisation wird weiter zurückgehen und die Distanz zu den kirchlichen Inhalten wachsen. Konfessionslosigkeit ist für viele zum Normalzustand geworden. Für die große Mehrheit der ostdeutschen Jugendlichen ist ein Leben ohne Religion selbstverständlich geworden. Unter der Überschrift „Hinterm Horizont geht's weiter" werden auf Kreissynoden neue Wege für das Kirche-Sein in der Zukunft gesucht. Durch die Kirchenfusion 2009 wurden zwei mitteldeutsche Landeskirchen vereinigt und der Bischofsitz nach Magdeburg verlegt. Eine verwaltungstechnische „Frontbegradigung nach hinten" und sicher kein Grund, jubelnde Siegesglocken eines neuen geistlichen Erwachsens zu läuten.

Der derzeitige Superintendent leitet den zusammengelegten Kirchenbezirk Eisenach-Gerstungen. Sein Pfarramt befindet sich, wie zu Luthers Zeiten, am Pfarrberg, oberhalb der Georgenkirche. Luther war als 57-jähriger Seelsorger drei Wochen lang hier zu Gast bei heiklen Verhandlungen wegen der geheim gehaltenen Doppelehe des Landgrafen Philipp von Hessen. Ähnlich wie Bischof Mitzenheim musste auch schon der Reformator den schwierigen Weg zwischen staatlichem Machtanspruch und biblischem Zeugnis suchen. Jede Zeit hat eben ihre eigenen Herausforderungen.

Am oberen Ende des Pfarrbergs befindet sich ein halbrundes Gefallenendenkmal. Die Steintafeln der so genannten Wingolfstreppen erinnern an die Kriegstoten einer universitären Korporation. Alle zwei Jahre trifft sich diese bundesweit organisierte, nichtschlagende Studentenverbindung zu ihrer Hauptversammlung, dem Wartburgfest, in Eisenach. Der christlich orientierte Wingolf setzt damit einen eigenen Akzent gegenüber den eher national ausgerichteten Burschenschaften. Er weiß zahlreiche evangelische Theologen in seinen Reihen, darunter so profilierte Namen wie Adolf Schlatter, Karl Heim und Paul Tillich. Auch tatkräftige protestantische Laien gehören zu den wingolfitischen Ahnen, wie der Volksbank-Erfinder Wilhelm Raiffeisen, der Posaunenchorgründer Johannes Kuhlo oder der Philologe Konrad Duden. Der Wingolf pflegt eine 170-jährige Tradition, die versucht, wissenschaftlich orientierte Frömmigkeit und gemeinschaftlich gelebte Fröhlichkeit miteinander zu verbinden. Die Mitglieder werden zum gesellschaftlichen Engagement im Sinne des lutherischen Lebensethos ermutigt. Zum Gemeinschaftsvollzug gehören neben den gottesdienstlichen Feiern auch das heitere Genießen von Gottes Schöpfergaben sowie das gesellige Singen. Deren Mitglieder sehen sich mit diesem aufgeschlossenen Ansatz in der Linie des Reformators, für den Gott ein Gott der Freude ist, der die Angefochtenen tröstet: *„Dass Vögel dir über den Kopf fliegen, kannst du nicht hindern, wohl aber, dass sie in deinen Haaren nisten. Suche also die Gesellschaft, spiele Karten oder irgendetwas anderes, was dir Freude macht. Das sollst du mit gutem Gewissen tun, denn dunkle Gedanken kommen nicht von Gott, sondern vom Teufel."*

Martin Luther im Kreis seiner Familie

Auf diese Spur, die aus dem Glauben eine ermutigende Kraft schöpft, führt uns auch die Fortsetzung der Stadtbesichtigung. Zurück zur Georgenkirche und wieder vorbei am Lutherhaus geht es durch die Lutherstraße zum Geburtshaus Johann Sebastian Bachs. Ein inhaltlich schlüssiger Fortgang des Lutherwegs. Die Ausstellung über den „fünften Evangelisten der Christenheit" erinnert den Besucher an das 132-jährige musikalische Wirken der Familie Bach in Eisenach. Eine genealogische Schautafel zeigt, wie aus dem böhmischen Glaubensflüchtling und Laute spielenden Mühlenbesitzer Veit Bach eine beispiellos erfolgreiche Musikerdynastie hervorging. Sowohl das evangelische Bekenntnis wie auch die musikalische Begabung vererbt er an seine Nachfahren weiter. Aus Stadtpfeifern werden Kantoren, aus musikalischen Handwerkern geachtete Künstler. Es gibt kaum eine größere Kirche in Thüringen, auf deren Orgelbank nicht irgendein Mitglied der Bachfamilie Geschichte geschrieben hätte. Zudem erfährt man, wie vielfältig die räumlichen und geistigen Beziehungen zwischen Martin Luther und Johann Sebastian Bach sind. Auch wenn ein fast zweihundertjähriger Graben zwischen den beiden liegt: Es wirkt, als ob sie sich persönlich gekannt hätten. Bach setzt mit seinen Tönen um, was Luther mit Worten gesagt hat. Luthers Freude am Evangelium wird nirgends kunstvoller ins Werk gesetzt als in den Kompositionen des späteren Leipziger Thomaskantors. Auch rein örtlich kreuzen sich in Eisenach derer beiden Wege. Bach besucht Luthers Lateinschule und singt im selben Chorgestühl der Georgenkirche. Er wächst mit Luthers Kleinem Katechismus auf. Er liest die von ihm übersetzte Bibel und singt aus dem von Luther initiierten evangelischen Gesangbuch. Diese drei Bücher bilden die formalen Grundlagen seines kompositorischen Schaffens. In Bachs Bibliothek befindet sich die vollständige Literatur des damaligen Luthertums. Der lesende Bach ist also im beständigen geistlichen Gespräch mit seinem Glaubensvater. Und vor allem: Bachs Beruf als Kantor ist ohne Luther nicht denkbar. Der Reformator schafft erst die theologischen Voraussetzungen für dieses Amt. Grundlegend ist dabei das neue evangelische Gottesdienstverständnis, das Luther seiner Kirche mit auf den Weg gibt.

Der Gottesdienst war im katholischen Mittelalter ein frommes Werk vor Gott. Im Mittelpunkt der Heiligen Messe stand das Opfer Christi, das an jedem Sonntag neu von dem Gläubigen einzuholen war. Durch die regelmäßige Kommunion sammelte der Gottesdienstbesucher gleichsam „Pluspunkte", um die sich ständig anfüllende Minusseite seines „Lebenskontos" auszugleichen. Luthers sensibles Gewissen merkt spätestens im Kloster, dass dieses Ziel für den Sünder aus eigener Kraft gar nicht zu erreichen ist. Er empfindet sein Unvermögen. Er erfährt sich wie einen im Sumpf Versinkenden, der sich am eigenen Schopf aus dem Abgrund ziehen möchte. Er findet keine Ruhe, sondern nur Verzweiflung. Doch Luther harrt im Dunkel aus und sieht auf einmal die Sterne leuchten. Durch die reformatorische Entdeckung der Rechtfertigung des Gottlosen *allein aus Gnaden* wird nun alles neu. Luther kommt zu einem anderen Verständnis Gottes und damit auch des Gottesdienstes. Wer nicht wegen seiner Verdienste, sondern um Gottes Liebe willen gerecht wird, wird frei von quälender Selbstsorge. Wer sich als durch und durch Beschenkter erlebt, verliert seinen Drang nach Selbstrechtfertigung. Wer in Gott nicht mehr den kalt rechnenden Kaufmann sieht, der einem genau das gibt, wofür man bezahlt, der verliert seine Angst, nicht genügend erbracht zu haben. Wer in Gott den maßlos verzeihenden Vater erblickt, der einem „sola gratia" die Tür zur himmlischen Heimat öffnet, der findet zu einer nestwärmenden Geborgenheit, schon hier in dieser Welt. Das richtet den Menschen auf und macht ihn froh. Die begnadigte Seele *„singt und springt"* ihm nun *„Tag und Nacht seins Lobes, sie nicht müde macht"*. Wer Gottes unfassbare Liebe erfährt, der *„kann's nicht lassen, er muss fröhlich und mit Lust davon singen und sagen, dass es andere auch hören und herzukommen"*. Da gibt es kein verkrampftes Punktesammeln mehr, sondern nur noch Dankbarkeit. Für Luther ist das dankbare Leben der Gotteskinder die einzig adäquate Antwort auf Gottes bedingungslose Barmherzigkeit. Deswegen ist der Gottesdienst nun kein frommes Werk mehr, das die Versöhnung mit Gott immer aufs Neue erwirken muss. Hier geschieht vielmehr die Proklamation des Heils. Der Gottesdienst wird zur festlichen

Feier, bei der der Gemeinde diese Versöhnung zugesprochen wird. Er wird zu einem Ort des Gesprächs. Luther sagt: *„So ist der Gottesdienst nichts anderes, als dass Gott mit uns redet durch sein Wort und wir wiederum reden mit ihm durch Gebet und Lobgesang."* Dadurch gewinnt die Musik eine liturgische Funktion. Sie wird aus der Statistenrolle herausgeholt. Musik ist nicht bloße Verschönerung des Gottesdienstes, sondern bekommt einen unverzichtbaren Anteil am Gespräch zwischen Gott und dem Menschen. Sie nimmt teil an einem Auslegungsgeschehen, dessen Ziel der umfassende Shalom-Zustand der Kreatur mit dem Schöpfer ist. Der Mensch geht getröstet aus dieser Begegnung hervor.

Auf diesem Boden findet Bachs musikalisches Wirken seine theologische Motivation. Er setzt um, was Luther meint, wenn dieser sagt, dass da, wo *„die natürliche Musik durch die Kunst geschärft und poliert wird",* der Mensch mit *„großer Verwunderung die große und vollkommene Weisheit Gottes in seinem wunderbaren Werk der Musica"* erkennt. Die Musik versetzt uns also ins Staunen über die Größe und Güte Gottes. Das stärkt den Menschen und vertreibt die dunklen Gedanken, denn *„ich kenne den Satan gut und weiß wohl, wie er mir pflegt mitzuspielen; er ist ein trauriger, saurer Geist, der es nicht leiden kann, dass ein Herz fröhlich sei".* Luther spricht der Musik eine heilende Kraft auf die Seele zu. Der Teufel erträgt ihre Gegenwart nicht: *„Sie hat mich oft erquickt und von schwerer Last befreit."* Die Musica vermag allein das, was sonst nur das Evangelium vermag, nämlich Herzen aufzurichten und zu trösten. Deswegen setzt Luther die Musik *„nach der Theologia"* an die höchste Stelle der Künste. Singen ist für ihn gestaltgewordenes Evangelium. Es trägt Gottes befreiendes Wort nach innen und nach außen. Denn wer das Evangelium nicht *„ins Herz fasst, dem hilft es nicht, wenn tausend Prediger sich toll und töricht schreien".* Die Botschaft der Auferstehung sprengt alle Grenzen des Verstehens, so wie das Singen die Grenzen des Sagens übersteigt und den Glauben sinnlich erfahrbar macht. Was Luther später so kräftig sprachlich beschreibt, hat er das in Eisenach nicht als Realität schon gefühlt? Erlebt er hier nicht die Anschauung dessen, was er erst später theologisch begriffen hat?

Es gibt wohl keinen Lebensort Luthers, an dem die Wirkkraft der „Frau Musica" stärker erprobt ist als hier. Die Eisenacher schauen auf eine 800-jährige lebendige Musikkultur zurück. Da ist der sagenumwobene Sängerkrieg auf der Wartburg, eine Art „Grand Prix" der besten Schlagersänger des 12. Jahrhunderts. Der zeitenweise am Wartberg lebende Richard Wagner setzt diesem musikalischen Wettstreit im „Tannhäuser" ein Denkmal. Da sind die Klöster und ihre gregorianischen Stundengebete. Jahrhundertelang durchströmen sie stetig die Gassen der Stadt. Luther ist damit groß geworden. Da ist die franziskanische „Leitkultur", die dem Vorbild des singenden Ordensgründers folgt. Franz von Assisi, der Dichter des Sonnengesangs, weiß darum, dass „schon ein kleines Lied viel Dunkel erhellen kann". Und da ist später der musikalische Trendsetter Georg Philipp Telemann. Als Eisenacher Hofkapellmeister entwickelt er 1711 an der Georgenkirche den neuen Typus der so genannten Kantate. Indem er Rezitativ, Arie, Bibelwort und Choral zusammenstellt, verbindet er Gottes- und Menschenwort. In dieser Konstruktion findet der lutherische „Gesprächsgedanke" seine musikalische Form. Eine Kompositionsart, die Johann Sebastian Bach zur höchsten Vollendung bringt. Bis in die Gegenwart hinein wirkt die musikalische Aura der Stadt. Die Tonkunst wird rege gepflegt, im klassischen Musikverein ebenso wie im anspruchsvollen Bachchor, beim ältesten Jazzclub Thüringens ebenso wie bei Bach-Wochen und Telemann-Tagen. Im evangelischen Martin-Luther-Gymnasium wird Luthers Empfehlung aufgenommen, dass *Kinder singen und die Musica mit der ganzen Mathematica lernen"* sollen.

Die nach der Wende eröffnete Lehranstalt versteht sich als Fortsetzung der früheren Lateinschule. Die hohe Anziehungskraft der Kombination von Singen und Sagen, von Loben und Lernen, hat Luther erkannt. Diese Schule gehört zu den neun begehrtesten Schulen Deutschlands. Im Blick auf die Stadt bestätigt sich also bis heute der Eindruck, den der Eisenacher Universalgelehrte Christian Paullini im Jahr 1698 formuliert: „Unsere Stadt glänzte immer durch Musik."

Über keinen Ort äußert sich Luther so positiv wie über die Wartburgstadt. Er nennt die *„vier"* Eisenacher Jahre eine *„gute"* Zeit und *„hohe Schule"*. Im Unterschied zum väterlichen Aufsteigerkampf erlebt er hier ein gefestigtes Bürgertum, das ihn fromm und freundlich aufnimmt. Er wächst hinein in das kulturelle Leben und die geistlichen Fragen der Zeit.

Möglicherweise entwickeln sich hier schon Anschauungen, die später den Eintritt ins Kloster befördern. Ihm erschließt sich der prägende Wert von Gemeinschaft. Es bilden sich Freundschaften, die ihn ein Leben lang tragen. Er erfährt eine solide schulische Bildung, die ihn weiterbringt und nicht niederringt. Neben sein oft melancholisches Wesen tritt hier das Wort „fröhlich" als ein Schlüsselwort seines Glaubens. Er wirkt angerührt vom Klang der Stadt. Es scheint, als fände er hier den Ton seines Lebens, seine existentielle Mitte, seine persönliche Identität. Eisenachs musikalischer Sound mag ihm zur Botschaft geworden sein, zum Vorschein dessen, was er später geistlich erkennt: Wie die Glocke zum Klingen gemacht ist, so ist der Mensch zum Singen bestimmt. Er ahnt hier schon, was die Bibel als Sinn menschlichen Daseins beschreibt, dass wir nämlich etwas seien „zum Lob seiner herrlichen Gnade" (Epheser 1,6).

Nach den vier Eisenacher Jahren geht es dem Mansfelder Vater nun wirtschaftlich wieder besser. Martin muss nicht mehr um Brot betteln. Der 18-Jährige darf seine akademische Ausbildung fortsetzen. Der Segen des väterlichen Berggutes ermöglicht ihm ein Studium. Es geht weiter zur Erfurter Universität.

Erfurt

Über Brücken gehen

Erfurt ist nicht nur die „türmereiche" Metropole Thüringens (erfordia turrita), sie gilt auch als eine „Stadt der Brücken". Mit seinen 262 Stegen und Straßenüberführungen gehört Luthers Studienort zu den brückenreichen Großstädten Deutschlands. Schuld daran ist vor allem eine weibliche Schönheit, nämlich das Flüsschen „die Gera". Ihr gefällt es, in Erfurt breitspurig zu verweilen. Mitten in der City spaltet sie sich auf und durchzieht in einigen Wasseradern bedeutsam die Stadt. So liegt Erfurt nicht nur „an" der Gera, der Stadtkern schmiegt sich vielmehr freundlich und innig „um sie herum". Sowohl die natürlich vorgegebenen als auch die von Menschen aufgegrabenen Wasserläufe sollten einst örtliche Mühlräder bewegen. Das dadurch entstandene ausufernde Gewässer bringt nun idyllische Inseln und verwinkeltes Fachwerk hervor, besonders in „Kleinvenedig", einem Stadtpark nördlich der Augustinerstraße.

Die Krämerbrücke

Die früheren Siedler allerdings kannten die Gera noch unter einem anderen Namen. In den ältesten Urkunden des 8. Jahrhunderts wird der sich verbreiternde Fluss mit der Bezeichnung „Erfes" benannt. Die Sprachwissenschaftler vermuten, der Begriff käme vom germanischen „erpa" und erinnere an das „schlammige, braune Wasser", das sich nach starkem Regen urplötzlich hier einstellt. Wichtiger als die Wasserfarbe ist die verkehrstechnische Funktion dieses Ortes. Hier lag ein stark frequentierter Flussdurchgang, der von Händlern mit ihren Wagen gerne benutzt wurde. Die Route der alten Königsstraße von Paris nach Moskau verlief direkt durch den an dieser Stelle kniehohen Fluss. Auf der west-östlichen Hauptverbindungsstraße des Reiches kam man schnell von hier „furt" zum nächsten Ziel. Diese „Furt" an der „Erf" gab der Stadt ihren Namen. Und aus dem Hindurch wird später ein Obendrüber, aus Erfurt wird eine Stadt der Brücken.

Der aus Mühlhausen stammende Brückenkonstrukteur Johann August Röbling besucht Jahrhunderte später in seinen Jugendjahren die hiesige Privatlehranstalt des jüdischen Mathematikers Salomon Unger. In Erfurt erwirbt sich Röbling die Grundlagen seiner Ingenieurskunst. Die Brücken der Stadt sind sein erstes technisches Anschauungsmaterial. Als er 1831 in die USA auswandert, nimmt er diese inneren Bilder mit in die Neue Welt. Auf dem Hintergrund der schier unbegrenzten amerikanischen Möglichkeiten vergrößert er sie ins Gigantische. 1881 errichtet er in New York die weltberühmte Brooklyn Bridge über den East River. Die damals längste Hängebrücke der Welt gilt als „Sehnsuchtsbrücke des amerikanischen Traums". Ihre neugotischen Stilelemente sind ein bewusstes Andenken an Röblings Thüringer Heimat. Was in Erfurt unscheinbar beginnt, wird woanders zum Monument. Das gilt im übertragenen Sinn auch für Martin Luther. Auch für ihn fing hier unscheinbar an, was zu Großartigem reifen sollte. Auch für ihn wurde Erfurt zur Brückenstadt, die ihn ans Ufer einer neuen Welt führen sollte.

„Martinus Ludher ex Mansfeldt" – so steht es in der Matrikel der Universität, dem ersten schriftlichen Dokument, in dem Luther

persönlich erscheint. Erst in Wittenberg, erst nach seiner reformatorischen Entdeckung, nennt er sich „Luther" mit scharfem „th" in Anlehnung an den griechischen eleutheros, den Befreiten. In Erfurt schreibt er sich noch mit Namen und Wohnort der Eltern zum Studium ein. Noch ist seine familiäre Identität ungebrochen. Im April 1501 beginnt die akademische Laufbahn. Seine finanzielle Situation wird als „vermögend" beschrieben. Hans Luder hatte mittlerweile die drückenden Kredite zurückgezahlt. Das Bergwerk lief gut, und die materiellen Grundlagen waren nun vorhanden, den väterlichen Karriereplan umzusetzen. Der Sohn sollte eine gute Hochschule besuchen. Leipzig wäre auch in Betracht gekommen, doch mit klarer Überzeugung geht Martin hierher. Im Rückblick schwärmt er, dass die hiesige Universität *„in solchem Ansehen stand, dass alle anderen dagegen für kleine Fürstenschulen angesehen werden. Wer recht studieren will, der zieht nach Erfurt".*

Neben Heidelberg und Köln gehört die Erfurter „Hierana", die „Lehranstalt an der Gera", zu den drei ältesten deutschen Universitäten. Ihre Besonderheit war deren kommunale Trägerschaft. Sie wurde nicht vom erzbischöflichen Landesherrn, sondern von den Bürgern der Stadt gegründet und finanziert. Das brachte Rückhalt in der Bevölkerung und einen gewissen akademischen Freiraum des Denkens. Die Erfurter Studentenzahlen lagen zu Luthers Zeiten bei rund tausend Immatrikulierten mit steigender Tendenz: Der Staat lechzte nach urteilsfähigen Beamten, die die zunehmende Verrechtlichung des Alltags bewältigen konnten. Die Bevölkerung sehnte sich nach fachkundigen Ärzten, die nicht erst mühsam aus Italien geholt werden mussten. Die Kirche erhoffte sich kompetente Kleriker, die die katholische Lehre gegenüber dem sich verändernden Zeitgeist glaubhaft begründen konnten. Und alle drei Fachrichtungen brauchten ein gemeinsames Wertefundament: Juristen, Mediziner und Theologen sollten wissen, was die abendländische Welt im Innersten zusammenhält. So war das vierjährige Grundstudium ein unumgängliches wissenschaftliches Nadelöhr, durch das jeder Student hindurch musste. Wie der Generalbass in der Musik, so bildete das philosophische Studium in der „Artistenfakultät" den geistigen Unterbau für das spätere solistische Spiel der drei anderen Fächer. Und die philosophische Fakultät war Erfurts Tafelsilber. Sie galt als führend im damaligen Deutschland. Man war intellektuell aufgeschlossen und lehrte in der Weise der „via moderna", einem traditionskritischen Erkenntnisweg. Die Bewegung des Humanismus hatte viele Lehrer und Studenten ergriffen, und einige Erfurter Philosophieprofessoren galten als „Trendsetter" im geistigen Leben Deutschlands. Erfurt war eine Art Eliteuniversität.

Zu Luthers Zeiten besteht das Grundstudium aus den „septem artes liberales", den „sieben freien Künsten". Die Siebenzahl der Lernfächer verbindet die Zahlen drei und vier, das Ungerade und das Gerade. Sie symbolisiert die Begegnung von Geist und Leib und die zu erreichende Vollkommenheit des Denkens. Zwei Laufbahnen, das Trivium und das Quadrivium, folgen hintereinander. In der Bildenden Kunst werden die Artes Liberales meist personifiziert dargestellt. Die beigefügten Figuren verdeutlichen deren jeweilige Eigenart. Mit einer schulmeisterlichen Rute wird die *Grammatik* gezeigt. In diesem „Paukfach" geht es um das Erlernen von Sprachregeln. Die argumentierende Schlange, die an den Fingern ihre unterschiedlichen Erwägungen aufzählt, steht für den Bereich der *Dialektik*. Hier soll die Kunst des Disputs eingeübt werden, indem die Bedeutung von Wörtern nach verschiedenen Seiten hin beleuchtet und mit Pro- und Kontra-Argumenten geschärft wird. Wer zu einer inneren Wortsicherheit gelangt ist, kann nach außen hin auftreten. Der vitale Redegestus des antiken Cicero steht für die dritte Disziplin: die *Rhetorik*, die Lehre des verbalen „Verkaufens" von Inhalten. Auf die eher formale Ebene des Triviums folgt im Quadrivium dessen substanzielle Füllung. Ging es vorher um Sprache, so stehen nun Zahlen im Mittelpunkt. Das Rechenbrett steht für die *Arithmetik*, der Zirkel für die *Geometrie*, der Sternenglobus repräsentiert die *Astronomie* und die Harfe symbolisiert die *Musik*. Hinter allem Seienden stehen Zahlen, die im Quadrivium ermittelt und bestaunt werden. Der Kosmos wird nach allen Richtungen hin messend und berechnend durchschritten und dadurch verstanden, – Mathematik als Form der Weltbemächtigung. Damit verbindet sich der biblische Gedanke, dass Gott alles, was er erschaffen hat, „nach Maß, Zahl und Gewicht geordnet" hat (Die Weisheit Salomos 11,21). Wer das rechte Maß in den Zahlen erkennt und in der Sprache benennt, der bewegt sich als aufrechtes Gegenüber des Schöpfers und wird so zu einem „freien" Menschen. „Artes Liberales" – das könnte man auch übersetzen mit „dem Vermögen, ein freier Mensch zu sein". In der Antike war das Studium den „freien Männern" vorbehalten. Wer nicht die Arbeit eines Sklaven tun musste, war frei vom täglichen Broterwerb, frei zum Erkennen der Welt. Im Bild einer Leiter zeigen mittelalterliche Darstellungen, wie das Artistenstudium auf sieben Sprossen den Menschen zur Freiheit führt. Wer durch diese Schule gegangen war, hatte das Denken und Reden gelernt. Er besaß ein geschliffenes Instrumentarium von Werkzeugen, das ihn fähig machte, Texte angemessen auszulegen und in der akademischen Welt zu bestehen. Auch wenn Martin Luther später kritisiert, hier wäre nur *leeres Stroh gedroschen* worden, so wurde er doch von einem Mitstudenten als scharfsinniger „Philosoph" gelobt. Er hat offensichtlich den Studienplan erfüllt.

Die Zielsetzung der Artistenfakultät offenbart etwas vom inneren Wesen der mittelalterlichen Universität. Beim Studium geht es nicht um die ständige Aktualisierung des Wissens, nicht um neueste Forschungsergebnisse und die daraus hervorgehenden Innovationsprozesse. Es geht vielmehr um eine wissenschaftliche Bestätigung des Bestehenden. Man will nicht neue Antworten auf alte Fragen finden, sondern die alten Antworten neu entdecken. An dieser Haltung zeigt sich die geistige Elternschaft der Universität. Sie ist eine Erfindung der Kirche. Aus Kathedral- und Klosterschulen war sie im 11. Jahrhundert hervorgegangen. Die akademische Weiterentwicklung der Schola war der Versuch, den durch wachsende Globalisierung herausgeforderten Glauben mit Logik und Vernunft zu begründen. In der damals prägenden Denkrichtung der Scholastik wird das Wissen eingesetzt, um Gott zu beweisen. Der Theologe Anselm von Canterbury gibt die Linie vor. Er sagt: „Der Glaube geht der Erkenntnis voran. Ich glaube, um zu erkennen." Kontroverse Diskussionen sind nötig, um der Wahrheit nahe zu kommen. Während der Auseinandersetzung herrscht eine gewisse Meinungsfreiheit, und es sind durchaus verschiedene Ansichten möglich. Am Ende der Diskussion aber steht die einzig mögliche Wahrheit, das kirchliche Dogma, das von der Autorität eines Lehrers letztgültig bekräftigt wird. Die Botschaft der Scholastik lautet: Argumente sind wichtig, aber am Ende zählen die Feststellungen gelehrter Persönlichkeiten. Auf die Verteidigung der Lehre der katholischen Kirche wurde damals jeder Professor bei seiner Ordination verpflichtet. Die Antworten sind also schon da, nur die Wege dorthin sind immer wieder neu zu finden.

Anselm von Canterbury

Der Widerspruch gegen dieses starre mittelalterliche Denksystem ist in Erfurt besonders stark. Er kommt von zwei Seiten. Der „Muff" unter den scholastischen Talaren findet sozusagen eine „innerparlamentarische" und eine „außerparlamentarische Opposition". Im Nominalismus wird der Scholastik theologisch widersprochen. Im Humanismus wird gleich das ganze Denksystem auf den Kopf gestellt.

Der inneruniversitäre Widerspruch zeigt sich im Nominalismus. Dessen Begründer Wilhelm von Ockham hat bereits Anfang des 14. Jahrhundert festgestellt, dass Glauben und Wissen sich nicht ergänzen, sondern zwei völlig unterschiedliche Wahrnehmungsweisen sind. So wie eine Landkarte zwar ein Land abbildet, aber nicht identisch ist mit dem Land selbst, so besitzt der Mensch allenfalls das Nomen, den Begriff einer Sache, aber nicht die Sache selbst. Die Wirklichkeit und der Begriff derselben sind voneinander zu unterscheiden. Es gibt eine deutliche Grenze für das menschliche Erkennen Gottes durch den Verstand. Huldreich Zwingli formuliert diese Grenze später so: „Was aber Gott ist, das wissen wir aus uns ebenso wenig, wie ein Käfer weiß, was der Mensch ist." Gott erschließt sich nicht einem Wissen, das seine Ergebnisse aus menschlichen Analogien heraus gewinnt. Gottes Wesen kann nicht per Diskussion und abschließendem Spruch einer Autorität festgestellt werden. Er kommt woanders zu Wort. Das Verstehen Gottes braucht eine eigene Offenbarungsquelle. Das Wissen wird gleichsam vom Joch des Glaubens entbunden. Dieser neue Denkansatz eröffnet Freiräume zur Naturwissenschaft hin und löst den christlichen Glauben vom beständigen Beweisdruck. Wilhelm von Ockham kennen wir als fiktiven Franziskanermönch William von Baskerville aus dem mittelalterlichen Kultfilm „Der Name der Rose". Als kritischer Detektiv ermittelt er in einem klösterlichen Mordfall. Von abergläubischen Deutungen und kirchlichen Autoritäten lässt er sich nicht beirren. Seine erkenntniskritische, aufklärerische Haltung kommt in dem Film befreiend zum Ausdruck. Nicht Gott, aber die kleinen kirchlichen Herrgötter werden in Frage gestellt. Ein Stachel im Fleisch der mittelalterlichen Scholastik.

Der humanistische Widerspruch gegen das überkommene Denken ist noch grundsätzlicher. Er bricht das theozentrische Weltbild auf. Der Humanismus ist nicht nur ein Stachel im Fleisch der Scholastik, er legt die Axt an deren Wurzel. Mit dem Untergang Konstantinopels im Jahr 1453 flohen zahlreiche christliche Mönche vor den Türken nach Italien. Sie konnten einen Teil ihrer Bibliotheken retten und brachten seither unbekannte antike Schriften mit in den Westen. Das Lesen dieser Texte verstärkte ein Staunen, das schon Jahrhunderte zuvor zaghaft begonnen hatte. Die Weisheit der antiken, vorchristlichen Philosophen überraschte nicht nur die Italiener. Geniale Denkentwürfe und eine geschliffene Sprache beeindruckten die Intellektuellen in ganz Europa. Der Glanz der vollkommenen Sprache brachte eine Fülle farbiger Lebensentwürfe mit sich. Sprache war nicht nur Schein, sondern Sein. Die Existenz Gottes wird im Humanismus keinesfalls abgelehnt. Man sieht in ihm aber wesentlich den Erfinder des wunderbarsten Geschöpfes auf Erden, des Menschen. Der Mensch wird zum Zentrum der neuen Weltbetrachtung. Ihm ist die Freiheit gegeben, sein Leben sinnvoll zu gestalten. Durch Tugend und Bildung kann aus dem groben

Klotz ein kunstvolles Individuum werden. Die Vervollkommnung der antiken Sprachkenntnis ist der Meißel, der aus einem kantigen Stein die geschmeidige Skulptur gestaltet. Am Ende steht der ethisch vorbildhafte Mensch, wie Gott ihn ursprünglich gewollt hat. Ad fontes – alles beginnt mit dem humanistischen Ruf „zurück zu den Quellen" des Altertums. Dort liegen die wahren Reichtümer der Philosophie. Was in der dunklen Zwischenzeit, dem „Mittel"-Alter, verschüttet war, wird in der Renaissance lichtvoll zu neuem Leben erweckt.

Beide „Oppositionsbewegungen" wirken hinein in das theologische Werden Martin Luthers. Er bekennt: *„Meister Ockham war der größte Dialektiker."* Durch die strenge Schule des Nominalismus lernt Luther die Schärfe des rechten Unterscheidens und das schlüssige Denken. Ockhams wissenschaftskritischer Ansatz macht ihm später Mut zu seinem Fundamentalangriff gegen den Papst. Er bleibt in der Spur seiner Ausbildung, wenn er dem ordinierten Klerus unaufgeregt widerspricht: *„Nicht Autoritäten, Argumente verlange ich!"*

Deutlich kritischer ist Luthers Verhältnis zum Humanismus. Luther besitzt zahlreiche Freunde aus diesen Kreisen. Die humanistisch eingeforderte Bildungsfreundlichkeit wird für den späteren Schulgründer geradezu zum protestantischen Daseinsmerkmal. Die sensible Sprachausbildung schult seine Augen für die zentralen Aussagen eines Bibeltextes. Den Ruf zu den Quellen setzt er um mit der Übersetzung der Bibel aus deren Ursprachen heraus. Der Humanismus erwirbt ihm das Handwerkszeug für seine spätere Aufgabe, aber für Luther bleibt klar: Der Gegenstand ist ein anderer. Es geht nicht um das *von* Gott befreite, sondern um das *durch* Gott befreite Individuum. Es geht nicht um den antiken aus Gott geborenen Menschen, sondern um den biblischen als Mensch geborenen Gott. Den Meißel seiner Sprachenkenntnis benützt er nicht mit der Absicht, die Adamskinder immer vollkommener zu gestalten. Er will damit vielmehr die Tür öffnen zum Reichtum der Heiligen Schrift. Mit diesem scharfen Instrument arbeitet er heraus, *„was Christum treibet"*.

Das ist Luthers Hauptkritik am damaligen Studienbetrieb. Er klagt über viele seiner Professoren, dass sie *„die Bibel verachteten und unter der Bank liegen ließen. Was Biblia, Biblia? sprachen sie, Biblia ist ein Ketzerbuch; man muss die Doktores lesen, da findet man es".* Wie aber gelangt der Mansfelder Bergmannssohn durch die nächtlichen Leuchtfeuer seiner Studentenzeit hindurch zu dem Punkt, dass er sagen kann: *„Es gibt nichts Helleres als die Sonne, das ist die Heilige Schrift?"* Wie gelangt er über die Brücke der Gelehrsamkeit zum inneren Frieden?

Nach der Immatrikulation bezog Martin als Erstsemester die Georgenburse unweit des Augustinerklosters. Über eine Bruderschaft bestanden offensichtlich Beziehungen der Eisenacher Georgenschule zur Erfurter Georgenburse. Bursen waren studentische Wohnheime, in denen nicht nur geschlafen, gegessen und gebetet wurde, dort fanden auch die meisten Vorlesungen statt. Die Universität besaß kaum eigene Lehrgebäude. Der akademische Betrieb vollzog sich in den studentischen Wohngebäuden, in Klöstern und Privathäusern der Stadt. Von einem gemütlichen „Pantoffelstudium" kann dennoch keine Rede sein. Morgens um vier Uhr wurden die Studenten unbarmherzig geweckt, der Präzeptor führte ein strenges Regiment, das Leben war spartanisch reglementiert, die zeitlichen Freiräume gering.

Freilich gab es auch die gesellige Seite. Studenten hatten einen besonderen sozialen Status. Ihre akademische Freiheit sah man ihnen bereits an der Kopfbedeckung an. Sie waren nicht der städtischen Obrigkeit verantwortlich, sondern unterlagen als Universitätsmitglieder einer eigenen Gerichtsbarkeit. Der Aufenthalt im Karzer war weit weniger gefürchtet als das bürgerliche Strafwesen, und so mancher aufsichtführende Professor mag ein kluger Gelehrter, aber zerstreuter Pädagoge gewesen sein. Etliche Burschen der Burse mögen diese Schwäche ausgenützt haben. Im Studium waren sie auf dem Höhepunkt ihrer Manneskraft. Die eruptive Energie ihrer Hormone hat wohl manchen nächtlichen Ausbruch zur Folge gehabt. Dem jungen Studienanfänger bleibt das nicht verborgen. Er stellt später fest, dass die Burse ein *„Hurhaus und Bierhaus"* gewesen sei und dass viele seiner Mitstudenten, statt des vorgeschriebenen Lernstoffs, lieber *„die Lektionen des Königs Gambrinus und des Ritters Thannhäuser"* studiert hätten. Der besagte König galt als trinkfest und der Ritter als liebestoll.

Allem Anschein nach gehört Martin zu den Fleißigen. Er neigt noch nicht zur Trinkfreudigkeit der späteren Jahre. Zurückhaltend öffnet er sich dennoch der sinnlichen Seite des Lebens. Ein schwerer Unfall bringt ihn zum Lautenspiel. In den Wittenberger Tischreden erzählt er, wie er beim Heimweg nach Mansfeld *„zufällig mit dem Schenkel in den Degen stieß"* und sich lebensgefährlich verletzte. Die kleine spanische Fechtwaffe gehörte zum Outfit des wandernden Studenten, ein Zeichen seiner wehrhaften Freiheit. Deren Spitze hatte ihm die Hauptschlager aufgerissen. Er drohte zu verbluten. In letzter Minute wird er vom herbeieilenden Arzt gerettet und muss nun für einige Wochen das Bett hüten. Die freie Zeit nützt er, um im Selbstunterricht die Kunst des Saitenspiels zu erlernen. Die Laute ist ein gitarrenähnliches Instrument, deren Saiten mit Fingern oder Vogelfedern gezupft werden. Es ist leicht zu transportieren und kann als Fundamentinstrument im musikalischen Zusammenspiel verwendet werden. Was die Artistenfakultät für die Universität, das ist die Laute für die Musik: die Grundlage der Sache. Luther kannte später manche *„Reiterliedlein und Gassenhauer"*. Ein Studienfreund erinnert sich in einem Brief, dass sie „in innigster Freundschaft zu Erfurt miteinander den edlen Künsten oblagen, zu einer Zeit, welche den Grund legt zu engster Freundschaft zwischen verwandten Charakteren". Derselbe bezeichnet den späteren Erfinder des Gesangbuchs als einen „gelehrten Musiker".

Martin ist ein konzentrierter Student. Seine Prüfungen absolviert er zum jeweils frühestmöglichen Zeitpunkt. Das Trivium beendet er mit der Bakkalaureats-Prüfung am Michaelistag 1502. Die meisten Studenten verließen danach die Hochschule. Ihnen genügte das Grundverständnis für die akademischen Begriffe. Der Bachelor reichte aus für eine Anstellung als städtischer Schreiber oder Schulleiter. Luther macht mit dem Quadrivium weiter. Als zweitbester Prüfling schließt er im Januar 1505 sein Grundstudium als „Magister Artium" ab. Damit war er automatisch zum Hochschulassistenten avanciert. Er darf nun die jüngeren Semester im Trivium unterrichten.

Die Magisterfeier bleibt ihm zeitlebens unvergesslich. Ein emotionales Highlight. Nun darf er die braune Gelehrtenmütze tragen. Sein Vater ist so stolz auf ihn, dass er ihm mitteilt, ihn zukünftig nicht mehr per „Du", sondern mit „Ihr" – dem damaligen „Sie" – anzureden. Luther erinnert sich rückblickend an den Glanz dieses Festes: *„Was für eine Pracht war die Promotion der Magister mit den Fackeln, die ihnen vorangetragen wurden! Ich glaube nicht, dass irgendeine weltliche Feier dem gleichkam. Es war höchstes Gepränge. Man ritt zu Pferd rings in der Stadt umher. Ich wollte, es würde heute noch so gehalten."* Aber stehen Gipfelerlebnisse nicht kurz vor dem Abstieg ins Tal? Folgt häufig nicht nach der Krönung die Krise?

Luthers Vater wollte seinen Sohn als Juristen sehen. Ähnlich wie die Eisenacher Vettern sollte Martin Karriere machen an einer Residenz oder Kanzlei. Die anderen Fachrichtungen waren angesehener: Mediziner waren geehrt und Theologen gelehrt, aber Juristen? Sie waren am besten bezahlt! Als Examensgeschenk kauft der Vater seinem Sohn einen teuren Folianten, die Gesetzessammlung des Kaisers Justinian, eine Zusammenfassung des römischen Rechtes. Eine Kostbarkeit, die den Weg zum Jurastudium ebnen soll. Dazu noch einige Gulden aus der Spendierhose und eine standesgemäße Hochzeit in Sicht. Martin ist ein gehorsamer Sohn und beginnt mit dem Studium der Jurisprudenz. Einige Wochen hält er durch. Er gibt sich Mühe. An seinem geistigen Vermögen liegt es nicht, es sind die wachsenden Zweifel, die ihn in eine Studienkrise führen. Ihm graut davor, Rechtsstreitigkeiten anzugehen, bei denen am Ende nicht die Wahrheit, sondern der höhere Stand siegt. In einem Ständebuch dichtet 1568 Hans Sachs über den Anwalt: „Ich prozessier' vor dem Gericht und oft ein böse Sach' verficht'!" Luther leidet an der moralfreien Doppeldeutigkeit des Faches, in dem verschiedene Auslegungsmöglichkeiten gleichwertig nebeneinander stehen können. *„Juristen, böse Christen"* – dieses mittelalterliche Zitat greift er später mehrfach auf.

Für ihn ist Jura ein Mangelfach, weil ihm die letzte Eindeutigkeit fehle. Er findet keinen Grund, auf dem er stehen kann. *„Der Jurist, der nicht mehr ist als ein Jurist, ist ein arm Ding.“* Dazu kommt die Sinnfrage: In Luthers Umgebung grassiert damals der Tod. Ein befreundeter Kommilitone stirbt überraschend. Zwei seiner Juraprofessoren werden von der Pest hinweggerafft. Von einem wird erzählt, er habe auf dem Sterbebett seine Berufswahl bereut mit den Worten: „Ach wäre ich doch ein Mönch geworden!“ Luther erlebt die unerbittliche Brutalität des Sprichwortes „Morgens noch rot, abends schon tot“. Was hilft uns dann, wenn wir urplötzlich an der Lebensgrenze angekommen sind? Braucht man in Stunden der Anfechtung nicht *„mehr“* als eine juristisch begründete Meinung, nämlich die verlässliche Wahrheit? Braucht die Brücke zur Ewigkeit nicht feste Pfeiler, die sie tragen?

Die Widerstände brauen sich im Sommer zu einem dunklen Gewitter zusammen. Am 2. Juli 1505 bricht es über ihn herein. Mitten im Semester war er überraschend zu Besuch bei den Eltern in Mansfeld gewesen. Die Gründe für diese Reise sind unbekannt. Suchte er elterlichen Beistand in orientierungsloser Zeit? Erhoffte er sich die väterliche Erlaubnis zum Wechsel des Studienfaches? Wurde ihm eine zukünftige Braut vorgestellt? Fragen, Zweifel, Ängste. Die Seele vibriert. Alles drängt zur Entscheidung. In Stotternheim, kurz vor Erfurt, gerät er in ein schweres Sommergewitter. Ein Blitz schlägt neben ihm ein, und er wird *„derart erschüttert“*, dass er ein Gelübde ablegt. Er tut, was die heimatlichen Bergleute im Gewitter tun und ruft deren Schutzheilige an. Diesen Schrei verbindet er mit einem Versprechen: *„Hilf du, Anna, ich will ein Mönch werden.“* Der an seine Grenzen geratene Student überlebt das Gewitter und kommt wohlbehalten zurück in die Burse. Er bespricht sich mit Freunden. Sie raten ihm ab, ins Kloster zu gehen. Das Kirchenrecht hätte die Möglichkeit eröffnet, dieses Gelübde mit einer anderen guten Tat abzugelten, da es unter Todesangst abgelegt wurde. Doch Luther hält sein Wort: *„Ich beharrte dabei, und am Tag vor Alexius* (16. Juli) *lud ich die besten Freunde zum Abschied ein, damit sie mich am morgigen Tag* *ins Kloster geleiteten. Als sie mich aber zurückhalten wollten, sprach ich: Heute seht ihr mich zum letzten Mal. Da gaben sie mir unter Tränen das Geleit. Niemals dachte ich, das Kloster zu verlassen. Ich war der Welt ganz abgestorben.*" Wie lässt sich dieser schwerwiegende Schritt verstehen? Worin liegt der Grund für den folgenreichsten Studienabbruch der Kirchengeschichte?

Sein Bursengenosse Crotus Rubianus vergleicht das thüringische Stotternheim mit dem biblischen Damaskus. Er deutet Martins Lebenswende auf dem Hintergrund einer neutestamentlichen Bekehrungsgeschichte. Luther sei „ein zweiter Paulus", der durch die „göttliche Vorsehung wie ein Blitz vom Himmel hingestreckt" worden sei. Zweifellos stark sind die theologischen Beziehungen des späteren Reformators zum „spätgewordenen" Apostel. Im Römerbrief des Paulus findet Luther, was ihn dann tatsächlich bekehrt, das Evangelium von der geschenkten Barmherzigkeit Gottes. Die paulinischen Gedanken hat Luther in seinen Schriften so mächtig zum Glänzen gebracht, dass manche scherzhaft vermuten, Paulus sei der „erste Lutheraner gewesen". Paulus und Luther sind einander sehr nah. Dennoch: Den Eintritt ins Kloster erlebt Luther nicht als eine befreiende Bekehrung, sondern als mittelalterlichen Akt des Gehorsams: „*Ich bin nicht gerne Mönch geworden, nicht mit Lust und Willen, sondern aus Schrecken und Angst.*" Bei der Konversion des Paulus wird etwas seither Bekämpftes zum neuen Lebensinhalt. Luther dagegen vollzieht mit seinem „Gang aus der Welt" nur den letzten Schritt eines bereits früher begonnenen Weges. Der fromm erzogene Mansfelder Lateinschüler lernt es, der kirchlich geprägte Eisenacher Gottesdienstsänger singt es, der geistlich lebendige Erfurter Student begreift es: Wir haben hier keine bleibende Stadt! Eine ungebrochene rote Linie durchzieht seine bisherige Vita. Luther erlebt die typische Ausbildung seiner Zeit, die darauf ausgerichtet war, dem Menschen nur einen vorübergehenden Platz in der Welt zu vermitteln. Der Atem des Mittelalters haucht den Sterblichen beständig an mit der Erinnerung an sein baldiges Ende. Die Lehre der Kirche zeigt ihm Sündhaftigkeit und Fegefeuer. Höllenangst und Christusfurcht bewegen die Herzen. Der beherrschende Zielpunkt dieser vergänglichen Zeit ist Gottes Endgericht, bei dem alles Tun und Lassen zur Bewertung kommen würde. Darum: „Lehre uns bedenken, dass wir sterben müssen, auf dass wir klug werden" (Psalm 90,12). Und klug ist, sein Leben ganz Gott zu geben und ins Kloster zu gehen. „Willst du vollkommen sein, so werde Mönch." Das ist der Rat, den die Kirche denen gibt, die mit Ernst Christen sein wollen. Luthers Klostereintritt war keine Bekehrung vom Gottlosen zum Gläubigen, vom Christusverfolger zum Christusnachfolger. Es war vielmehr der Endvollzug der damals üblichen Frömmigkeit. Das zeigen auch manche kuriosen Geschichten. So ließ sich der einst lebensfrohe Erfurter Bürgermeister Johann Bock 1491 in der Barfüßerkutte begraben, als wollte er wenigstens im Sarg wieder gutmachen, was er im Leben versäumt hat. Die Klostertüre galt als direkter Weg in den Himmel. Eine Versicherung für die Unsicheren.

Außerdem war es für Studenten nicht ungewöhnlich, nach Ablegung der Magisterprüfung einem Orden beizutreten. Für Akademiker gab es dort interessante Berufsmöglichkeiten. Klöster waren mächtige Genossenschaften. Man war wirtschaftlich versorgt. Dieses irdische Motiv schließt Martin Luther im Nachhinein bewusst aus: *„Ich habe das Gelübde getan nicht um des Bauches, sondern um meiner Seligkeit willen, und habe unsre Regeln unbeugsam streng gehalten. Verzweiflung macht den Mönch."* Hätte er ein bequemes Leben gesucht, so hätte es dafür andere Klöster in Erfurt gegeben. Von einigen Orden hieß es dort tatsächlich, sie seien „faule, verfressene Mönche". Luther aber wählt den nach den Kartäusern zweitstrengsten Orden der Stadt. Er geht zu den Augustiner-Eremiten. In deren Namen klingt die weltabgewandte Askese von Einsiedlermönchen noch nach. Die Erfurter gehörten zur strengen Richtung des Ordens, zu den so genannten observanten Klöstern. Mit rigoroser Entschlossenheit hatten sie sich geweigert, die Ordensregel aufzuweichen und dem Alltagspragmatismus nachzugeben. Oberstes Ziel blieb es, die Gläubigen durch harte Entsagung der Welt zu Gott zu bringen. Die Institution des Klosters war die päpstliche Antwort auf die Himmelssuche der Menschen. Das galt in besonderer Weise für die Augustiner-Eremiten-Klöster. Papst Innozenz IV. hatte 1256 verschiedene vereinzelt lebende, toskanische Eremitengemeinschaften zum Augustinerorden zusammengefasst. Der Orden stand mit seinen Prinzipien für die päpstlich unterstützte „Entweltlichung" der Kirche, für die geistliche Erneuerung von oben her. Die Augustiner waren die treusten Verteidiger der Kurie. Sie waren stolz darauf, dass aus ihren Reihen noch nie ein kirchlicher Irrlehrer gekommen war. Indem Luther gerade hier eintritt, folgt er dem empfohlenen Weg des Papstes. Die Brücken dieser Welt bricht er ab, um dem Pontifex Maximus, dem obersten Brückenbauer, zu gehorchen. „Den Papst betete ich aufrichtig an", sagt er später. Was ihm fehlt, sind nicht der richtige Glaube und die überzeugendere Ethik. Er möchte Gewissheit. Bei seinem Klostereintritt fragt ihn der Prior: „Was sucht ihr?" Die vorgegebene Antwort lautet: „Den gnädigen Gott und eure Barmherzigkeit!" Es sollte noch ein Stück Wegs werden, bis er seine Brücke zur Seligkeit fand und bekennen konnte: „Christus ist anders als Mose, Papst und die ganze Welt, er ist mehr als unser Gewissen. Wenn das ganze Gewissen überführt ist, sagt er: Glaubet!"

Das Augustinerkloster

In „herrlicher Kondition und über die Maße fröhlich", so schildert Justus Jonas das Verhalten Luthers beim Abschiedsabend im Freundeskreis. Am nächsten Tag, dem 17. Juli 1505, klopft er an die Klostertüre und bittet um Aufnahme. Man führt ihn zunächst in den Gästetrakt. Es gibt ein erstes Gespräch mit dem Prior. Dann folgen Tage der Prüfung und der Besinnung. Luther hat seinem Vater schriftlich den bevorstehenden Klostereintritt mitgeteilt. Er erbittet dessen befürwortenden Segen. Doch der Vater ist über die Maßen *„zornig"* und erklärt seinen Sohn für *„toll und töricht"*. Er entzieht ihm alle elterliche Gunst. Das „Sie" ist wieder perdu. In der Anrede des wütenden Briefes fällt er zurück in die Zeit vor der Magisterverleihung. Der Bannstrahl eines zutiefst enttäuschten Aufsteigers trifft den klösterlichen Aussteiger. Etwas versöhnlicher klingt Hans Luder dann in einem zweiten Brief. Mittlerweile waren zwei Brüder Martins an der Pest gestorben. Den Eltern war die Hiobsbotschaft zugegangen, auch Martin sei tot. Der verzweifelte Vater war sichtlich erleichtert, dass sich die Nachricht als falsches Gerücht entpuppte. Daraufhin empfiehlt man ihm, er solle doch Martins Klostereintritt als Dankopfer an Gott betrachten. Schließlich lässt er sich überreden und gibt seine Zustimmung. Er schickt sogar einige Gulden, hat aber weiterhin *„viele Bedenken"* und *„ergab sich endlich darein mit unwilligem, traurigem Willen"*. Hans Luder gibt sein Plazet, aber es ist ein Segen mit angezogener Handbremse.

Ein Jahr und einen Tag dauert das Noviziat, die Lehrzeit des Mönches. Erst nach sorgsamer Prüfung wird entschieden, ob er bleibt oder nicht. Martin lernt das mönchische Leben in ganzer Schonungslosigkeit kennen. Mit dem Abschneiden der Haare soll die menschliche Eitelkeit weichen. Sichtbar demütig soll der Bruder mit geducktem Gang durchs Kloster schleichen und die Augen zu Boden richten. Das Sprechen hat er sich fast völlig abzugewöhnen. Nur zwei Mal am Tag wird sparsam gegessen. Insgesamt vier Monate im Jahr wird gänzlich gefastet. Darüber hinaus gibt es zusätzliche freiwillige Fastenzeiten, die Martin eifrig gehalten hat. Nicht mit dem Degen, mit dem Bettelstab wird der einst „freie

Student" nach draußen auf die Dörfer geschickt, um seine bedürftige Abhängigkeit mit leeren Händen zu zeigen. Das Kloster hätte diesen Bettel nicht nötig gehabt, es war reich. Aber es geht um den erzieherischen Aspekt. Die „gelehrten" Novizen werden von ihren älteren, nichtakademischen Mitbrüdern besonders hart rangenommen: *„Sie sprachen zu mir, als ich ins Kloster kam: wie mir geschehen ist, soll dir auch geschehen. Sie waren mir gram, dass ich studierte."* Luther tut die Arbeit eines „Hausknechts". Er muss „auskehren und ausfegen", die Kirche reinigen, den Abort leeren. Und dazwischen siebenmal täglich die Stundengebete singen. Man folgt in dieser Regel den Worten aus Psalm 119, in denen es heißt: „Siebenmal am Tag singe ich dein Lob und nachts stehe ich auf, um dich zu preisen." Die täglichen Horen sind für die Beter wie Löcher zum Himmel, wie Brückenstufen hin zur Ewigkeit. Luther hält auch als Theologieprofessor bis ins Jahr 1520 gewissenhaft daran fest. Erst als er damit um ein halbes Jahr in Rückstand geraten war, gibt er das Stundengebet auf. Das Beten hat er auch danach sehr geschätzt, aber nicht die damit verbundene Gesetzlichkeit. Er wohnt in einer unbeheizten, sechs Quadratmeter großen Klosterzelle mit Tisch, Stuhl und Bett. Zwei grobe Decken und ein alter Strohsack werden zum Schlaflager. Zur Ruhe kommt er aber kaum. Stundenlanges nächtliches Wachen nach körperlich hartem Tagewerk quält den Körper. Eine extrem kratzige Unterwäsche soll ihm spürbar sagen: „Fühl dich nicht wohl in deiner Haut, töte den Leib, damit deine Seele frei wird für den Himmel!"

Der zuvor gewissenhafte Student ist auch ein folgsamer Novize. Seiner endgültigen Aufnahme in den Orden steht nichts im Wege. Im September 1506 legt er sein ewiges Mönchsgelübde ab. Er verspricht, die drei evangelischen Ratschläge Jesu (Matthäus 19,16) zu halten und fortan arm, keusch und gehorsam zu leben. Ein halbes Jahr später folgt seine Priesterweihe. Anschließend wird er vom Orden zum Theologiestudium bestimmt. Dass die Einsetzung zum Priester dem Studium vorausgeht, ist damals durchaus üblich. Zum Mittler zwischen Gott und Mensch wird man nicht durch das erlernte Wissen, sondern durch die von oben vermittelte

Weihe. Die Minimalvoraussetzung für den Priester war gleichsam die „Beherrschung des Zauberspruchs": Die rechte Kenntnis der gottesdienstlichen Liturgie setzte ihn in Stand, Wein zu Blut, und das Brot in den Leib Christi zu verwandeln. Das genügt für den Dienst. Seine erste Heilige Messe feiert Luther am 2. Mai 1507. Er schildert im Rückblick die große Furcht, die er im Moment der Gottesbegegnung empfand: *„Wie soll ich eine Majestät von solcher Größe anreden, da schon beim Anblick oder der Unterredung mit einem Fürsten oder König alle verzagen müssen?"* Er zittert und verliert die Selbstkontrolle. Seine ängstliche Flucht vom Altar kann nur durch das beherzte Eingreifen des Priors verhindert werden. Bei der anschließenden Primizfeier kommt es zum Eklat. In einem freundlichen Einladungsschreiben hatte Luther seine engsten Freunde und Familienangehörige eingeladen. Auch der Vater war mit zwanzig Reitern gekommen und hatte zwanzig Gulden für das Kloster springen lassen – immerhin der Gegenwert für ein kleines Haus. Nach dem Gottesdienst sucht Luther das Gespräch. Er fragt seinen Vater, warum er über seinen Schritt so erzürnt sei, er könne doch jetzt für die Familie beten. Da brüskiert ihn Hans Luder vor versammelter Mannschaft: „Weißt du nicht, dass geschrieben steht: Ehre Vater und Mutter?" Als Martin versucht zu erklären, dass er gar nicht anders gekonnt habe, das Gewitter sei doch ein eindeutiges Zeichen gewesen, er sei also gezwungenermaßen Mönch geworden, da antwortet der Vater unbeeindruckt: „Sehet zu, dass es nicht ein Gespenst sei!" Der Vater bleibt auf Distanz. Das familiäre Band ist angerissen. Die Versöhnung der beiden sollte erst achtzehn Jahre später kommen. Bei der Hochzeit mit Katharina von Bora.

Auch das Verhältnis zu seinem himmlischen Vater entwickelt sich zunehmend problematisch. Er findet im Kloster nicht den Frieden, den er begehrt. Wie Paulus sich an den rabbinischen Geboten abmühte und rückblickend keine Erfüllung darin fand, so bekennt auch Luther seine Anstrengungen: *„Ist je einer durch Möncherei in den Himmel gekommen, so wollt ich auch hineinkommen."* Die Regeln des Ordens nimmt er kompromisslos ernst. Er betet, fastet und kasteit sich mit „solchem Fleiß", dass sich seine Ordensoberen

„wundern". Doch es bleibt das Gefühl unerfüllter Leere: *„Ich zitterte und zappelte, wie Gott mir gnädig wurde, aber je saurer ich es mir werden ließ, mein Gewissen zufrieden zu stellen durch Fasten, Wachen und Beten, desto weniger Ruhe und Frieden fühlte ich."* Luther kennt den Spruch der Einsiedlermönche: „Wer mit Menschen umgeht, zu dem können die Engel nicht kommen." In einsamer Stille sucht er die Begegnung mit Gott, doch andere Stimmen drängen sich dazwischen: hochmütiger Neid, eitler Spott und das Gefühl, den Erwartungen Gottes nicht zu genügen. Zweimal in der Woche geht er zur Beichte. In perfektionistischer Selbstbeobachtung will er sein Herz reinigen, wie eine putznärrische Hausfrau die Wohnung kurz vor dem erwarteten Besuch. Immer wieder entdeckt er ein Staubkorn auf seiner Seele: *„Wir machten unsere Beichtväter müde."* Bis zu sechs Stunden dauern die Gespräche mit kleinlichen Aufzählungen: zu spät zur Andacht gekommen, bei der Predigt kurz eingenickt, eine Gebetsformulierung gedankenlos dahingesagt, ein heiliges Gerät aus Versehen berührt, die Mönchskutte verkehrt herum angezogen. Luther legt alles auf den Tisch. „Keine rechtschaffenen Sünden, nur Humpelwerk und Puppensünden", so urteilt der Novizenmeister Johann von Greiffenstein. Manche meinen, Luthers unterdrückte Sexualität hätte zu diesen übertriebenen Verkrampfungen geführt. Doch die Libido war nicht das Problem: *„Im Kloster gedachte ich nicht an Weib, Geld und Gut."* Er spricht von gelegentlichen Pollutionen *„zur Notdurft des Leibes".* Mehr nicht. Es gab ja kaum sichtbare Verführungen, und der entkräftete Körper stellte diesbezüglich keine großen Ansprüche. Es sind vielmehr die kleinen Sünden, die ihm seine gefallene, gottlose Existenz bewusst machen. Man wirft ihm vor, dass er „jeden Furz zur Sünde" erkläre. Aber gerade die kleinen Schwächen erinnern Luther an sein großes Problem: die fehlende Vollkommenheit. Das minimale Versagen empfindet er wie den minimalen Berührungspunkt einer Bleikugel mit der Erde. Auf diesem unscheinbaren Punkt erfährt er die ganze Last einer sündigen Existenz. *„Je mehr ich mich wasche, umso unreiner werde ich."* Die Brüder erinnern ihn an die Güte Gottes, an die Fürsprache von Maria und allen Heiligen, an den Gnadenschatz der Kirche.

Doch Luther wird nicht frei von dem Druckpunkt auf seiner Seele. Und in den Antworten seiner Zeit findet er keine Hilfe. Der Humanismus war ihm zum helfenden Brückengeländer geworden, aber er beantwortet nicht Luthers existentielle Frage nach Gott. Er gesteht später gerne ein, dass die Humanisten besseres *„ciceronisches Latein"* sprechen als er, aber sie haben nicht *„die Sache"*. Im Nominalismus hat Luther gelernt, Gott anders zu denken als die Scholastik, freier und größer. Doch der zum Erkennen befreite Mensch ist nun auch in der Lage, die Gebote erfüllen zu können. Der befreite Mensch hat eine hohe Verantwortung. Daran scheitert er. Die katholische Lehre kennt durchaus ein Übermaß der Gnade Gottes. Aber diese Gnade bringt stets die Potenz zum Tun der guten Werke mit sich. Gott kommt uns sozusagen mit neun Schritten entgegen, aber den zehnten Schritt muss der Mensch aus eigener Kraft gehen. Das mittelalterliche Kloster ist dabei eine Gehhilfe, ein methodisierter Weg zum Heil. Aber eine Aufgabe bleibt dem Menschen anhängig: Er muss wenigstens mitwirken, wenigstens wollen oder es sich zumindest gefallen lassen. Aber genau dieses Wollen ist Luthers Problem. Genau da fühlt er den Druckpunkt seiner menschlichen Unvollkommenheit. Er spürt, dass dieser Wille nicht rein ist, weil Angst vor Gott und nicht die Liebe darin wohnt. Luther ist nicht krank oder sündenhysterisch. Er hat vielmehr sorgsam das Kleingedruckte gelesen, den Nachsatz der damaligen Gnadentheologie, der sagt: Der Mensch kann's schaffen. Luther handelt konsequent und gelangt dabei an die Grenze des mittelalterlichen Religionsbetriebs. Er hört täglich: Wer aufrichtig bereut, der wird Vergebung finden. Aber in dem Gewissenhaften bohrt die Frage: Ist die Reue aufrichtig und vollständig? Kann der Mensch sich gleichsam am eigenen Schopf aus dem Sumpf herausziehen? Luther sehnt sich nach sicherem Land. Er geht in Erfurt bewusst den Weg über die Brücke des Klosters. Aber er entdeckt am eigenen Beispiel deren Brüchigkeit, Abgründe und Deckungslücken: *„Als Zweifler ging ich zum Altar, als Zweifler ging ich wieder davon."* Er bleibt auf der Suche.

Doch im Dunkel des Klosters findet er einen Wegweiser zum Licht. Sein Ordensvikar Johann von Staupitz sollte zur Schlüsselfigur der Reformationsgeschichte werden. *„Der Staupitz hat es ange-fangen"*, sagt er. Der Edelmann im Mönchsgewand war als Student bereits Prior des Tübinger Augustinerklosters gewesen. Nun war ihm die Aufsicht über die observanten Ordensgemeinschaften in Sachsen übertragen. Der sensible Menschenkenner hatte „ein Auge auf Luther geworfen". Er sah seine Anfechtung, aber auch dessen Genie. Die ängstlichen „Spekulationen und hohen Gedanken" Luthers befremden ihn. Aber er ist davon überzeugt, dass dieser junge Mönch „zu großen Dingen" berufen ist. Lebenslang schätzt Luther den „lieben Dr. Staupitz" als seinen väterlichen Beichtvater und Förderer. Staupitz weist ihm den Weg zum gnädigen Gott: „Blick auf Christus, so bist du erwählt!" Und er zeigt ihm den Weg zur Bibel. Zufällig hatte Luther als Student *„mit 20 Jahren"* in der Erfurter Universitätsbibliothek zum ersten Mal eine Bibel in die Hand bekommen. Er war erstaunt über die vielen *„unbekannten"* Geschichten: *„Ich hatte große Lust, das ganze Buch zu lesen. Doch der Glockenschlag rief mich in die Vorlesung."* Durch Staupitz' Anordnung wird im Kloster aus der zufälligen Begegnung eine tägliche Regel. Jeder Novize sollte „eine in rotes Leder gebundene Bibel" zum beständigen Gebrauch bekommen. Darin beginnt Luther zu lesen. Ganze Seiten lernt er auswendig. Das durch Staupitz eröffnete Tor wird ihm in Wittenberg zum Weg in die Freiheit.

Den Weg ins heutige Erfurt könnte man von Stotternheim aus beginnen. Wo aus dem Magister ein Mönch wurde, leben gegenwärtig 3 500 Menschen in einem zehn Kilometer nördlich der Erfurter Stadtmitte liegenden Dorf. Außerhalb des Ortes wurde zum Reformationsjubiläum 1917 ein roher Granitblock errichtet. Gestiftet von einer Erfurter Bürgerin, trägt der Gedenkstein die pathetische Inschrift: „Geweihte Erde: Werdepunkt der Reformation". Während des Ersten Weltkriegs aufgestellt, spiegelt die Inschrift nationales Selbstbewusstsein wider. Mit dem lateinischen Ausruf „ex thuringia lux" wird dem Besucher mitgeteilt, dass „aus Thüringen Licht" kommt, weil dem aus Mansfeld heimkehrenden Luther hier „durch einen Blitz der Weg gewiesen wurde". Von der geschichtlichen Dramatik des Platzes ist indes kaum etwas zu spüren. Die idyllische Grünanlage mit Lindenbewuchs und überdachter Schutzhütte ist vielmehr ein beschaulicher Ruheort, der zu Andacht und Picknick einlädt. Die leichte Anhöhe bietet einen unspektakulären Blick auf das Dorf. Folgt man anschließend den Schildern des „Lutherwegs" mit dem grünen „L" auf weißem Quadrat, so bewegt sich der Wanderer auf den Spuren des zitternden Jurastudenten, der durch die Wucht des Gewitters tief erschrocken heim zur Studentenbude nach Erfurt lief. In einer zweistündigen Wanderung erreicht man das Stadtzentrum. Dem Autotouristen empfiehlt sich das Parkhaus am Domplatz. Von dort aus lohnt sich zunächst der steile Aufstieg zur Erfurter Zitadelle. Über die Petrinistraße gelangt man nach oben zur barocken Stadtfestung. Von hier aus eröffnet sich ein schöner Panoramablick über die Stadt und das Land. Als Luther in Erfurt lebte, gehörten 76 Dörfer und Flecken sowie 36 Klöster zur Stadt. Das so genannte „thüringische Rom" war eine der größten Flächenstädte des Landes.

Erfurt liegt im warmen Thüringer Becken. Luther nennt es ein fruchtbares *„Bethlehem"*, ein *„Brothaus"*, das einer *„Schmalzgrube"* vergleichbar sei. Er schreibt: *„Gott plagt andere mit Teuerung, uns plagt er mit Fülle."* Damit lässt er anklingen, dass der Wohlstand auch Zerwürfnisse und Aufstände in die Stadt gebracht hat und dass er selber mitten im Wohlstand „das Eigentliche" nicht gefunden hat. Der Habsburger Kaiser Rudolf nennt bereits 1290 den Grund für den Reichtum: „Erfurt ist des römischen Reiches herrlicher Garten." In diesem Pflanzenparadies gibt es zu Luthers Zeiten flache Weinberge, die auf der trockenen Leeseite des Thüringer Waldes gute Wachstumsbedingungen vorfinden. Dann sieht man ausgedehnte Felder mit einer nur hier wachsenden gelb blühenden Pflanze, dem Waid. Bis zur Einführung des billigeren Indigo war es das einzige Blaufärbemittel Europas. Die Erfurter besaßen dafür ein Produktionsmonopol. Das „blaue Gold" brachte Farbe und Wohlstand in die Häuser der Stadt. Und dann gibt es die Erfurter Kartoffeln. Im Jahr 1771 werden sie als die ersten des Landes hier angebaut. Später erfand man unweit von hier die berühmten Thüringer Klöße, die in der örtlichen Gastronomie unbedingt gekostet werden sollten. Bis heute sind Gartenbau und Saatzucht wichtige Wirtschaftszweige in der Region. Die Freizeitanlage Egapark Erfurt ist nach der Wartburg die am zweithäufigsten besuchte Hauptattraktion Thüringens. Der blühende Park knüpft an die „grüne" Geschichte Erfurts an. Tausenden von Besuchern wird hier jedes Jahr eine inspirierende Schau vom mittelalterlichen Klostergarten bis zur modernen Gartenarchitektur geboten. Der verheiratete Luther hat später die Gartenarbeit geliebt. Draußen in der Schöpfung fand er offensichtlich Erholung. In einem Brief schreibt der Wittenberger Weinbergbesitzer und Melonenzüchter: *„Wenn ich am Leben bleibe, will ich Gärtner werden."*

Die Zitadelle steht als Zwingburg für die spannungsvolle Geschichte der Stadt. Im Jahr 742 wurde Erfurt vom angelsächsischen Germanen-Missionar Bonifatius als Bistum gegründet. Der „Apostel der Deutschen" war bereits Bischof von Mainz. Erfurt kam nun dazu. Diese Art der Verbindung begründete eine politische Abhängigkeit, die bis weit in die Neuzeit hinein Bestand hatte. Trotz allem Wohlstand der Stadt ist es ihr nie gelungen, zur freien Reichsstadt zu werden. Die Bürger waren reich und selbstbewusst, aber das politische Sagen behielt der Erzbischof von Mainz. Mit geistlichen Spionen vor Ort sorgte er für eine kontrollierende Präsenz. Als dieser „Geheimdienst" im Jahr 1664 nicht mehr ausreichte, wurde die Zitadelle gebaut. Nach einem Aufstand der Bürger wurde sie als sichtbares Zeichen der Mainzer Oberhoheit auf dem Petersberg errichtet. Auch als sich die Bürger der lutherischen Reformation angeschlossen hatten, hielt der katholische Mainzer seinen Fuß in der Tür. Im Hammelburger Vertrag wird 1530 die zweigleisige Bikonfessionalität der Stadt urkundlich festgehalten. Seither gibt es ein lebendiges Nebeneinander von Protestanten und Katholiken in Erfurt. Durch die Jahrhunderte hindurch waren Dreiviertel der städtischen Bevölkerung evangelisch, ein Viertel blieb katholisch. Heute gehören noch 21 Prozent der Bevölkerung als Mitglieder zu einer der beiden großen Kirchen, 14 Prozent Evangelische und 7

Prozent Katholiken. Im Vergleich der deutschen Großstädte fällt die relative Stabilität der Kirchenmitgliedschaft auf. Erfurt ist diesbezüglich bundesweit mit an der Spitze. Mit der ansteigenden Bevölkerungszahl gibt es auch mehr Kirchenmitglieder. Der prozentuale Anteil an der Gesamtbevölkerung bleibt seit Jahren gleich. Der freie Fall der Mitgliederzahlen scheint hier gestoppt worden zu sein. Die örtlichen Kirchengemeinden wachsen gegen den Trend. Der Altersdurchschnitt ist in den Gemeinden erstaunlich niedrig. Diese Entwicklung hat mit dem Standort Erfurts als Wachstumsregion und Universitätsstadt zu tun. Zuzüge von kirchlich sozialisierten Westdeutschen gibt es hier häufiger als auf dem flachen Land. Sicher macht sich auch die engagierte Profilierung der Kirchengemeinden in den Bereichen Bildung und Seelsorge bemerkbar. Zu DDR-Zeiten waren die hiesigen Kirchengemeinden besondere Orte der Freiheit. Dieses Erbe wird ausdrücklich gepflegt. Man sieht sich geschichtsbewusst als „engagierte Minderheit inmitten einer Gesellschaft, die den Glauben weder kennt noch vermisst".

Von der Zitadelle herab sieht man die beiden gotischen Kirchen auf dem Domhügel. Sie bilden heute das katholische Zentrum der Stadt. Hier befindet sich der Geburtsort des Erfurter Christentums. Der Mariendom steht als Bischofskirche genau dort, wo Bonifatius die erste örtliche Kirche errichten ließ. Die gegenüberliegende Pfarrkirche St. Severi war später die Andachtsstätte für die Erfurter Bevölkerung. Beide Gotteshäuser gehören heute kirchengemeindlich zusammen und sind der Sitz des katholischen Bistums Erfurt. Die Kirchtürme gelten als Erfurts Wahrzeichen und prägen die Silhouette der Stadt. Siebzig Treppenstufen führen vom Domplatz zum Domhügel hinauf. Luther ist diese mehrfach emporgestiegen. Im Jahr 1507 wurde er in der Kilianskapelle des Domes zum Priester geweiht. Seine Knie mögen beim Aufstieg gezittert haben. Ebenso im Jahr 1509, als er vor Studenten seine erste Erfurter Vorlesung über die Sentenzen des Petrus Lombardus gehalten hat. Das blauschimmernde „himmlische Auditorium" im Ostflügel des Kreuzgangs wurde damals als Hörsaal benutzt. Außerdem kannte Luther die fünfzehn mittelalterlichen Glasfenster des Hohen Chores. Im Schein ihrer Farbenpracht stehend hat er hier sicher gebetet. Und auch die größte freischwingende Glocke des Mittelalters, die bewunderte Erfurter Gloriosa, hat Luther bereits damals gehört. Mit ihren 11,5 Tonnen hängt sie im mittleren Turm des Domes. Sie läutet nur an den hohen Festtagen. Auch am Vorabend des Martinsfestes versammelt ihr Klang jedes Jahr tausende von Erfurtern mit ihren Lampions auf dem Domplatz. Bei der ökumenischen Feier kommen beide Konfessionen auf ihre Kosten. Man erinnert sich an die Mantelteilung des Heiligen Martin von Tours und feiert den Geburtstag Martin Luthers. Optisch und akustisch bewegen wir uns auf dem Domhügel zweifellos in Luthers einstigem Wahrnehmungsbereich. Fraglich bleibt, ob er die Kirchen je in einem derart guten baulichen Zustand erlebt hat, wie der heutige Besucher sie sieht. Dass nach der Wende trotz geringer Kirchenmitgliederzahlen innerhalb kürzester Zeit viele ostdeutsche Kirchengebäude gründlich saniert worden sind, ist eine historische Einmaligkeit. Viele Christen sehen darin ein Wunder und eine Bestätigung der Verheißung Jesu: „Wenn meine Jünger schweigen werden, so werden die Steine schreien" (Lukas 19,40).

Vom Domplatz aus folgen wir zunächst der Marktstraße und biegen bei der Allerheiligenkirche links ab in die Allerheiligenstraße. Die Altstadt Erfurts ist trotz Kriegsbeschädigungen in ihren Grundzügen erhalten geblieben. Sie zeigt eine relativ dichte Bebauung. Arnold Zweig sieht in ihr ein „Bilderbuch der deutschen Geschichte". In der Allerheiligenstraße 20 steht rechter Hand die Engelsburg. Luther hat hier öfters übernachtet, als die Klosterzeit hinter ihm lag. Vom damaligen Hausbesitzer, dem Arzt Dr. Georg Sturz, wurde er nach einem Blasenleiden aufgenommen und gesund gepflegt. Der reiche Mediziner und Mäzen hatte das Gebäude im Jahr 1514 erworben und zum Treffpunkt der Erfurter Humanisten gemacht. Hier schrieben 1515 Luthers Studienkollegen Cortius Rubianus und Ulrich von Hutten die berühmten humanistischen Dunkelmännerbriefe. Die deutschlandweit bekannt gewordene Satire nimmt die Engstirnigkeit der universitären Scholastik aufs

Korn. Das alte Gebäude wurde 1952 abgerissen. Im ursprünglichen Keller kann noch die Lebensfreude der einst vagabundierenden Humanisten nachempfunden werden. Unter ihnen gab es viele umherreisende Magister und Wanderpoeten. Das heutige Studentenzentrum bleibt seiner historischen Tradition treu, den Menschen ganzheitlich und kulturell zu fördern. Auf dem Veranstaltungsprogramm findet sich die Breite gesellschaftsrelevanter Themen, vom wissenschaftlichen Vortrag über gesundheitsfördernde Ökoprojekte bis zur kultigen Megaparty. Das Studentencafé „Duckdich" gehört mit zum Gebäude-Ensemble und hat seinen Namen von dem großen Balken, der sich quer durch den Raum legt. Er zwingt die Besucher, den Kopf einzuziehen. Luther war in seinen Erfurter Jahren sicher kein bierseliger Bummelstudent. Er hat sich im Kloster vielmehr demütig geduckt unter die schweren Balken klösterlicher Regeln und dabei erfahren, welche dunklen Anfechtungen ein einsamer Mensch erleben kann. Daher empfiehlt später der lebenskluge Seelsorger auch dem frommen Heranwachsenden die heitere Geselligkeit: *„Jungen Leuten ist Freude und Ergötzen so vonnöten, wie Essen und Trinken."*

Folgen wir der Allerheiligenstraße weiter bis zur Michaelisstraße, treffen wir auf das Collegium Maius, das einstige Hauptgebäude der Erfurter Universität. Es liegt gegenüber der Michaeliskirche, die seit 1973 von der evangelischen Stadtmission verwaltet wird. Im Collegium Maius hat Luther sich immatrikuliert und seine wissenschaftlichen Prüfungen zum Bakkalaureus und zum Magister absolviert. Stadtgeschichtlich ist das Gebäude mit dem so genannten „Tollen Jahr" 1510 verbunden, einer gewalttätigen Auseinandersetzung der Studenten mit dem örtlichen Rat. Bei Luther bewirkten die zerstörerischen Auswirkungen dieser „Studentenhitze" eine lebenslange Skepsis gegenüber *„Aufruhr und Empörung".* Das besetzte Collegium Maius wurde damals von Landsknechten gestürmt und schwer beschädigt. Die Stadt blieb für Jahrzehnte gezeichnet. Das Gebäude wurde danach zweigeschossig wieder aufgebaut und diente später weiterhin für universitäre Zwecke. Im Jahr 1816 wurde die Hochschule von den Preußen geschlossen. Die

Universität hatte damals noch zwanzig eingeschriebene Studenten und war nur noch ein Schatten ihrer einstigen Bedeutung. Später wurden im Collegium Maius ein Arbeitshaus, eine Bürgerschule, ein Pfandhaus und eine Bibliothek eingerichtet. 1945 ist das Gebäude durch Kriegseinwirkungen zerstört worden. Das Portal ragte anfangs noch heraus, bis auch dieses abgeräumt wurde. Nach der Wende ist die Universität im Jahr 1994 neu gegründet worden – ein Zeichen der Wiedergeburt des alten Geistes. Das gotische Eingangsportal stammt noch vom ursprünglichen Gebäude. Es wurde bereits 1983 unter der DDR-Regierung anlässlich des Lutherjahres wiedererrichtet. Nach dessen vollständiger Restaurierung wird das Collegium Maius seit 2011 als Landeskirchenamt der fusionierten Evangelischen Kirche von Mitteldeutschland benutzt. Die norditalienisch anmutende Fassadenfarbe erinnert an das antike Bildungsideal der als „Bologna des Nordens" bezeichneten Stadt.

Die Georgenburse erreichen wir, wenn wir über die Michaelisstraße Richtung Andreasviertel gehen und dann die zweite Straße rechts abbiegen. Die Augustinerstraße führt uns zur renovierten Burse. Sie liegt etwas zurückversetzt am südlichen Ende der Lehmannsbrücke, am Breitenstrom der Gera. Der junge Student habe hier „alle Morgen sein Lernen mit herzlichem Gebet und Kirchengehen" angefangen, schreibt ein späterer Schüler Luthers. Aufgrund eines Verwandtenbriefes wird davon ausgegangen, dass Luther während seines Grundstudiums ziemlich sicher hier gewohnt hat. Nach dem Rückgang der Studentenzahlen wurde das Gebäude als Polizei- und Zuchthaus benutzt. Heute befindet sich hier eine ökumenische Begegnungsstätte. Mit einer Dauerausstellung wird über das studentische Leben im Mittelalter informiert. Die St. Georgenbruderschaft betreut die Einrichtung und hat einen historischen Seminarsaal eingerichtet. Auf unbequemen Bänken sitzt man vor hölzernen Lesepulten und kann nachempfinden, welche *„dicken Bretter"* Luther hier einst gebohrt hat. Auch hauswirtschaftliche Dienste hatten die Studenten zu verrichten. Historisch belegt ist das Amt des Bierprobstes in der Georgenburse. Er war für die Organisation der Getränke zuständig. Doch Luthers Weg führt weiter.

Nur einen Steinwurf entfernt befindet sich auf der anderen Seite der Brücke das ehemalige Augustinerkloster, der Hauptort des Erfurter Luthergedenkens. Die um 1277 begonnene Klosteranlage ist in ihren Grundzügen weitgehend erhalten, trotz der massiven Zerstörungen während eines britischen Bombenangriffs. Hier kann man Luthers Spuren unmittelbar verfolgen.

Durch die später von Baumeister Schinkel umgestaltete Lutherpforte hat der „abgebrochene" Jurastudent das Kloster von der Comthurgasse her betreten. Zunächst wurde er ins Gästehaus geführt, das sich im südöstlichen Bereich der Anlage befindet. Danach zog er ins nahe Dormitorium um, dem Schlaftrakt der Mönche. Dort befindet sich die Klosterzelle, in der Bruder Martin gewohnt haben soll. Viele Stunden hat der eifrige Novize in Kapitelsaal und Kreuzgang, im Klostergarten und in der Bibliothek verbracht. Die Gebäude erinnern an sein eintöniges Leben. Durch Putzen, Bücken und Schinden, durch Fasten, Schweigen und Leiden sollte er sich ganz von der Welt abwenden. Unterbrochen wurden die täglichen Mühen nur vom Klang der Klosterglocke. Sie gab das Zeichen zum gemeinsamen Chorgebet in der relativ schlichten Klosterkirche. Typisch für einen Bettelorden ist das gotische Bauwerk recht schmucklos ausgestaltet. Vor dem Altar liegt die Grabplatte für Johannes Zacharias, einem theologischen Gegner des Reformers Jan Hus. Diese Platte wurde zum Schwurstein der Mönche. Hier warf sich Martin bäuchlings „vor Gott hin" und legte sein Mönchsgelübde ab. Der wertvollste Kunstschatz der Kirche sind die mittelalterlichen Glasfenster. Hervorzuheben ist darunter das Augustinerfenster, das den Namensgeber des Klosters szenisch beleuchtet. Es zeigt wichtige Lebensereignisse des lateinischen Kirchenvaters. Auch das Löwen- und Papageienfenster ist ein farbliches Kleinod. In alter Symbolsprache beschreibt es die Aufgaben des Christen. Er soll auf Christus, den starken „Löwen aus Juda" (Offenbarung 5,5), zuversichtlich vertrauen. Und er soll Jesu Wort getreulich „nachsprechen", wie der Papagei, der das Wort seines Herrn wiederholt, auch wenn er es manchmal nicht versteht. Einfache Darstellungen von Lilien-

Die Lutherrose

und Rosenblüten sind zwischen die Tierbilder gemalt. Luther findet darin später das Vorbild für sein berühmtes Familiensiegel: die Lutherrose. Sie wird zum Merkzeichen seiner Theologie. Er sagt dazu: *„Ein Christenherz auf Rosen geht, wenn's mitten unterm Kreuze steht."*

1508 nimmt Luther sein Theologiestudium in Wittenberg auf, 1510 ist er als Botschafter seines Ordens zu Fuß in Rom. Dennoch bleibt das Erfurter Kloster von 1505 bis 1511 sein überwiegender Hauptwohnsitz. Danach wechselt er ins Schwarze Kloster nach Wittenberg. Seine evangelischen Gedanken aber kommen nach Erfurt zurück und führen schließlich zur Auflösung des Konventes. Im Jahr 1522 verlassen die meisten der rund fünfzig Mönche den Orden. Nach dem Tod des letzten verbliebenen Erfurter Augustinereremiten wird das Kloster 1559 säkularisiert und im Sinne des lutherischen Bildungsprogrammes umgestaltet. Die Mauern beherbergen nun für lange Zeit ein städtisches Gymnasium, ein Waisenhaus und eine Bibliothek. Wegen ihrer christlichen Leuchtturmfunktion wird der Gebäudekomplex von der Bevölkerung respektvoll als „Erfurter Zion" bezeichnet. Während der DDR-Zeit soll die baufällig gewordene Klosteranlage einem Schwimmbad weichen. Die staatliche „Entdeckung" Luthers als „Volksrevolutionär" kann den Abbruch noch rechtzeitig verhindern. Erich Honecker erklärt daraufhin das Augustinerkloster zu einem der vier offiziellen Luthergedenkstätten der DDR.

Nach der Wende wird ein neues Kapitel aufgeschlagen. Der damalige Bischof der Kirchenprovinz Sachsen, Christoph Demke, will an die klösterliche Tradition des Gebäudes anknüpfen. Er ruft die Schwestern der evangelischen Communität Casteller Ring nach Erfurt. Sie sollen dem klösterlichen Äußeren einen geistlichen und seelsorgerlichen Inhalt vermitteln. Zunächst kommen 1996 vier Schwestern hierher, später noch drei weitere. Der Dienst wird allerdings 2010 wieder aufgegeben. Die Schwesternschaft sieht sich aus Altersgründen nicht mehr in der Lage, dieser Aufgabe angemessen gerecht zu werden. Einen ökumenischen Höhepunkt bildet 2011 der Besuch von Papst Benedikt XVI. in Erfurt. Im Augustinerkloster trifft er sich mit Vertretern der EKD. In seiner Ansprache knüpft der Papst an Luthers Klostereintritt an und sagt: „Wie kriege ich einen gnädigen Gott? Dass diese Frage die bewegende Kraft seines ganzen Weges war, trifft mich immer wieder ins Herz."

Unser Lutherweg führt nun auf der Augustinerstraße weiter Richtung Johannesturm, dann rechts ab die Johannesstraße entlang. Nach dreihundert Metern gelangen wir zum Erfurter Stadtmuseum, das sich auf der linken Straßenseite befindet. Die bläulich schimmernden Quadersteine im Unterstock des Renaissancebaus erinnern an den Beruf seines einstigen Besitzers Paul Ziegler. Als erfolgreicher Waidhändler hat er sein Geld gemacht. Die Größe und Ausbreitung des Hauses ermöglichen eine opulente Ausstellung. Der Rundgang führt durch eine 30 000-jährige Stadtgeschichte von der Steinzeit bis in die Gegenwart. Luther spielt dabei eine wichtige Rolle. Unter den Exponaten befindet sich dessen authentische Federtasche. Was mit dem Schreibzeug geschrieben wurde, hatte auch Folgen. Das zeigt die Ausstellung zu Luthers „Kleinem Katechismus" und dessen gesellschaftlicher Auswirkung. Aber auch negative Aussaat geht auf. Dafür steht die durchschossene Klassentür des Erfurter Gutenberg-Gymnasiums. Sie erinnert an den ersten deutschen Amoklauf eines Schülers im Jahr 2002. Fünfzehn Menschen wurden damals von dem neunzehnjährigen Ex-Gymnasiasten Robert Steinhäuser innerhalb von nur zwanzig Minuten erschossen. Am Ende tötete er sich selbst. Bundespräsident Johannes Rau sagte damals bei der Trauerfeier vor dem Dom: „Niemand darf abgedrängt werden an den Punkt, an dem er glaubt, sein Leben sei nichts wert. Jeder ist wertvoll durch das, was er ist, und nicht durch das, was er kann." Das von ihm angesprochene

Thema der Identität erinnert an Luthers inneres Ringen und seine penetrante Frage nach dem Ort, an dem er sich bedingungslos angenommen weiß.

Am hinteren Ende der Johannesstraße empfängt uns die Kaufmannskirche. Ihren Namen verdankt sie den friesischen Kaufleuten, die sie im 8. Jahrhundert gegründet haben. Sie steht am nördlichen Ende des Angers, dem einstigen Handelszentrum der Stadt. Martin Luther war mehrfach hier und hat 1522 in der Kirche gepredigt und einen Konfessionsstreit geschlichtet. Von hier ausgehend haben die reformatorischen Gedanken die Stadt auf gewaltfreiem Wege verändert und eine lebendige evangelische Kirchlichkeit hervorgebracht. Johann Sebastian Bachs Erfurter Eltern wurden hier 1668 getraut. Und zum Ende der DDR-Zeit fanden von hier aus die Friedensdemonstrationen statt. Die Kaufmannskirche symbolisiert so zweifach die friedfertige Wende und den zielgerichteten Aufbruch. Auf der Angerseite steht das sechs Meter hohe Erfurter Lutherdenkmal. Im Sockel zeigt es Luthers Erfurter Lebensstationen. Er schaut hin zum Anger. Links vor ihm verlassen wir den Platz und gehen über die Kaufmännerstraße zum Wenigemarkt.

Am östlichen Ende des Wenigemarktes steht die Ägidienkirche. Sie bildet mit ihrer Tordurchfahrt den Brückenkopf zur 79 Meter langen Krämerbrücke (s. Seite 95). Das bekannteste „weltliche" Wahrzeichen der Stadt ist ein Touristenmagnet. Die Krämerbrücke liegt dort, wo Erfurts Identität gestiftet wurde, direkt an der historischen „Erfurt". Breitbeinig überspannt sie die Gera. 1325 wurde aus der vormaligen Holz- eine Steinbrücke, aus den einstigen Krambuden wurden feste Häuser und aus kleinen Händlern einflussreiche Kaufleute. 32 Gebäude befinden sich auf der durchgehend beidseitig bebauten Brücke. Arnold Zweig staunt über die einzige derartige Konstruktion nördlich der Alpen und schwärmt: „Da führen Brücken, bebaut wie die in Florenz, über einen Fluss, dessen Name mir bislang nichts bedeutet hatte." Über die Krämerbrücke kommen wir zum Fischmarkt und zum Rathaus und von dort aus vollends zurück zum Domplatz durch die Rumpelgasse oder über die Predigerstraße.

Auch Luther hat die Krämerbrücke überquert. Vielleicht ist sie ihm zum Symbol für seine Erfurter Zeit geworden. Er ist dankbar für die gute Ausbildung und die geschliffenen Waffen des Geistes, die er hier erhalten hat: *„Die Erfurter Universität ist meine Mutter, der ich alles verdanke."* Aber das Eigentliche, *„die Sache",* hat er hier nicht gefunden. So baut er keine festen Häuser auf dieser Brücke. Ihm fehlt ein Fundament, das ihn trägt. Es treibt ihn weiter nach Wittenberg. Erst als dortiger Bibelprofessor findet er festen Grund unter den Füßen.

Wittenberg

Ins Licht

Der optische Eindruck war wohl namengebend. Den sächsischen Stadtgründern erschien die Sicht auf die hellschimmernde Landschaftserhebung zwischen Fläming und Dübener Heide wie eine Schau ins Licht: Wittenberg, weißer Berg, so bezeichneten sie die bleichen, kaum merklichen Sandhügel am Nordufer der Elbe. Die späteren Humanisten übersetzen den Ortsnamen ins Griechische. Die neu gegründete Universität wird zur wohlklingenden „Leucorea", der „leuchtenden Stadt auf dem Berge". Auf dieser unscheinbaren Anhöhe beginnt Luther den Kampf mit dem übermächtigen Papsttum. Zuvor schreibt er noch demütig an seinen Erzbischof. Vergeblich sucht er das Gespräch mit dem Kirchenfürsten. Er betont, dass in der von ihm erbetenen Diskussion nur *„die Wahrheit ans Licht"* gebracht werden solle. An seinem Widerstand gegen den Ablasshandel entzündet sich der Streit. Der kleine Wittenberger Funken wird zu einem europaweiten Lichtermeer. Die Augen des christlichen Abendlandes schauen nun hierher. Der reformatorische Aufbruch führt zu einem Boom in der Stadt. Die Wissenschaft erstarkt durch Luthers blitzenden Geist. Das Druckerwesen profitiert von seinen auflagenstarken Veröffentlichungen. Die gewerbliche Wirtschaft wächst – auch durch Luthers geschäftüchtige Frau. Ein damaliger Zeitgenosse bestaunt rückblickend das gewaltige Aufblühen der Stadt: „Ein kleiner Berg dazumal war Wittenberg, die kleine Stadt, einen großen Namen itzund hat." Der Dichter meint zuversichtlich, dass die Stadt nun mit „Jerusalem verwandt" sei. Es geht aufwärts ins Licht.

Martin Luther bekommt allerdings keine leuchtenden Augen, wenn er auf Wittenberg schaut. 1508 betritt der junge Akademikermönch zum ersten Mal die Stadt. Aus der *„am besten Platz liegenden"* Metropole Erfurt kommt er in ein heruntergekommenes Dorf, ein dunkles Loch mit Lehmhütten und kotverschmutzten Straßen. Er stellt fest: *„Unser Markt ist ein Dreck"* und *„Wir sitzen hier in Wittenberg wie auf einem Schindanger".* Nördlich der Stadt beginnt gleich der Sumpf. Die Umgebung ist öde und unfruchtbar. Auch 1521 scheint sich die Situation nicht verbessert zu haben. Ein frustrierter Student resümiert: „Die Gegend ist reizlos, die Bevölkerung ungebildet, der Tisch alles andere als üppig, der Wein eine unbekannte Sache." In den vierhundert Wohneinheiten leben damals rund zweitausend Menschen. Mehr als die Hälfte der steuerpflichtigen Bürger besitzt das Braurecht. Ein zeitgenössischer Beobachter schreibt, die Wittenberger seien „roh, gefräßig und versoffen". Erst im weiteren Verlauf des 16. Jahrhunderts entwickeln sich die Gebäude zu dem, was wir heute sehen. Der spätere Luther tröstet sich in dieser lokalen Tristesse mit kleinen Oasen des Glücks. Im Keller des älteren Reformators lagern edle Tropfen vom Rhein und aus Franken. Er freut sich über die eingelegten Salzheringe, die ihm Dänemarks König Christian verehrt hat, und er genießt den Torgauer Most seines Kurfürsten. Er pflanzt einen Weinberg und züchtet Südfrüchte im Garten. Es ist ihm eine tägliche Lust, *„zu spazieren in Gottes Werken".* Er erlebt die belebenden Gaben Gottes wie das Manna des wüstenwandernden Volkes Israel. Im ungeliebten Wittenberg vollbringt er sein gigantisches Lebenswerk. Nirgends ist er länger zu Hause als hier. Doch auch nach 32-jähriger Ortsansässigkeit entwickelt er keine Heimatgefühle: Während die Schwaben sehr *„gastfreundlich"* seien, würde hier *„ein unfreundlich Volk"* leben. Seine vielen kostenlosen Dienste seien *„nur mit Hass und Schikanen"* quittiert worden und die Stadt würde *„am Rand der Zivilisation"* liegen. *„Wären sie nur ein wenig weitergezogen, so wären sie mitten in der Barbarei angekommen."* Was an der Leucorea für ihn leuchtet, sind nicht die renovierungsbedürftigen Mauern, sondern das Evangelium, das er dahinter gefunden hat.

Die von Luther erwähnte Randlage Wittenbergs hängt mit der politischen Entwicklung Kursachsens zusammen. Durch Landesteilungen und Grenzverschiebungen war der Ort in den Windschatten der Geschichte geraten. Noch dreihundert Jahre zuvor durfte sich Wittenberg zu den bevorzugten Wohnplätzen der Askanier zählen. Die aus dem Harz stammenden Herzöge gehörten zum sagenumwobenen Uradel des Reiches. Ihnen wurden antike, altgriechische Vorfahren angedichtet. Sie beherrschten von hier aus ein „Sachsen", das zeitweise ganz Ostdeutschland umfasste. 1356 erhielten die Askanier die begehrte Kurwürde. Als Mitglieder des siebenköpfigen Wahlgremiums der Kurfürsten besaßen sie nun das Recht, den nächsten Kaiser mitzubestimmen. Nachdem Herzog Albrecht „der Arme" ohne männlichen Nachfolger gestorben war, erlosch die sächsische Linie der Askanierfürsten. Wie sein trauriger Beiname andeutet, hinterließ Albrecht ein kriegserschöpftes Land und ein verarmtes Wittenberg. 1423 vergab Kaiser Sigismund das herrenlos gewordene Kurfürstentum an den Wettiner Markgrafen Friedrich „den Streitbaren". Streitbar hatte dieser an der Seite des Souveräns gegen die böhmischen Hussiten gekämpft. Die kursächsischen Lande erhielt er nun als kaiserliche Belohnung für seinen militärischen Einsatz.

Die Nachfolge des streitbaren Friedrich übernahmen seine beiden zunächst friedlich zusammenarbeitenden Söhne Ernst und Albrecht. Sie regierten den großen askanischen und wettinischen Besitz anfangs erfolgreich gemeinsam bis zur Leipziger Teilung im Jahr 1485. Bei dieser politisch nachhaltigen Gebietstrennung wurde das seitherige „Großsachsen" in zwei völlig neu zusammengewürfelte Gebiete auseinandergeschnitten. Die beiden eigenständigen Länder wurden nach ihren wettinischen „Vätern" Ernst und Albrecht benannt: Es entstand nun ein ernestinisches und ein albertinisches Sachsen. Albrecht war der jüngere der beiden. Er und seine albertinischen Nachfolger erbten zunächst nur die sächsische Herzogswürde. Das südöstlich liegende Dresden machten sie zu ihrer neuen Hauptstadt. Die Kurfürstenwürde verblieb beim älteren Bruder Ernst. Das Kaiserwahlrecht war mit dem Besitz der Stadt Wittenberg verbunden. Die weißen Sandhügel an der Elbe gehörten zu seinem Gebiet. Durch die komplizierte Teilung Sachsens war nun ein langgestrecktes Kurfürstentum entstanden. Es ragte von der Elbe bis nach Coburg, vom Eisenacher Land bis kurz vor Eger. Die räumlichen Schwerpunkte des ernestinischen Sachsens befanden sich jetzt in Meißen und Thüringen und damit vor allem südwestlich von Wittenberg. Damit rückte die Hauptstadt an die nördliche Landesgrenze. Das „ausländische" Brandenburg war nur noch ein paar Meilen entfernt. Trotz dieser ungünstigen, dezentralen Ausgangslage investiert der neue Kurfürst Friedrich der Weise bewusst in die Stadt. Kurfürst Ernsts ältester Sohn hat Wittenberg geerbt und erklärt es neben Torgau zur landesherrlichen Residenz.

In einer Art „Länderfinanzausgleich" fließt nun Geld aus dem ertragreichen sächsischen Süden hierher. Einnahmen aus dem erzgebirgischen Bergbau ermöglichen den strategischen Ausbau der Stadt. Friedrich beginnt mit der Errichtung eines Schlosses. Mit dem Allerheiligenstift und dessen Reliquien beschert er dem Ort eine religiöse Attraktion. Er bringt Baumeister und Künstler hierher und gründet 1502 die neue Universität, die er für seinen Beamtennachwuchs und den Ausbau des Territorialstaates braucht. Friedrich der Weise stellt sich also politisch hinter die Stadt und befreit sie aus ihrem Dornröschenschlaf. So beschaulich und abgelegen der „arme" Ort sich anfangs noch gibt: es ist eine Stadt „am Start". Wie bei einer abziehenden Fregatte füllen sich langsam die Segel zum Verlassen des Hafens. Es ist der richtige Platz für Leute mit einer Sehnsucht nach der Weite des Meeres, für Menschen im Aufbruch, wie Martin Luther. Hier findet er den nötigen politischen Rückenwind für die Fahrt zu neuen Ufern des Glaubens.

Kurfürst Friedrich der Weise

Ohne Kurfürst Friedrich den Weisen wäre Luthers reformatorisches Wirken undenkbar gewesen. Hätte der Landesherr nicht seine schützende Hand über den ungestümen Augustinermönch gehalten, wäre dieser schon früh auf dem Scheiterhaufen gelandet. Friedrich steht anfangs noch mit beiden Beinen auf dem Boden spätmittelalterlicher Frömmigkeit. Zu Beginn seiner Herrschaft hat er die dramatischen späteren Wendejahre kaum vorausgesehen. Der päpstliche Sturm bringt den begabten fürstlichen Steuermann nicht aus der Fassung. Unaufgeregt und „weise" begleitet er die geschichtliche Entwicklung und bleibt in wechselnden Situationen lernfähig. Er tastet sich vorsichtig, aber entschlossen nach vorne. Er beobachtet und handelt mit dem Gespür für die richtige Zeit. Friedrich sollte zum politischen Paten der Reformation werden. Den charakterisierenden Beinamen „der Weise" verdankt er seiner diplomatischen, ausgleichenden Art. Der Schauspieler Peter Ustinov setzt ihm im Lutherfilm von 2003 ein treffendes Denkmal. Ustinov zeigt den Wittenberger Kurfürsten als nachdenklichen Vertreter einer „Politik der kleinen Schritte".

Beim Wormser Reichstag will ihn der römische Nuntius Hieronymus Aleander auf die Seite des Papstes ziehen. Er scheitert an Friedrichs phlegmatischer Beharrlichkeit. Auch wegen seines enormen Leibesumfanges bezeichnet ihn Aleander spöttisch als „fettes Murmeltier". Hinter der dicken Haut des schüchtern wirkenden Menschen verbirgt sich allerdings die geistige Beweglichkeit eines weitgereisten, gebildeten Herrn. Mit klarem Verstand wehrt er sich gegen Kriege, die man ihm aufzwingen will. Ein militärisches Vorgehen gegen die protestierenden Bauern lehnt er ab. Erst nach seinem Tod beginnt das Blutbad der Söldner unter dem Volk. Friedrich sucht den Frieden. Wo nötig, setzt er aber dem Machtgebaren seiner Nachbarn deutliche Grenzen. Dem ämtergierigen brandenburgischen Erzbischof und den unberechenbaren Dresdner Vettern schaut er genau auf die Finger. Der unverheiratete Fürst spricht fließend Latein und Französisch. Er ist sprachfähig auch im Blick auf die philosophischen Fragen des Lebens. Die Humanisten Reuchlin und Erasmus zählen zu seinen Briefpartnern. So loyal er dem Kaiser dient, so entschieden verteidigt er doch auch die Eigenständigkeit der deutschen Territorialstaaten. Seine geschickte Verhandlungstaktik im Zusammenhang mit der Nachfolge Kaiser Maximilians eröffnet dem reformatorischen Wirken seines Wittenberger Professors das notwendige Zeitfenster. In diesem reichspolitischen Machtvakuum können Luthers 95 Thesen in Ruhe „ausschlüpfen". Nun ist der Flug der Gedanken nicht mehr zu halten.

Friedrich der Weise war damals der mächtigste Kurfürst und galt als deutsches Gegengewicht zum Habsburger Kaiser. Seine finanzielle und persönliche Unabhängigkeit erlaubten es ihm, in einem nicht standesgemäßen Liebesverhältnis mit einer „Bürgerlichen" zu leben. Drei uneheliche Kinder wurden unter seinen Augen groß. Trotz dieses moralischen Makels war Friedrich ein frommer Christ und bis zu Luthers Auftreten ein treuer Gefolgsmann seiner römischen Kirche. Er feierte täglich die Messe, suchte das Heil in den Werken und erflehte den Beistand der Heiligen. Nur zögerlich öffnete er sich der evangelischen Lehre. Erst auf dem Sterbebett ließ er sich das Abendmahl unter beiderlei Gestalt reichen. Bis zum Thesenanschlag 1517 war er ein begeisterter „Devotaliensammler". Friedrich besaß die drittgrößte deutsche Reliquiensammlung. Der kunstsinnige Fürst liebte den sichtbaren Gott, der sich in Reliquien anfassen ließ. Auf der Empore der Wittenberger Schlosskirche hatte er fast 20 000 Partikel aus Märtyrerdramen und Bibelhistorie zusammengetragen. In neun Durchgangspassagen waren diese sakralen Trophäen ausgestellt wie Pflastersteine zum Himmel.

Der Grundstock seiner Sammlung stammte aus dem Familienerbe. Manche Reliquie hatte er als Souvenir aus dem Heiligen Land Israel mitgebracht. Die meisten Neuerwerbungen gelangten über einen venezianischen Mittelsmann in seinen Besitz und waren mit einem exotischen Beigeschmack behaftet. Ein Inventarkatalog des Malers Lucas Cranach zählt die Kuriositäten auf: Da finden sich Stacheln aus der Dornenkrone des Gekreuzigten, Stoffreste von Jesu Windeln, Strohhalme aus Bethlehems Krippe und Flaschen mit der getrockneten Muttermilch Marias. Reliquien galten als Überbleibsel vom Heiligen, eine ins Irdische hineinragende Energie des

Himmels. Wer am Eingang spendet und das Heilige anschaut oder gar betastet, wird „neu gepolt" wie ein Stück Eisen beim Berühren eines Magneten. Fast um zwei Millionen Tage wurde das Konto der abzuleistenden Strafzeit im Fegefeuer heruntergefahren. Nur an besonderen Tagen hatte die Ausstellung geöffnet und ermöglichte eine Art „Frühjahrs- und Herbstputz der Seele". Jedes Mal gab es einen Riesenansturm von Menschen. Die Wallfahrt nach Wittenberg war ein bewegendes spirituelles Ereignis und ein einträgliches Geschäft für den Kurfürsten. Er verstand es, sein frommes „Hobby" auch wirtschaftlich fruchtbar werden zu lassen.

Clever zeigte sich Friedrich auch bei der Wittenberger Universitätsgründung. Die seitherige sächsische Universitätsstadt Leipzig war bei der Landesteilung an die Albertiner gefallen. So strebte der Kurfürst eine eigene, ernestinische Bildungsanstalt an. Friedrich fand eine kostengünstige Lösung, indem er mehrere Professorenstellen den örtlichen Mönchsorden übertrug. Sie wurden durch Pfründe des Allerheiligenstiftes und über die Einkünfte der Klöster finanziert. Neben Friedrichs Leibarzt Martin Pollich gehörte auch Luthers Beichtvater Johann von Staupitz zu den gelehrten Männern der ersten Stunde. Unter ihrer Beratung und Leitung wurde im Oktober 1502 die Hochschule eröffnet. Wie ein musikalisches Vorzeichen sollte der Kirchenvater Augustin die theologische Tonart angeben. Er wurde zum geistlichen Patron der Universität bestimmt. An ihm sollte sich alles Lehren und Lernen orientieren. Augustins bodenständige Intellektualität beeindruckte den Kurfürsten.

Das Nebeneinander von Weltferne und Weltzuwendung, von theologischem Denken und kirchenpolitischem Handeln entsprach dem frommen Pragmatismus des weisen Friedrich. Die Wittenberger Universität galt von Anfang an als eine moderne, aber „politisch korrekte" Hochschule. Rektor Dr. Pollich war ein Kritiker der mittelalterlichen Scholastik. Mehrere der neu berufenen Professoren waren innovative Jungakademiker und kamen aus dem kirchenkritischen Humanismus. Dass der katholische Glaube reformiert werden musste, stand somit schon „vor Luther" im Herzen der Universität geschrieben. Der Rückgriff auf den paulinischen

Theologen Augustin zeigt eine antischolastische Spitze. Augustins kirchliche Autorität ist indes unangreifbar. Die Entscheidung für gerade diesen Kirchenpatron sollte nachhaltige Folgen haben. Augustins Erbsündenlehre wurde für den wahrheitssuchenden Luther zur theologischen Treppenstufe ins Licht. Der bibeltreue Reformator schätzt an dem afrikanischen Bischof, dass er *„alle unter die Schrift gezwungen und gefangen"* habe.

Die nach dem Kirchenlehrer benannten Augustiner-Eremiten-Mönche kamen mit der Universitätsgründung hierher. Sie sammelten sich im Schwarzen Kloster beim Elstertor, das noch lange Zeit eine Baustelle bleiben sollte. Die rund dreißig Brüder, die hier lebten, waren mit wissenschaftlichen Studien beschäftigt. Zwei akademische Lehraufträge waren dem Kloster übertragen. Beide Professorenstellen hat Martin Luther nacheinander inne gehabt. Und in beiden Fällen war er Wunschkandidat und Nachfolger seines Ordensoberen Johann von Staupitz. 1508 kam er erstmals nach Wittenberg und übernahm die Stelle an der Artistenfakultät. Als Dozent für Moralphilosophie hatte er Vorlesungen über Dialektik und Aristoteles zu halten. Als ausgeliehener Erfurter blieb er allerdings seinem Heimatkonvent verbunden. Dorthin kehrte er nochmals zurück, um auf dem Domberg über die Sentenzen des Petrus Lombardus zu lehren.

Die Verbindung zum Erfurter Konvent war auch der Grund für Luthers Romreise im Jahr 1510. Ein Klosterstreit zwang Martin auf die winterliche Tour. Die strengen Erfurter Augustinermönche wehrten sich gegen Vereinigungsbestrebungen ihres Generalvikars Jo-

AETHERNA IPSE SVAE MENTIS SIMVLACHRA LVTHERVS
EXPRIMIT·AT VVLTVS CERA LVCAE OCCIDVOS
·M·D·XX·

Luther als Mönch

hann von Staupitz. Luthers einfühlsamer Seelsorger suchte auch im klosterpolitischen Bereich zu vermitteln. Er wollte die verschiedenen Parteien miteinander versöhnen. Obwohl er selbst zur strengen Richtung zählte, sollten die Laxen und die Strengen, die Konventualen und Observanten, wieder zusammengeführt werden. Er hoffte, dass sich die ursprüngliche Regel als gemeinsamer tragender Grund durchsetzen und der Orden dadurch wieder glaubwürdiger werden würde. Diese Zwangsvereinigung lehnten aber rund ein Viertel der observanten Konvente ab. Sie befürchteten eine Verweltlichung des Ordens und die Verwässerung ihrer Ethik. Als Vertreter der Opposition sollte Martin Luther, der in dieser Frage anders dachte als sein Vertrauter Staupitz, ihre Sache beim Papst vertreten. Man schickte ihn ins Machtzentrum des Ordens, in die Ewige Stadt Rom. Dem obersten Klostergeneral der Augustiner, Aegidius de Viterbo, sollte Luther ihre Protestschrift überreichen und deren Widerstand begründen. Da der Besuchte jedoch selbst zu den Initiatoren der neuen Vereinigungspolitik gehörte, war die Sache von vornherein aussichtslos. Als die augustinisch-observanten Botschafter in Rom angekommen waren, verbot man ihnen, sich direkt an den Papst zu wenden. Ihre Eingabe landete im Papierkorb. Die Reise war ein erfolgloses, doch unvergessliches und von Luther öfters zitiertes Erlebnis seiner Biographie.

Gemeinsam mit einem Begleiter macht sich Luther auf den Weg in den Süden. Wagen und Pferd darf er als Augustinermönch nicht benutzen. Trotz körperlich anstrengender Wanderschaft muss er die adventlichen Fastengebote einhalten. Zu Fuß bricht er auf im kalten November. Aus späteren Zitaten lässt sich die Reiseroute in etwa erschließen. Vorbei am Thüringer Wald geht es zunächst ins Augustinerkloster nach Nürnberg. Dort wird beraten und formuliert. Die Reisenden decken sich mit den notwendigen Pässen und Begleitschreiben ein. Ein Betrag von zehn Gulden wird ihnen als schmales Reisebudget mit auf den Weg gegeben. Man übernachtet in Klöstern und Pfarrhäusern. Durch Mittelfranken kommen die beiden über Heidenheim bis in die freie Reichstadt Ulm. Das ihnen freundlich gesinnte Oberschwaben durchqueren sie in wenigen Tagen. Vom Bodensee aus geht es hinein in die Schweizer Berge. Bei Schnee und Eis überqueren die beiden den zweitausend Meter hohen Septimerpass. Die alte Römerstraße führt sie vorbei am Comer See bis nach Mailand. In Italien werden sie von Wind und Kälte empfangen. In Papua holt sich Luther eine fiebrige Erkältung. Er hatte bei offenem Fenster geschlafen. In Florenz muss er ins Spital. Nach eigener Einschätzung lässt ihn der Genuss exotisch anmutender Granatäpfel wieder gesunden. Ein Gastwirt hatte ihm dieses Heilmittel empfohlen. Luthers Horizont weitet sich. Er staunt über die mediterrane Natur und bewundert die Ölbäume, die er seither nur aus der Bibel kannte. Er übernachtet in prachtvollen norditalienischen Klöstern und beobachtet die verweltlichten, genussfreudigen südländischen „Brüder“. Ihm fällt auf, wie locker die lebensfrohen Italiener die kirchlichen Fastengebote interpretieren. Es scheint, als schmelze im südlichen Klima die mittelalterliche Höllenangst förmlich dahin. Nach sechs Wochen erreicht er zum Christfest am 25. Dezember 1510 sein Ziel. Als Luther die Stadt auf den sieben Hügeln erblickt, fällt er zu Boden und stößt den damals üblichen Pilgerruf aus: *„Sei mir gegrüßt, du heiliges Rom, dreimal heilig von der Märtyrer Blut, das da vergossen ist.“* Von hier aus führt die Straße hinunter zur Milvischen Brücke. Gleich links, am Eingang der Stadt, liegt sein römisches Domizil: das Augustinerkloster Santa Maria del Popolo.

Das eigentliche Anliegen ist dem Ordensoberen schnell vorgetragen. Erst vier Wochen später erhalten die beiden Padres die abschlägige Antwort. Luther nutzt die Wartezeit, um die Stadt als christlichen Pilgerort kennenzulernen und die üblichen Stationen des Romwallfahrers abzuarbeiten. *„Der Hauptumstand meiner Romfahrt war der, dass ich die ganze Beichte von Jugend auf ablegen und fromm werden wollte.“* Er kommt nicht als neugieriger Tourist, sondern als bußfertiger Sünder. Er will hier die einmalige Chance zur vollkommenen Sündenbefreiung nutzen. Es geht ihm nicht um Bildung, sondern um den Frieden der Seele. So besucht er pflichtgemäß die Messe in den sieben Hauptkirchen Roms. Betend kriecht er die Scala Santa nach oben. Kaisermutter Helena hatte die Palasttreppe aus Jerusalem mitgebracht. Hier war einst Jesus vor Pontius Pilatus gestanden und hatte sein Todesurteil empfangen. Mit dieser einmaligen Erlösungsenergie ausgestattet, war Jesu Todestreppe zur Gangway des Himmels für alle Toten erklärt worden. Wer mit dem Vaterunser auf den Lippen die 28 Marmorstufen nach oben rutscht, vermag seine verstorbenen Angehörigen aus dem Fegefeuer zu befreien. Den kompletten Sündenablass für alle verstorbenen Vorfahren konnte der Rompilger nur durch dieses fromme Werk erwerben.

Luther quält sich hinauf für seinen Großvater Heine Luder aus Möhra und er bedauert es geradezu, dass seine „Eltern noch leben". Diese Erlösungschance würde wohl kaum wiederkommen. Er beschaut die vielen Überbleibsel aus antiken Märtyrerzeiten, die Kraftorte des Christentums: „Ich lief durch alle Kirchen und Katakomben und glaubte alles, was daselbst erlogen und erstunken ist." Erst im distanzierten Rückblick erkennt Luther die seichte Oberflächlichkeit der römischen Frömmigkeit. Den Papst lernt er mehr als Kriegsmann denn als geistliche Persönlichkeit kennen. Er ekelt sich vor den italienischen Priestern, die die Messe „im hui" feierten und eine Art „Fast-Food-Erlösung" praktizierten. Öffentlich bekannt war die Sittenlosigkeit der Kardinäle, ihre Bestechlichkeit, Habgier und sexuelle Unzucht. Luther erlebt die Metropole der Christenheit als einen zwielichtigen Ort des „betenden Fleisches" (Paolo Ricca). Der ernsthafte Augustinermönch fühlt sich als veräppelter „Narr" in diesem „Rattennest". Die zynischen Witze der Priester tun ihm „weh". Das gewissenhafte, noch arglose Kind seiner Kirche bekommt Zweifel an dem ganzen Religionsbetrieb: „Ich dachte: Wer weiß, ob es wahr ist." Auch wenn Luthers Romreise noch nicht zum Bruch mit dem Papsttum geführt hat, seine Skepsis wächst. Es kostet ihn einen langen Kampf, bis er sich von seiner Kirche trennt. Es wäre ihm allerdings schwerer gefallen ohne die ernüchternden Erfahrungen dieser Reise: „Ich wollte nur wünschen, dass ein jeder, der Prediger sollte werden, zuvor zu Rom hätte gesehen, wie es da zugeht." Wie auch manch enttäuschter Israelfahrer findet Luther in Rom nicht viel „Heiliges Land", sondern allenfalls die schmutzigen Windeln des Heilands.

Desillusioniert kehrt er über den Brenner nach Deutschland zurück. Seine Erwartungen bleiben unerfüllt. Wetterforschungen zeigen, dass der Winter 1510/11 in Italien außergewöhnlich kalt und unwirtlich war. Während Luthers Romaufenthalt hatte es fast unaufhörlich geregnet. Erst in Wittenberg sollte ihm wieder die Frühlingssonne scheinen. Erst hier findet er den Weg ins Licht. Nicht unter dem idealisierten italienischen Zitronen-, sondern unter einem unauffälligen deutschen Birnenbaum beginnt die Wende. Sie bewirkt, dass aus dem verschlafenen Wittenberg das „evangelische Rom" werden sollte.

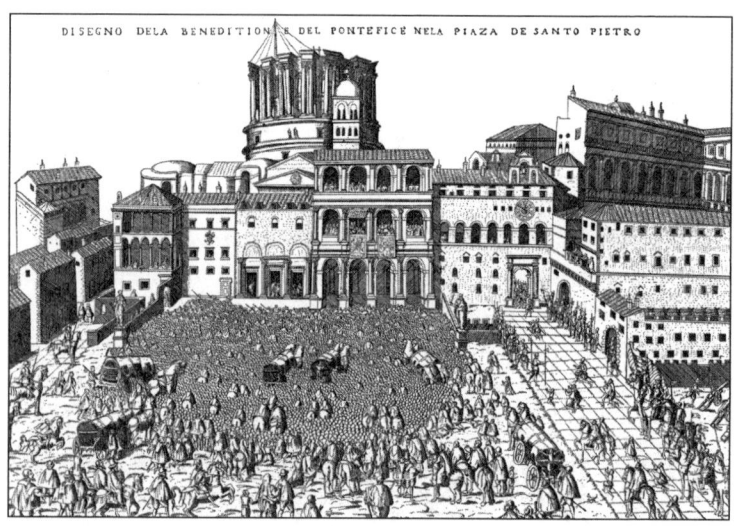

Der Petersdom in Rom

Nach seiner Rückkehr aus Italien stellt sich Luther gegen die Mehrheit des Erfurter Klosters. Er hatte sein Bestes getan, aber das Ansinnen der streng-observanten Klöster war in Rom abgelehnt worden. Das müsse man in Gehorsam akzeptieren. Er will nicht weiter opponieren, sondern unterstützt nun den Vermittlungsvorschlag seines Ordensvikars. Und Johann von Staupitz ist nicht nachtragend. Er holt Luther zurück nach Wittenberg. Wieder einmal ist er an „Bruder Martins" beruflicher Weiterentwicklung beteiligt. An der Universität ist die zweite augustinisch betreute Professorenstelle zu besetzen. Staupitz sieht in dem klugen Bergmannssohn seinen idealen Nachfolger auf dem Lehrstuhl der Bibelwissenschaften, der „Lectura in Biblia". Im Klostergarten kommt es zum bedeutsamen Vieraugengespräch. Die spätsommerliche Unterredung unter dem Birnbaum gewinnt für Luther im Rückblick eine geradezu *„prophetische"* Dimension. Staupitz habe ihn aufgefordert, dieses Amt zu übernehmen und sich für die Professorenstelle zu qualifizieren. Er solle sich dazu promovieren lassen. Luther leidet noch unter den Strapazen der Reise. Er wehrt sich mit dem Verweis auf seine schwache Gesundheit: *„Ihr bringt mich um mein Leben."* Der wissenschaftliche und finanzielle Aufwand würde sich gar nicht lohnen, wenn er sowieso bald sterben würde.

Staupitz entgegnet trocken, dass *„auch der Herrgott"* im Himmel *„gute Ratgeber"* brauche. Luthers Bildungsinvestition würde sich also in jedem Fall lohnen, ganz gleich, ob in dieser oder in der kommenden Welt. So bleibt ihm nichts anderes übrig. Im Oktober 1511 wird der 27-Jährige zum Doktor der Theologie promoviert und legt das Versprechen ab, die Heilige Schrift *„treulich und lauter zu predigen und zu lehren"*. In einem Festakt werden ihm das Doktorbarett und der goldene Siegelring überreicht. Außerdem erhält er zwei Bibeln: eine geschlossene und eine geöffnete. Darin wird die erschließende Aufgabe seines Amtes deutlich. Aus dem verborgenen Buchstaben heraus soll er seinen Studenten die biblische Wahrheit auftun. Für Luthers Biographie ist die Ordination von zentraler Bedeutung. Die Berufung zum autorisierten Lehrer der Schrift gibt ihm in späteren Anfeindungen den sicheren Stand zur theologischen Auseinandersetzung: *„Ich, Doktor Martinus, bin dazu berufen und gezwungen, dass ich musste Doktor werden aus lauter Gehorsam."*

Die Promotionskosten erlässt ihm der Kurfürst. Als Gegenleistung steht Luthers Versprechen, die Wittenberger Professorenstelle lebenslang zu versehen. 1513 beginnt er mit seiner Lehrtätigkeit. Bis zu seinem Tod bleibt er durch dieses Amt mit der Bibel beruflich verbunden. Die Vorlesungen sind wie eine Therapie für seine verwundete Seele. Sie helfen ihm, seine Erfahrungen reflektierend zwischen Existenz und Exegese zu verarbeiten. Im Kloster war er mit seinen Bemühungen nach Rechtfertigung gescheitert. In Rom hatte er die spätmittelalterliche „Werkerei" wie zur Karikatur verdichtet erlebt. Erschöpft und sehnsüchtig nach Sinn, findet er nun im Schriftstudium das Aufatmen des Geistes. Wie ein heilungsbedürftiger Patient entdeckt er: *„Das Wort Gottes ist wie ein Kräutlein: je mehr man es reibt, umso mehr duftet es."*

Am Anfang steht das „Reiben" am Wort, das sorgfältige sprachliche Eindringen in einen Text. Die Auswahl der biblischen Bücher, die er nacheinander auslegt, ist bezeichnend. Auf seiner Agenda stehen die Psalmen (1513–15), die paulinischen Texte des Römerbriefs (1515–16) und Galaterbriefs (1516) und die Auslegung des Hebräerbriefs (1517–18). In diesen theologischen Kernschriften geht es um existentielle Fragen: Wer ist Gott? Wie steht es um den Menschen? Was bringt die beiden Getrennten wieder zueinander? Es geht um Heil und Unheil, Sünde und Gnade. In den frühen Vorlesungen kann man verfolgen, wie sich Luther schrittweise freikämpft aus seinen mittelalterlichen Gottesvorstellungen. Am Anfang steht die Beschäftigung mit dem Psalter, dem Liederbuch des Alten Testamentes. Die Psalmen wurden damals allegorisch ausgelegt und als Gleichnisse verstanden. Im Alten Testament sah man einen Spiegel, in dem sich das Neue Testament ungebrochen reflektiert.

Luther hat sich später von dieser Auslegungsmethode distanziert, weil sie die Unterschiede überdecke und nicht zur unmittelbaren Quelle des Wortes führe. Man dürfe *„die Nachtigall"* nicht zwingen, den *„Kuckuck"* nachzuahmen. Das wäre eintönig. Jeder müsse mit seiner eigenen Stimme gehört werden. Dennoch hilft dem „gelernten" psalmodierenden Stundenbeter die allegorische Sichtweise, die Psalmen als „Christusgesänge" zu deuten. Er fühlt eine emotionale Nähe. Wie Luther befinden sich viele Psalmendichter in einer verzweifelten Ausgangslage. Die Lieder der Angefochtenen zeigen ihm, dass das Gotteslob aus notvoller Tiefe herauswächst. Er gelangt darüber zur radikalen Erkenntnis, dass alle menschliche Selbstverwirklichung vor Gott scheitern müsse. Die Theologie seiner Zeit lehrte es anders. Sie hat den Menschen zwar klein gemacht, so klein, dass der Einzelne ohne die erlösenden Hilfsmittel der Kirche vor Gott nicht existieren konnte. Aber sie hat ihm doch einen geringen „heiligen Rest" des guten Willens belassen: einen Habitus, die Liebe zu leben, eine Hand, das Heil zu fassen, einen Fuß, den entscheidenden Schritt zu gehen, ein Geldstück, den Sündenablass zu erwerben. Da war noch ein kleines paradiesisches Überbleibsel des Guten, auch wenn der Sündenfall sonst alles zerstört hatte. In der Scholastik war es das Streben zum Licht, im Ockhamismus die menschliche Entscheidungsfreiheit, im Humanismus die Potenz zum besseren Leben und im Kloster die Fähigkeit zum Befolgen der Regel. Immer befanden sich die Rettungsanker der Seele letztlich in der eigenen menschlichen Potenz. Aber ein Schiff, das vom Sturm an die bedrohlichen Klippen gedrückt wird, muss seinen Anker nach draußen werfen, sonst ist es verloren. Durch Augustins Einsicht in die radikale Verderbtheit des Menschen erkennt Luther, dass der „frei Will zum Gutn erstorben" ist und dass „nichts denn Sterben bei mir blieb". Auch in den Eingangssätzen der anschließenden Römerbriefvorlesung schreibt er, dass „alle Gerechtigkeit des Fleisches vernichtet" sei.

Die Erfolglosigkeit des eigenen Bemühens findet Luther in der Bibel schriftlich belegt. Der Mensch, der im Lichtglanz Gottes steht, wirft einen langen Schatten. Der Gebrochene ist im Anblick des Vollkommenen völlig am Ende. Nur wer diese Diagnose annimmt, hat eine Chance auf Heilung. Das ist der eher dunkle Ton seiner frühen Vorlesungen. Vor dem Neuanfang betont er das Zerbrechen. Mit dem Psalmbeter sitzt er vor der verschlossenen Tür des Tempels und singt sein Lied klagend über die Mauern hinweg. Er bekennt seine Schuld und hofft, dass Gott ihn erhöre und seine „Trauer in einen Reigen" (Psalm 30,11) verwandle. Lange hat er nach dem richtigen Ort für seine ungelösten Fragen gesucht. Zwar ist er noch nicht heimgekommen, aber doch angekommen. Er ist noch nicht zu Hause, sitzt aber schon vor der väterlichen Tür. Ein Psalmbeter, der mitten in seiner Verzweiflung weiß, dass es auch in der Nacht keine andere Hilfsadresse gibt als den Schöpfer des Himmels und der Erde. Auf ihn und sein heilendes Handeln ist der

Mensch bedingungslos angewiesen. Hier ist der richtige Ort seines Daseins vor Gott, auch wenn die Tür noch verschlossen und die Rettung nicht sichtbar ist.

Doch es gibt einen Schlüssel ins Licht. Der Begriff von der „Gerechtigkeit Gottes" wird Luthers Weg zum Garten Eden. Sein feines Gewissen hatte gelernt, vor diesem Wort zu erschrecken. Er hatte es bislang im aristotelischen Sinn verstanden: Der Mensch ist das, was er tut. Einer der mauert, ist ein Maurer. Einer der bäckt, ist ein Bäcker. Einer der gerecht handelt, ist ein Gerechter. Gerechtigkeit ist also die Folge der eigenen Anstrengung. Und „Gottes Gerechtigkeit" ist die ewigkeitsrelevante Ergebnisfeststellung dessen, was der Mensch sich auf Erden erworben hat. Sein irdisches Tun wird verstetigt zum nachirdischen Sein. Wie ein Krämer sitzt Gott fast regungslos an der Kasse und wartet, was ihm auf der Waage des Jüngsten Gerichtes präsentiert wird. Dementsprechend gibt er den „ewigen Lohn". Er spiegelt nur wider, was schon klar ist. So dachte man von Christus. Als sei er ein mittelalterlicher Handelskontorist, ein erstarrter Richter, ein passiver Gott, der nur gibt, was man bringt. Ohne Ansehen der Person würden die Werke des Menschen beurteilt, und jeder bekomme das Seine.

An dieser objektiv scheinenden Gerechtigkeit war Luther schon im Kloster gescheitert. Selbst unter seinen besten Werken hatte er einen dunklen Abgrund erkannt und sei es nur das eitle Begehren um himmlischen Lohn. Darum *„hasste"* er das Wort „Gerechtigkeit". Doch nun bricht das Dunkel auf. Er kommt zu einem neuen Verständnis. Schon in der Psalmenvorlesung rätselt er über einer Stelle. Was heißt das: „In deiner Gerechtigkeit erlöse mich" (Psalm 71,2)? Erlösung statt Feststellung, Befreiung statt Strafe? Es beginnt ein labyrinthisches Bohren. Dem Römerbrief war er wegen des dort so dominanten Gerechtigkeitsbegriffes immer ausgewichen. Nun geht er ihn von der Mitte her an: „Der Gerechte wird aus Glauben leben" – also nicht aus seinen Werken! Was meint damit Paulus? Mittlerweile hatte Luther seine griechischen und hebräischen Sprachkenntnisse verbessert. Vom Philologischen her dringt er in die Tiefe. In seinem berühmten Rückblick auf die reformatorische

Entdeckung schildert er, wie er *„unverschämt anklopfte"* an diesem Wort, wie er als biblische Witwe vor der Tür des Richters stand und nicht aufhörte zu bitten. *„Da habe ich angefangen, die Gerechtigkeit Gottes so zu begreifen, dass der Gerechte durch sie als durch Gottes Geschenk lebt, nämlich aus Glauben; ich begriff, dass der Sinn ist: offenbart wird durch das Evangelium die Gerechtigkeit Gottes, nämlich die passive, durch die uns Gott, der Barmherzige, durch den Glauben rechtfertigt."*

Predella des Wittenberger Reformationsaltars

Luther erkennt, dass Gott nicht nur gerecht *„ist"* und durch sein unbestechliches Richten unsere Sünde offenbart. Er sieht ihn nun durch Christus als den, der uns gleichzeitig gerecht *„macht"* und unsere Sünde trägt. Im Gekreuzigten hat sich der allmächtige Gott vom Richterstuhl erhoben und sich auf den Stuhl des Angeklagten gesetzt. Er trägt die Strafe, die er zuvor ausgesprochen hat. Das Handelskontor wird zum Elternhaus, aus dem regungslosen Krämer wird der liebende Vater, der seinen verlorenen Kindern das Tor zur Heimat öffnet. Er gibt uns nicht das, was wir verdient haben, sondern das, was er uns auf Golgatha erworben hat: Vergebung, Gnade und Frieden. Kein passiver Gott, der nur unser Tun widerspiegelt, sondern ein höchst aktiver Gott, der unser Sein in seinem Handeln *„extra nos pro nobis"* neu begründet, uns zum Heil. In den späteren Vorlesungen wird der Ton immer positiver.

Die Erklärungen zum Hebräerbrief zeigen, dass der Glaube nicht nur eine Sinnesänderung bewirkt, sondern geradezu ein *„versetzt werden"* auf die Seite Gottes. Hier geschieht ein *„fröhlicher*

Wechsel": Christus trägt meine Ungerechtigkeit, und ich bekomme Anteil an seiner himmlischen Gerechtigkeit. Im Unterschied zur innerlichen Gottesgeburt der Mystiker bleibt dieses Geschehen immer etwas von außen begründetes: Nicht in meinem Herzen, sondern am Kreuz bin ich bekehrt worden! Dort steckt der Schlüssel zum Heil. Das Wort ist der Mittler zwischen Gottes Vollkommenheit und unserer menschlichen Unvollkommenheit, es ist das *„Vehiculum der Gnade"*. Meine Existenz besteht ganz aus dem Vertrauen auf Christus, das die Selbstverzweiflung überwindet. Im Hören auf Gott wirft der Glaubende den Anker aus und findet Halt – nicht in sich selbst, sondern in der Tiefe des ganz anderen, fremden, barmherzigen Gottes. Nach dem schweren *„Reiben"* der frühen Jahre riecht man nun den lieblichen *„Duft des Kräutleins"* reformatorischer Freude. Aus Furcht wird Glaube, aus Angst Vertrauen. Das Wort „Gerechtigkeit Gottes", das er früher *„gehasst"* hat, preist er nun als das für ihn *„süßeste"* Wort. Er schreibt: *„Nun fühlte ich mich ganz und gar neugeboren und durch offene Pforten in das Paradies selbst eingetreten."*

Als „Eleutheros" unterschreibt er nun seine Briefe. Als „Befreiter" tritt er jetzt ans Licht der Öffentlichkeit. Mit der Schwungkraft des erhörten, entfesselten Psalmbeters greift er zur Feder. Mutig hämmert er eine Schrift an die Tür der Wittenberger Schlosskirche. Er veröffentlicht die 95 Thesen gegen den Ablasshandel. Damit beginnt die Auseinandersetzung mit Papst und Kirche. Es scheint, als würde Luther an einem kleinen Finger „kratzen". Doch dieser gehört zur Faust eines Riesen. „Tetzels Kasten" ist der sichtbare Anlass für den Ablassstreit. Er steht bis heute in der Taufkapelle der Jüterboger Nikolaikirche. Die zentnerschwere Eichentruhe stammt vermutlich aus dem 13. Jahrhundert. Der Ablassprediger Johann Tetzel hat sie als Geldkasten bei seinen Auftritten verwendet. Dem gewandten, aber moralisch angeschlagenen Dominikanerpater war selbst schon schwere Schuld vergeben worden. Wegen Ehebruchs hatte man den Mönch in Innsbruck eingesperrt und zum Tode verurteilt. Dem Ersäuftwerden im Inn entging er nur durch das persönliche Eingreifen seines Landesherrn. Wieder auf freiem Fuße, profilierte er sich als erfolgreicher Sündenablassprediger. Nach Aussage seines Bischofs hat er von seinen Einnahmen „wahrlich nicht peinlich und ärmlich gelebt". Im Jahr 1517 „entdeckt" ihn der hoch verschuldete Erzbischof Albrecht als Publicity Manager. Er macht ihn zum „Generalkommissar für den päpstlichen Ablasshandel" in seinen Bistümern Brandenburg, Mainz und Magdeburg.

Tetzel kann laut und drastisch auftreten. Als volksnaher Prediger beherrscht er die mediale Inszenierung. Sein Verkaufsangebot ist verlockend: Wer einen Ablassbrief erwirbt, wird in den Stand kindlicher Unschuld zurückversetzt. Die päpstliche Urkunde stellt die persönliche Sündenuhr auf die Stunde Null zurück. Durch eine Art „Sündenflatrate" wird das Schuldenkonto komplett gelöscht. Der Sünder wird zurück in die unbefleckte Situation der ursprünglichen Taufgnade gebracht. Die himmlische Zahlungsbilanz stimmt wieder. Mit dem Schriftstück besitzt der Eigentümer eine sichtbare Rückversicherung für die unsichere Todesstunde. Durch das Dokument wird nicht nur die zurückliegende Schuld durchgestrichen. Auch die zukünftigen Sünden sind darin vergeben. Dieser Freibrief für noch gar nicht begangene Verfehlungen sollte kuriose Folgen haben. So hat Ritter Hans von Hake den überraschten Johann Tetzel nach einem guten Verkaufstag auf der Straße abgepasst und ihn überfallen. Er nimmt ihm den Kasten samt seinem finanziellen Inhalt ab. Der erboste Tetzel droht Hake mit allen verfügbaren Höllenstrafen. Doch der hält ihm den Ablassbrief unter die Nase, den er kurz zuvor bei ihm erworben hatte. Durch diese unmittelbare Inanspruchnahme der päpstlichen Ablassgnade kommt der Kasten wieder zurück nach Jüterbog – gegen den Willen seines ursprünglichen Besitzers.

In der damaligen Theologie wurde der Ablasshandel zwar nachrangig behandelt. Es war jedem gebildeten Kleriker klar: Der ewige Tod war durch das Verdienst Christi bereits weggenommen. Vergeben werden konnten nach der Lehre der Kirche nur noch die zeitlichen Sündenstrafen, die man im Fegefeuer abzuleisten hatte. Nur auf die „Löschzeit" im Fegefeuer hatten die Ablassbriefe einen Einfluss, nicht auf das Öffnen der Himmelstür. Beim Volk jedoch kam die einfache Botschaft an: Wer einen Ablassbrief kauft, wird nach dem Tod unmittelbar ins Paradies versetzt. Tetzel, der gewiefte Werbefachmann, bringt es auf den erfolgreichen Slogan: „Sobald der Gülden im Becken klingt, im hui die Seel im Himmel springt." Das Geld der bußwilligen Sünder fließt reichlich, und die Augsburger Fugger stehen immer daneben. Ihre Finanzkommissare verwalten den Zahlungseingang. Den Fuggern geht es um eine andere, ganz irdische Schuldenbegleichung. Erzbischof Albrecht hatte sich zu viele kirchliche Posten eingeheimst. Für die verbotene Ämterkumulation benötigte er eine päpstliche Sondererlaubnis, die nur durch teures Bakschisch zu kriegen war. 29 000 rheinische Golddukaten flossen dafür nach Rom. Das Geld hatte sich der maßlose Albrecht im Bankhaus der Augsburger geliehen. Fuggers Dienstleute sollten nun dafür sorgen, dass der Kredit auch pünktlich abbezahlt wird. Der Gewinn aus dem Ablasshandel wurde aufgeteilt. Eine Hälfte blieb beim Erzbischof und seinem Ablasshändler. Die andere ging unmittelbar nach Rom. Dort liegt auch die Ursache für den ganzen Handel. Der als aufgeklärt geltende Papst Leo X. hatte 1515 einen Jubiläumsablass ausgeschrieben. Darin versprach er nie dagewesene Zusicherungen. Wie schwer die Sünden auch seien, von Schändung bis Mord, der Kauf der päpstlichen Briefe streicht alles durch. Sein Begleitschreiben wurde beim Beginn jeder Verkaufsveranstaltung Tetzels verlesen. Darin wird betont, dass das alles nur wegen des „Heiles des Volkes" geschehe. Was als außergewöhnlicher Gnadenakt der Kirche dargestellt wird, ist in Wirklichkeit vom Geldhunger der Kurie verursacht. Leos aufwändiger Lebensstil, seine teures „Kunstverständnis" und der geplante Neubau der Peterskirche kosten viele Gulden. Diese kommen nun weitgehend aus dem deutschen Ablasshandel.

Der Ablasshandel war öffentlich angekündigt worden. Die Menschen strömen von überall hierher, auch aus dem benachbarten ernestinischen Sachsen. Kurfürst Friedrich hatte in seinem Herrschaftsgebiet Tetzels Ablasshandel untersagt. Hinter dem Verbot standen allerdings nicht theologische, sondern vor allem ökonomische Gründe. Friedrich wollte sich keine Konkurrenz für die eigene

Reliquiensammlung ins Land holen. Das Ablassgeld sollte nicht nach Rom fließen, sondern in Sachsen bleiben. Jüterbog gehört zum Erzstift Magdeburg und unterliegt damit Erzbischof Albrechts Herrschaft. Dort hatte Tetzel freie Hand und durfte sein römisches Angebot zu Markte tragen. Die Verlockung war auch für Wittenberger Sünder groß. Viele Kaufwillige nahmen den siebenstündigen Fußweg auf sich, um den begehrten Tilgungsbrief zu erwerben. Luther wird in der Seelsorge auf die Vorgänge aufmerksam. Er ist überrascht: Will er offensichtliche Sünder in der Beichte zur Umkehr ermahnen, so halten diese ihm trotzig ihren Jüterboger Ablassbrief entgegen. Statt aufrichtiger Reue begegnet ihm ein bauernschlaues Sicherheitsgefühl. Er sieht sich in der Pflicht, aktiv zu werden.

Ohne Rücksprache mit anderen publiziert er am 31. Oktober 1517 seine 95 Thesen wider den Ablass. Ob er das Schriftstück tatsächlich an der Schlosskirchentüre angenagelt hat, bleibt umstritten. Es bleibt aber zumindest wahrscheinlich, denn die Universitätskirchentür war der allgemein übliche Ort für die Veröffentlichung neuer wissenschaftlicher Gedanken, das „Schwarze Brett" der Hochschule. Bereits einige Wochen zuvor hatte Luther viel schärfere Thesen verfasst, die ohne Aufsehen verhallt waren. Bei den 95 Thesen handelt es sich zunächst um ein universitätsinternes Dokument. Luther schickt die Formulierungen an Erzbischof Albrecht. Er fordert ihn untertänig auf, den Ablasshandel zu stoppen. Schon von der Form her ist die Schrift nicht als Kampfansage aufgemacht, sondern als Diskussionsangebot an die Gelehrten seiner Zeit. Es sind „Behauptungen", mit denen Luther das Gespräch eröffnet. Der Ablass wird zwar nicht grundsätzlich verworfen, aber die vielen Irrtümer legt Luther vom neuentdeckten Evangelium her offen. Man habe aus einem Bestandteil der Heilsordnung ein Stück der veräußerlichten Kirchenordnung gemacht. Man habe die Buße *leicht* gemacht, indem man sie zu einer Sache des Geldbeutels verkleinert habe. Schon in der ersten These zeigt Luther das viel Umfassendere der christlichen Buße: *„Unser Herr will, dass das ganze Leben der Gläubigen eine Buße sei."* Der Papst könne nicht die Schuld vergeben, wenn sie nicht zuvor von Gott vergeben sei. Der Ablasshandel sei letztlich Menschenwerk, weil es dafür keine biblische Grundlage gebe. Man solle *„vorsichtig"* den Ablass predigen, damit das Volk nicht dem Irrtum erliege, es werde den anderen guten Werken der Liebe vorgezogen. *„Ablässe werden schädlich, wenn man die Furcht Gottes durch sie verliere."* Der wahre Schatz der Kirche seien nicht Reliquien und gute Verdienste der Heiligen, sondern das Evangelium.

Die 95 Thesen waren zwar gegen Tetzel gerichtet, aber Luther trifft damit auch die Allerheiligenausstellung seines Kurfürsten ins Mark. Sie hatte am nächsten Tag geöffnet und tausende Besucher wurden erwartet. Luthers Aktiv-Werden ist also auch ein verborgener Angriff auf seinen Landesherrn, ein persönliches Wagnis, aber er kann nicht anders. Was als lateinische Diskussionsvorlage gedacht war, wird zur Volksbewegung. Schnell wurde der Text ohne Luthers Wissen ins Deutsche übersetzt. Luthers Zeitgenosse Friedrich Myconius bezeugt, dass die Thesen „in vierzehn Tagen durch ganz Deutschland liefen, und in vier Wochen hatten sie schier die ganze Christenheit durchlaufen, als wären Engel selbst Botenläufer". Luther war der, der aussprach, was viele dachten. Zahlreiche Professoren und Adlige stimmten seinen Thesen zu. Selbst Kaiser Maximilian lobte, dass die „Propositionen wahrlich nicht zu verachten" seien.

Erzbischof Albrecht ignoriert den Brief. Als Machtpolitiker interessiert er sich nicht besonders für innerkirchliche Zwistigkeiten. Auch in Rom hält man die Auseinandersetzung für das „Mönchsgezänk eines trunkenen Deutschen". Freilich, die mit der Inquisition betrauten Dominikaner schäumen. Endlich hatten sie einen augustinischen Irrlehrer ausgemacht. Der angegriffene Tetzel schlägt zurück: „Der Ketzer soll mir in drei Wochen ins Feuer geworfen werden." Um seine Reputation zu steigern, erwirbt er in Frankfurt den Doktortitel und klagt Luther an. In Ingolstadt macht sich Professor Eck auf, die „böhmische Ketzerei" zu bekämpfen. Der römische Prozess wird eröffnet. Luther ist am Anfang noch ganz *„gefangen und versoffen"* von den Lehren des Papstes. Gutwillig geht er zu Beginn davon aus, dass alles nur ein Missverständnis sei und der Papst gar nicht wisse, was da in Deutschland vor sich gehe. Devot schreibt er nach Rom: *„Eure Stimme werde ich als Christi Stimme anerkennen. Habe ich den Tod verdient, so weigere ich mich nicht zu sterben."*

Erst im Laufe der Auseinandersetzung klären sich die Fronten. Schritt für Schritt gelangt Luther zu seinem Standpunkt, der ihn die mittelalterliche Welt aus den Angeln heben lässt. Argument für Argument streitet er sich nach oben ins Licht. Und Wittenbergs Strahlen scheinen hinein ins Land. Der Durchbruch Luthers ist ein geistiges Ereignis. Die Philologie klärt seine Theologie. Doch das Geistige hat materielle Folgen. Das Wort wird Fleisch. Die innere Wende hat konkrete Auswirkungen im gesellschaftlichen und kulturellen Leben Deutschlands. Ein Spaziergang durch das heutige Wittenberg macht etwas davon sichtbar.

Vom Bahnhof her nähert sich der Fußgänger in wenigen Minuten dem östlichen Eingang der Altstadt. Wo die Collegien- und die Lutherstraße aufeinandertreffen, befindet sich ein Kreisverkehrsplatz. Die sommerliche Bepflanzung der Mittelinsel erinnert an die Lutherrose. Rechts der einmündenden Hauptbahnhofstraße steht die erschöpft wirkende „Luthereiche", ein sterbendes Reformationsdenkmal. Die mit einer Steinmauer umfasste Grünanlage liegt außerhalb des mittelalterlichen Wittenbergs. Damals wurden an dieser Stelle die Kleider der verstorbenen Pestkranken und Aussätzigen verbrannt. Das Unreine sollte vor die Tore der Stadt getragen und ausgeschieden werden. Ein Stück Abgrenzung und Befreiung. Martin Luther wirft hier am 12. Dezember 1520 die päpstliche Anklageschrift, die Bannandrohungsbulle „Exsurge Domine" in die Flammen. Er zieht damit seinerseits einen feurigen Schlussstrich unter den römischen Prozess.

Nach der Anzeige durch Tetzels Dominikanerorden war das Gerichtsverfahren gegen den aufmüpfigen Augustinermönch im Mai 1518 in Gang gekommen. Aus politischen Gründen wurde die Untersuchung allerdings für geraume Zeit auf Eis gelegt. Wichtige Figuren auf dem Schachbrett Europas waren in Bewegung geraten. Der krebskranke Kaiser Maximilian fühlte das baldige Ende. Er wollte seine Nachfolge noch zu Lebzeiten zugunsten eines Habsburger Kandidaten regeln. Dieser kaiserlichen Einflussnahme widersetzte sich Friedrich der Weise mit gewohnt aussitzender Beharrlichkeit. Das kurfürstliche Wahlrecht sollte unangetastet bleiben. Friedrichs Verzögerungstaktik kam Papst Leo gelegen. Er wollte nach Maximilians Tod den vergleichsweise zweitrangigen Franzosenkönig Franz auf den deutschen Kaiserthron heben. Ein schwacher Kaiser hätte die Herrschaft des Medici-Papstes gestärkt. Das Oberhaupt der Kirche musste sich also Luthers Landesherrn als vermeintlichen Verbündeten in dieser Sache warmhalten. So verzichtete die Kurie auf einen juristischen Schnellschuss. Mit Friedrichs Schützling wurde kein „kurzer Prozess" gemacht. Luther wurde wegen des päpstlichen Eigeninteresses geschont. Er musste nicht nach Rom, sondern durfte auf deutschem Boden von Kardinal Cajetan fast väterlich milde verhört werden. Ihm wurden versöhnliche Brücken gebaut, doch Luthers reformatorisches Erkennen war im windgeschützten Raum dieser beiden Jahre immer schärfer geworden.

In Disputationen und großen Streitschriften rüttelte er jetzt an den Grundfesten der römischen Kirche. Er klärte öffentlich die für ihn wichtige Autoritätsfrage: Das Haupt der Kirche ist Christus und nicht der Papst. Wenn der Papst wider die Schrift spricht, dann befindet er sich im Irrtum (Von dem Papsttum zu Rom, 1520). Es gibt keine Überordnung der geistlichen Gewalt über die weltliche. Vielmehr sind alle Christen von gleichem Stand und deswegen gilt das Priestertum aller Gläubigen. Die theologische Klärung hat praktische Folgen: Luther fordert die Einführung der Priesterehe. Das Betteln soll abgeschafft und stattdessen eine ordentliche Sozialfürsorge eingeführt werden. Schulen und Universitäten sollen gefördert und die frühkapitalistischen Handelsgesellschaften eingeschränkt werden (An den christlichen Adel deutscher Nation, 1520). Und Luther stellt den Kern des mittelalterlichen Kirchenverständnisses in Frage: Die Sakramente „wirken" nicht automatisch allein durch ihren Vollzug mittels der Kirche, sondern nur durch den Glauben des Einzelnen. Der Abendmahlskelch darf darum nicht als Zeichen priesterlicher Macht zurückgehalten werden. Auch die Laien sollen daraus trinken dürfen (Von der Babylonischen Gefangenschaft der Kirche, 1520). Die ethische Existenz des Christen vollzieht sich nicht in blindem, „werkerischem" Gehorsam gegen den Papst, sondern in der Unmittelbarkeit seines Gewissens vor Gott. Er steht selbstverantwortlich vor seinem Schöpfer. Im Zeichen der Freiheit, aber in Bindung an Christus prägt Luther den berühmten antithetischen Leitsatz evangelischer Sittenlehre: *„Ein Christenmensch ist ein freier Herr über alle Dinge und niemandem untertan. Ein Christenmensch ist ein dienstbarer Knecht aller Ding und jedermann untertan"* (Von der Freiheit eines Christenmenschen, 1520).

Nun war der Konflikt eskaliert. Die herausgeforderte Kirche musste handeln. Nach dem Tod Maximilians und der Wahl seines habsburgischen Enkels Karl V. zum neuen Kaiser war die wittenbergische Schonzeit vorbei. In Rom wurde zur Jagd auf Luther geblasen: „Ein Wildschwein trachtet danach, den Weinberg des Herrn zu verwüsten." Darum: „Exsurge Domine: Erhebe, dich Herr." Mit dieser kämpferischen Formulierung beginnt der Text der päpstlichen Bannandrohungsbulle. Sie war im Juni 1520 unter Mitwirkung von Kardinal Thomas Cajetan und Professor Johannes Eck herausgegeben worden. 41 ketzerische Aussagen Luthers wurden darin festgestellt. 60 Tage waren dem Angeklagten noch zugestanden, diese zu widerrufen. Nach Ablauf der Bedenkzeit würde automatisch der kirchliche Bann in Kraft treten. Vollendet wurde die päpstliche Strafaktion am 3. Januar 1521 mit der endgültigen Exkommunikation Luthers, dem Ausschluss aus der Gemeinschaft der Kirche. Der gebannte „Sünder", der trotz wiederholter Ermahnung in seiner Sünde verharrt, sollte fortan „wie ein Heide" angesehen werden (Matthäus 18,17).

Am Montag, dem 10. Dezember war das Ultimatum abgelaufen. Luthers Haltung war klar: Um seines *„Lehramtes"* willen könne er sich nicht eines *„gottlosen Schweigens"* schuldig machen, sondern wolle lieber den Märtyrertod sterben. *„Zitternd"*, aber in nie gekanntem Maße „*fröhlich*", zieht er unter Begleitung einer begeisterten Studentenschar zum „Happening am Elstertor" (Heiko A. Oberman). In der damals nicht unüblichen Protestform der Bücherverbrennung übergibt er die päpstliche Anklageschrift dem Feuer. Unter den weiteren verbrannten Schriften ist auch das Corpus iuris canonici. Die kirchliche Rechtssammlung begründete die unangreifbare Autorität des Papstes. Sie war dem ehemaligen Jurastudenten zum „*Koran des Antichrists*" geworden. Ihre „Hinrichtung" symbolisiert Luthers Befreiung vom babylonischen Sklavenhalter der Kurie. An Staupitz schreibt er: „*Ich habe mit Freudigkeit meine Hörner gegen den römischen Götzen erhoben.*"

Mit der umstrittenen Protestaktion antwortet er auf die Verbrennung seiner Schriften in Flandern und im Rheinland, „*damit die papistischen Brandstifter merken, es sei keine große Kraftleistung, Bücher zu verbrennen, die sie nicht widerlegen können*". Die aufreizende Szene versinnbildlicht Luthers Trennung von der römischen Kirche: Seither habe er mit dem Papst nur „*gescherzt und gespielt*", jetzt aber würde die Sache „*ernst*". Er war sich gewiss, dass Gott durch ihn wirken würde. Er zeigt nun jenen inneren Frieden, den er so lange vergeblich gesucht hatte. Damit beginnt die kirchliche Neuordnung Europas. Luther war zur öffentlichen Symbolfigur der Reformation geworden.

Die Luthereiche steht für einen gesellschaftlichen Epochenwechsel. Mit ihrem knorrigen Trotz soll sie Luthers unbeugsame Standfestigkeit abbilden. Die tiefdringenden Wurzeln symbolisieren die vielfältigen vorreformatorischen Herkunftsfasern. In der Person des klugen und sprachmächtigen Wittenberger Professors haben sie wie in einem starken Stamm zusammengefunden. Das weite Ast- und Blattwerk steht für das fruchtbare Werden und Wachsen des europäischen Protestantismus. Die Originaleiche soll kurz nach der Protestaktion auf dem Brandplatz gepflanzt worden sein. 1813 wurde sie allerdings von französischen Soldaten gefällt. Im kalten kriegserschütterten Wittenberg war Brennholz vonnöten. Die derzeitige Eiche wurde dann 1830 zum 300. Jubiläum der Confessio Augustana am alten Gedenkplatz gepflanzt. Der einstige Protestort blieb indes eine Herausforderung für Andersdenkende. In der Christnacht 1904 haben, nach einem zeitgenössischem Bericht, „ruchlose Hände die Rinde bis auf den Splint" angesägt. Ein verspätetes Attentat auf Luther? Die Narbe ist bis heute zu sehen. Doch nicht nur die Säge des Baumschänders, auch Luftverschmutzung und vermehrt auftretende Stürme haben an der Gesundheit der Eiche genagt. Ein Bild für die kränkelnde evangelische Kirche? Wird der Baum noch zu retten sein? Wird er Lebensfasern, die seither brach lagen, in sich entdecken und wieder erstarken können?

Der verurteilte Luther hat den Orkan des Papstes unbeschadet überlebt. Dem Kirchenbann folgte damals automatisch die Reichsacht des Kaisers. Der in „in Acht und Bann" Lebende war eigentlich aus der mittelalterlichen Gesellschaft komplett hinauskatapultiert. Er verlor alle öffentlichen Ämter und durfte nicht mehr an den kirchlichen Sakramenten teilnehmen. Als Verfluchter war er ein potentieller Todeskandidat, ein „dead man walking". Die Obrigkeit war angewiesen, den Ketzer zu ergreifen und auf dem Scheiterhaufen hinzurichten. Luther rechnete zeitlebens mit einem frühen, unnatürlichen Tod. Der weitere Geschichtsverlauf zeigt allerdings, wie eingeschränkt die Macht der verurteilenden Instanzen war. Die Schutzhand seines Landesherrn bewahrt ihn vor dem Zugriff von Kaiser und Papst. Luthers räumliche Beweglichkeit wird zwar eingeengt. Seine Lebenskreise waren nun weitgehend auf Kursachsen begrenzt. Doch noch fünfundzwanzig Jahre lang sollte er hier leben und kraftvoll wirken. Die reformatorischen Erneuerungsprozesse hat er nicht nur angestoßen, sondern auch theologisch begleitet. Die Metropolen Europas waren für ihn praktisch unerreichbar geworden. Doch sein evangelisch gewordener Geist machte Wittenberg zur Metropole der damaligen Welt und zog die Gebildeten an.

Luthers Wohnhaus wird zur Denkfabrik des 16. Jahrhunderts, zum „think tank" der Neuzeit. Den Weg dorthin finden wir von der Luthereiche aus über die Collegienstraße. Nach rund hundertfünfzig Metern stehen wir in der innerstädtischen Fußgängerzone. Linker Hand führt uns eine Torpassage durch das ehemalige Universitätsgebäude des Augusteums in den Grünbereich vor dem „Schwarzen Kloster". So nannte man das Lutherhaus in seinen Gründerjahren. Vor uns eröffnet sich die prachtvolle, hellbraune Fassade eines schlossartigen Gebäudes. Wir blicken auf die intellektuelle Herzkammer Wittenbergs. 38 harte Arbeitsjahre hat Luther hier in verschiedenen Lebenssituationen verbracht: als Bruder Martin, als Doktor der Heiligen Schrift, als Ehemann und Familienvater. Hier hat er gelebt und gelitten, gekämpft und geliebt. Hinter diesen Mauern hat er das Evangelium „wieder entdeckt" und folgenschwere Publikationen verfasst. Hier ereigneten sich heftige Debatten und deftige Tischgespräche. Die dunklen Kutten der einstigen Augustinermönche gaben dem Klostergebäude im Volksmund den Namen. Im Zuge der kurfürstlichen Bildungspolitik kamen die akademischen Mönche im Jahr 1504 hierher. Für ein Schlafhaus und eine Bildungsstätte der Ordensbrüder waren provisorische Räume errichtet worden. Luthers Studierstube lag im später abgebrochenen Turm des Klosters. Neuerliche Ausgrabungen zeigen die Grundmauern des Turmes, in dem sich ihm Gottes Gnadenhimmel geöffnet hat. Hier lag das vermeintliche „Stüblein", von wo aus er „das Papsttum gestürmt" hat.

Luthers neues Bibelverständnis war sicher ein langsames Werden, eine theologische Entwicklung mit philologischer Schützenhilfe. Im Lebensrückblick allerdings verdichtet sich ihm das Geschehen auf den einen fundamentalen Befreiungsschlag des eindrucksvoll beschriebenen „Turmerlebnisses", seiner persönlichen Damaskus-Erfahrung. Nach der Auflösung des Konvents verließen die meisten Mönche das Haus. Im Jahr 1522 war Luther der letzte der Brüder. Er wohnte hier wie ein verlassener Einsiedler. Doch die Leere sollte sich bald mit neuem Leben füllen. Aus dem einstigen Ordenshaus wurde ein evangelisches Pfarrhaus. Statt gregorianischem Stundengebet sollte bald hellklingendes Kindergeschrei durch die Gänge erschallen.

Luther hat das marode Klostergebäude nur deswegen nicht verlassen, damit es nicht bei den Gegnern hieße, er „sei vertrieben worden". Darum wollte er sich weiter „quälen", in der unvollendeten

Bauruine zu wohnen. Als er die entlaufene Nonne Katharina von Bora heiratet, beginnt sich sein Leben zu konsolidieren. Die Hochzeit ereignet sich inmitten apokalyptischer Zeiten. Im Jahr 1525 zieht der Bauernkrieg eine Blutspur durch Deutschland. Luther vermag es in seinen diesbezüglichen Stellungnahmen niemandem recht zu machen. Seine aggressiven, schriftlichen Panikattacken lösen allenthalben Widerspruch aus. Düstere Weltuntergangstimmung bewegt sein Herz. Mit der plötzlichen Heirat unterbricht nun ein Walzertakt den Kriegsmarsch des Todes. Die überraschten Freunde sind geschockt. Melanchthon brandmarkt die Hochzeit als „unglückselige Tat". Aber Luther will damit den Teufel provozieren, damit alles *„noch toller und törichter"* werde, *„und das alles zum Schluss und Abschied"*. Denn er mutmaßt: *„Gott werde mir bald zu seiner Gnade verhelfen."* Doch statt des erwarteten Märtyrertodes findet er eheliches Glück. Statt in einen apokalyptischen Abgrund zu fallen, gibt ihm seine Käthe äußerlich und innerlich Grund unter den Füßen.

Katharina von Bora

Katharina von Bora kommt ursprünglich aus der Leipziger Gegend. Sie stammt aus verarmtem sächsischem Landadel und wird schon als Kind von den Eltern ins Kloster zur ledigen Tante „entsorgt". Bereits mit sechzehn Jahren legt sie bei extrem strengen Zisterzienserinnen ihr Ordensgelübde ab. Sie kommt ins ländlich abgeschiedene Kloster Nimbschen bei Grimma. Dort lernt sie die eigenständige Führung von Haus-, Fisch- und Landwirtschaft. Selbstbewusst stellt sie sich auch den geistlichen Fragen der Zeit. Nachdem sich die Klosterleitung jahrelang jeglicher Reformmaßnahmen widersetzt hat, wächst der Gegendruck „von unten". Die neuen Gedanken aus Wittenberg fallen auf fruchtbaren Boden. Katharina und acht weitere Ordensfrauen wollen das Kloster verlassen. Sie bitten Martin Luther um Hilfe. Zu Ostern 1523 schickt er einen Heringshändler als „Schleuser". In leeren Fischfässern versteckt können die Klosterfrauen auf seinem Pferdewagen über die Grenze nach Kursachsen flüchten. Die Davonziehenden müssen mutige Personen gewesen sein, denn auf Klosterflucht stand im albertinischen, altgläubig gebliebenen Sachsen die Todesstrafe. Als die nun heimatlosen Ex-Nonnen in Wittenberg ankommen, betätigt sich Luther als Heiratsvermittler. Er bringt fast alle Entflohenen erfolgreich „an den Mann". Nur Katharina von Bora bleibt übrig. Zwei Vermittlungsversuche schlagen fehl. Ein Wink des Himmels? Bereits 1524 hatte Luther die Mönchskutte abgelegt. Seinen Mitbrüdern hatte er nachdrücklich zur Ehe geraten. Galt diese biblisch begründete Empfehlung nicht auch für ihn selbst?

Am 13. Juni 1525 heiratet er die sechzehn Jahre jüngere Katharina von Bora – wohl anfangs eher aus Verlegenheit. Kurz nach der Hochzeit schreibt er noch an seinen Freund Amsdorf: *„Ich empfinde nicht hitzige Liebe oder Leidenschaft, aber ich habe sie gern."* Doch die Verbindung entwickelt sich. Später schwärmt er: *„Ich wollte meine Käthe nicht um Frankreich und um Venedig dazu hergeben."* Käthe schenkt Luther ein Zuhause. Mit nüchternem Verstand führt sie die ökonomischen Belange der Familie. Sie übernimmt das Braurecht der Mönche und produziert nahrhaftes Bier. Sie bewirtschaftet erfolgreich die einstigen Klostergärten. Sie organisiert Luthers *„Kleider und Schuh, Essen und Trinken, Haus und Hof, Äcker und Vieh"* mit sichtbarem Erfolg: 1524 hatte Lucas Cranach seinen Freund Luther noch als hageren, knochigen Mönch gezeichnet. Schon 1529 zeigt eine opulente Darstellung den nunmehr Verheirateten: Luthers Leibesfülle hatte dank Käthes Küche beträchtlich zugenommen. Käthe kümmert sich um die Erziehung der Kinder. Da sind die sechs eigenen Abkömmlinge und noch einige Pflegekinder aus der Verwandtschaft. Sie bewirtet in ihrer „Studentenpension" täglich rund vierzig Tischgäste, von denen viele im Haus übernachten. Und sie hat ein gutes Herz: Als in Wittenberg die Pest grassiert, richtet sie im Schwarzen Kloster ein Hospiz ein. Eigenhändig pflegt sie Kranke und Sterbende. Ein Zeitgenosse schreibt: „Im Hause des Doktors wohnt eine wunderlich gemischte Schar aus jungen Leuten, Studenten, jungen Mädchen, Witwen, alten Frauen und Kindern, weshalb große Unruhe im Haus ist, derentwegen viele Leute Luthern bedauern."

Im Jahr 1532 überträgt Kurfürst Johann das gesamte Klosteranwesen dem weltberühmten Professor, seinem „besten Pferd im Stall", zum Besitz. Käthe überwacht und organisiert die späteren Renovationsarbeiten am Gebäude. Zum 57. Geburtstag schenkt sie ihrem Martin eine neue Eingangstüre. Der dafür benötigte Sandstein kommt aus Pirna, dem Geburtsort Johann Tetzels. Das Katharinenportal macht sie zu einem Trostzeichen für ihren Martin. Käthe lässt darauf das lateinische Wort „vivit" eingravieren. Ihrem oft angefochtenen und schwermütigem Mann will sie damit aufmunternd zusprechen: „Er lebt. Jesus ist da. Der Auferstandene ist stärker als deine Zweifel!" In späteren Briefen ist zu spüren, wie aus vertrauter Gewöhnung nun Liebe geworden war. Luther bewundert seine Frau. Sie ist kein Heimchen am Herd, sondern eine erfolgreiche mittelständische Unternehmerin. Respektvoll spricht er sie mit *„mein Herr Käthe"* an. Und man spürt die Zuneigung, wenn er sie innig *„mein Liebchen"* nennt. Im Vorhof des Schwarzen Klosters steht zu ihren Ehren eine Bronzefigur. Sie zeigt die „Lutherin" als entschlossene Powerfrau. Die Bielefelder Künstlerin Nina Koch hat die Plastik 1999 gestaltet: eine aufrechte Katharina mit kräftigem Schritt nach vorne. Um sie herum wölbt sich eine türartige Einfassung, aus der sie entschlossen heraustritt. Eine raumgreifende Dame, die aus dem Rahmen fällt. Eine Pfarrfrau, die die Grenzen des Bisherigen überschreitet. Als im Jahr 2007 der Orkan Kyrill über das Land fegte, fiel ein mächtiger Baum auf die Skulptur. Die bronzene Käthe hat es unverwundet überstanden.

Nach dem Tod ihres Mannes musste Käthe das Anwesen zweimal unter widrigen Umständen verlassen. Sie stirbt 1552 auf der Flucht in Torgau infolge eines Unfalls. Die Erben verkaufen das Gebäude 1564 an die Universität. Das vordere Haus wird zum Predigerseminar, der einstige Klostergarten zum botanischen Park. Seit 1883 ist das Schwarze Kloster ein Museum und beherbergt mittlerweile die größte reformationsgeschichtliche Sammlung der Welt. Über tausend „Reliquien" erinnern an Luther. Außerdem werden die gesellschaftlichen Veränderungen aufgezeigt, die durch die Reformation ausgelöst wurden. Viele illustre Details dokumentieren den Alltag des Reformators. Die original erhaltene Lutherstube sticht besonders heraus. Hier hat Luther seine berühmten Tischgespräche geführt und das Evangelium bildhaft und urwüchsig seinen zuhörenden Mitessern erklärt. Die zahlreichen „Geschwindschreiber" sorgten dafür, dass viele köstliche Bonmots überliefert wurden. Man sieht auch den Bierkrug des Reformators, in dem er sonntags nach dem Gottesdienst sein *„gut wittenbergisch Bier"* getrunken hat, in der festen Überzeugung, dass jetzt auch ohne sein Zutun *„das Evangelium seinen Lauf tut in Kursachsen"*.

Den „Pfarrweg" vom Schwarzen Kloster zur Stadtkirche hat Luther mehrmals die Woche absolviert. Wir folgen seinen Spuren und kehren durch das Augusteum wieder zurück zur Collegienstraße, der zentralen Ost-West-Achse Altwittenbergs. Nach deren Überquerung biegen wir in die parallel verlaufende Mittelstraße links ein. Schnurgerade führt sie uns nach sechshundert Metern auf den Kirchplatz. Dort erhebt sich die doppeltürmige Stadtkirche Sankt Marien, das geistliche Zentrum für 3 700 evangelische Gemeindeglieder. Rund zweitausend Mal hat Martin Luther auf der hiesigen Kanzel gepredigt und Katechismus-Unterricht erteilt. Die einstige „Bürgerkirche" der Stadt gilt als „Mutterkirche der Reformation". Ihre künstlerische Ausgestaltung erinnert an die reformatorischen Neuerungen, die in diesem Gottesdienstraum erstmalig erprobt wurden. Wie aus einem Versuchslabor heraus wirkte Luther von hier aus hinein ins Land. Auf Beschluss des Landesherrn wurden ab 1535 alle kursächsischen Pfarrer in der Stadtkirche examiniert und zum geistlichen Amt ordiniert. Aus der geistlichen Metropole strahlt das Licht einer neuen Zeit nach draußen.

Ihre äußere Form erhielt die spätgotische Kirche im Jahr 1411. Luther hat das Gotteshaus in der vorfindlichen Gestalt gekannt. Ursprünglich liefen die beiden Türme spitz nach oben. Bei der Renovierung 1556 wurden sie durch zwei achteckige Aufsätze ersetzt und über eine Brücke miteinander verbunden. Das erneuerte Kircheninnere bildet zahlreiche Veränderungen ab, die von der Reformation ausgelöst wurden.

Als Priester seines Augustinerordens kannte Bruder Martin die Stadtkirche noch mit diversen Seitenaltären und Heiligenfiguren. Aus Furcht vor einem unbarmherzigen Richtergott waren die Gläubigen vom Zentrum „zur Seite" gewichen. Sie suchten die vermittelnde Beschwichtigung Gottes durch himmlische Fürsprecher. Dieser „Götzendienst" war durch Luthers reformatorische Entdeckung entbehrlich geworden: Wer Christus nicht mehr fürchten muss, darf sich unmittelbar durch den Gekreuzigten an Gott wenden. Der bittende Umweg über die Heiligen ist nicht mehr nötig. Der theologischen Konzentration müsse nun eine veränderte Frömmigkeitspraxis folgen. Das neue Gottesverständnis müsse zu einer Ausreinigung des Kirchengebäudes führen. So dachte Andreas Bodenstein von Karlstadt. Der unstete Wittenberger Theologieprofessor hatte sich während Luthers Abwesenheit zum Wortführer der evangelischen Bewegung aufgeschwungen. Die reformatorischen Gedanken sollten nun zügig in die Tat umgesetzt werden. Fast ein Jahr lang war Luther den Augen der Öffentlichkeit entzogen.

Im April 1521 war er von der Elbe zum Rhein gefahren, um beim Wormser Reichstag seine Sache „vor Kaiser und Reich" zu verteidigen. Todesmutig war er losgezogen, denn es galt als absehbar, dass dem päpstlichen Kirchenbann die kaiserliche Reichsacht folgen würde. Nach Luthers starkem, aber erfolglosem Auftritt in Worms hatte Kurfürst Friedrich den verurteilten Rückreisenden aus der Schusslinie nehmen lassen. Inkognito lebt er nun als Junker Jörg in Kursachsens westlicher Residenz, auf der Eisenacher Wartburg. Die inzwischen unsicher gewordenen Wittenberger lassen Karlstadt gewähren. Dieser entwirft eine neue Kirchenordnung und fordert, dass „alle Bilder und Altarien abgetan" werden müssen, „damit die Abgötterei vermieden werde". Sein gewaltsamer Aufruf führt zu zwei schweren Bilderstürmen. Das räuberische Ausbeinen der Kirche hinterlässt Schäden am Gebäude und Unruhe im Volk. Als Luther davon erfährt, kehrt er im März 1522 zurück in die Stadt. Zum Beginn der Passionszeit steht er Tag für Tag auf der Kanzel. Mit seinen Invokavitpredigten „rückt er die Möbel wieder gerade". Er macht deutlich, dass Reformen notwendig seien. Diese sollen aber nicht mit Gewalt, sondern allein *durch das Wort* geschehen. Man dürfe die Menschen nicht überfordern, sondern solle dem Heiligen Geist die Kraft zur Veränderung zutrauen. Karlstadt zieht sich beleidigt zurück und geht als Landwirt nach Wörlitz. Später sollte ihn sein unruhiges Temperament noch durch ganz Deutschland führen, bevor er dann 1541 in Basel stirbt.

Luther führt nun schrittweise Veränderungen ein. Er entwickelt die Deutsche Messe als vermittelnde Gottesdienstform zwischen Aufbruch und Bewahrung. Er verdeutscht die vertraute Liturgie und bereinigt an wenigen Stellen den Text. Er schreibt neue Lieder und macht die Gemeinde zum musikalischen Gesprächspartner Gottes. Zum ersten Mal wird in der Stadtkirche das heilige Abendmahl unter beiderlei Gestalt gefeiert. Die Besoldung der Geistlichen wird neu geregelt. Bettel und Ablasswesen werden abgeschafft. Stattdessen gibt es einen „gemeinen Kasten", eine Art Steuersäckel, aus dem kirchliche und kommunale Aufgaben finanziert werden. Luther will keine Revolution. Er begeht nicht den Weg der Gewalt, sondern wirkt durch Argumente. Er will die Menschen „mitnehmen". Auch in der Bilderfrage findet Luther zu einer gemäßigten Position.

Die reformierten Schweizer Theologen Huldreich Zwingli und Johannes Calvin treten für ein völliges Bilderverbot in den Kirchen ein. Sie sehen darin einen Verstoß gegen das erste Gebot und fürchten die gedankliche Ablenkung vom Wort Gottes. Christus habe sich durch seine Himmelfahrt den Augen der Menschen entzogen, deswegen dürften wir uns keine Gottesbilder machen. Luther will die Bilderfrage tiefer hängen, weil man nicht genau entscheiden könne, wann es einen rechten und falschen Gebrauch der Bilder gäbe. Dass das verehrende Anschauen und Betasten von Bildern nicht selig macht, sondern allein der Glaube an Christus, ist ihm klar. Dass aber der fleischgewordene Gott sich in Christus ansichtig macht, begründet für ihn den didaktischen Einsatz von Bildern. Man dürfe sie als pädagogisches Mittel zum Zweck der Verkündigung verwenden. Dass Jesus Bildgeschichten erzählt, um geistliche Wahrheiten begreiflich zu machen, führt ihn zu der Überzeugung: *„Gute Bilder können zur Veranschaulichung des wahren Glaubens dienen."* Sie sind *„ein Zeichen"* auf Christus hin.

Auf diesem theologischen Hintergrund haben die „Maler der Reformation" Lucas Cranach und sein namensgleicher Sohn den Choraltar der Wittenberger Stadtkirche gestaltet (s. S. 143). Deren berühmtes Meisterwerk präsentiert die drei evangelischen Sakramente Taufe, Abendmahl und Beichte. Der Altar wird von der Predella getragen, auf welcher der predigende Luther vor seiner Wittenberger Gemeinde steht. Von der Kanzel aus weist er auf den Gekreuzigten. Das Wort vom Kreuz „trägt" und begründet gleichsam die drei Sakramente. Auf dem dreiflügeligen Altar sind bekannte Persönlichkeiten des damaligen Wittenberger Gemeindelebens zu erkennen: Philipp Melanchthon tauft gerade ein neugeborenes Kind. Lucas Cranach steht assistierend daneben. Martin Luther sitzt als Junker Jörg an einem kreisrunden Abendmahlstisch. Neben ihm der Buchdrucker Hans Lufft. Luther ergreift den Abendmahlskelch, der ihm von Lucas Cranach gereicht wird. Luthers „Traupfarrer" Johannes Bugenhagen nimmt den Sündern die Beichte ab. Käthe Luther und ihr Sohn Hans stehen bei der andächtigen Gemeinde. Der Reformationsaltar stellt eine eindrucksvolle Momentaufnahme der Geburtsstunde der evangelischen Kirche dar.

Unter den weiteren Kunstwerken der Stadtpfarrkirche offenbart besonders das Grabmal des späteren Wittenberger Pfarrers Paul Eber eine lehrhafte Absicht. Lucas Cranach d.J. hat es gestaltet. Man sieht den zweigeteilten Weinberg der Christenheit: „katholisches" und „evangelisches" Land. Die bunt befrackten katholischen Würdenträger zur Linken demolieren ihren Weingarten. Sie werfen

Steine in den Brunnen und zerstören den Boden. Ihr Weinberg liegt „wüst und unbeschnitten" da (Jesaja 5,6). Die in nüchternem Schwarz gekleideten „evangelischen" Arbeiter sorgen sich dagegen emsig um ihren Garten. Sie dürfen reiche Früchte einfahren. Die Darstellung macht deutlich, dass die Kirchenspaltung in der Generation der „Lutherkinder" bereits schmerzhaft vollzogen ist. Das Lehrbild ist die polemische Antwort auf die Bannandrohungsbulle des Papstes. Dort wird Luther als verheerendes Wildschwein im Weinberg bezeichnet. Hier dagegen steht er als sorgsamer Gärtner in der Mitte der Anlage. Um ihn herum gedeihen die Reben. Aufgrund der herausragenden Kunstschätze wurde die Stadtpfarrkirche 1996 von der UNESCO zum Weltkulturerbe erklärt. Zum Reformationsjubiläum 2017 wird sie samt ihres wertvollen Inventares für 7,5 Millionen Euro grundlegend saniert. Unter dem Motto „Luthers Kirche, Cranachs Werke, ihre Spende" hat sich mit dem Opernsänger und Fernsehmoderator Gunther Emmerlich ein prominenter Schirmherr für das notwendige Sponsoring gefunden.

Noch feindseliger als der zwiefache Weinberg ist das steinerne Spottrelief an der südwestlichen Außenmauer der Kirche. In der Skulptur der so genannten „Judensau" wird mittelalterlicher Antijudaismus bösartig greifbar. Vom Kirchplatz her sieht man die Steinkarikatur im Oberbereich des Chores. Der an seiner Tracht erkennbare Jude hebt das Bein eines Schweines in zwielichtiger Absicht nach oben und *„kuckt mit großem Fleiß der Sau unter dem Pirtzel in den Thalmud hinein, als wollte er etwas Scharfes und Sonderliches lesen und ersehen"*. Gleichzeitig trinken seine Kinder die Muttermilch aus den Zitzen des Tiers. Das Bild erweckt Ekel. Es nimmt ein jüdisches Nahrungstabu auf und suggeriert, dass Juden und Schweine in intimen Kontakt zueinander stehen. Die steinerne Verleumdung aus dem 14. Jahrhundert steht in einer langen, leidvollen Tradition der gesellschaftlichen Ausgrenzung des Judentums. Im Spätmittelalter gelangen die Ressentiments zu einem Höhepunkt. Luther lebt in einer judenfeindlichen Zeit. Sondersteuern und Judenvertreibungen sind an der Tagesordnung. Es gehört zu den dunklen Seiten des Reformators, dass er sich ungebremst in die traurige Tradition des Judenhasses stellt.

Am Anfang seines Reformprozesses hatte er noch betont, dass Jesus *„ein geborener Jude"* sei. Er hatte gehofft, durch das wiederentdeckte Evangelium würden *„viele unter den Juden in ernstlicher und redlicher Weise bekehrt werden und sich so aus der Welt zu Christus ziehen lassen"*. Doch seine Enttäuschung über die ausbleibende „Umkehr" entwickelt sich zu bitterem Zorn. Als personifizierte Vertreter alttestamentlicher Werkgerechtigkeit waren die Juden ihm nun gleichrangig mit dem Papst. Er sah sie als theologische Widersacher und wollte sie am liebsten *„vertreiben"* und gegen ihre Synagogen *„mit Feuer, Schwefel und Pech"* vorgehen. Er bezeichnet sie als *„Brunnenvergifter, rituelle Mörder, Wucherer, Parasiten der christlichen Gesellschaft"*.

Luthers Ausschüttung an unerträglichen Kraftausdrücken verliert im Blick auf die Juden jedes tolerierbare Maß. Sein Antijudaismus ist zwar nicht rassistisch begründet, doch mit den unbotmäßigen Äußerungen liefert er dem Antisemitismus der späteren Nazis die blutrünstige Sprache. Warum diese unverhohlene Judenfeindschaft? Er kam mit Vertretern des „Alten Bundes" doch kaum in Berührung. In Wittenbergs „Jüdenstraße" hinter der Stadtpfarrkirche hatten einst Juden gelebt. Diese waren aber schon Mitte des 15. Jahrhunderts vertrieben worden. Warum dieser ausformulierte Antijudaismus mit den später so entsetzlichen Folgen? War es „entzauberte Liebe", krankhafte Angst vor dem Fremden oder Luthers penetranter Kampf mit dem Satan? War es die emotionale Abwehr des frisch geschlüpften Kükens, welches die alten, einengenden Eierschalen verachtend verstößt? Politisch gesehen ging es den Juden in evangelischen Gebieten nicht schlechter, aber auch nicht besser als denen, die in katholischen Regionen lebten. Warum lässt Luther sich von projüdisch eingestellten Reformatoren wie Justus Jonas, Martin Bucer, Heinrich Bullinger oder Andreas Osiander nicht mäßigen? Warum hat er sich über die Juden „schmutzig geschrieben" (Bullinger, 1543)?

Als an Luthers Geburtstag, am 10. November 1938, in Deutschland die Synagogen brannten, kam nicht viel Protest von den evangelischen Christen. Im Gegenteil: Der damalige thüringische Landesbischof Martin Sasse verteidigte diesen Akt unter Bezugnahme auf Martin Luther, den „größten Warner seines Volkes wider die Juden".

Seit den 1950er Jahren distanziert sich die Evangelische Kirche in Deutschland von den judenfeindlichen Schriften Martin Luthers. Der Lutherische Weltbund erklärt 1984: „Die Sünden von Luthers antijüdischen Äußerungen und die Heftigkeit seiner Angriffe auf die Juden müssen mit großem Bedauern zugegeben werden. Wir müssen dafür sorgen, dass eine solche Sünde heute und in Zukunft in unseren Kirchen nicht mehr begangen werden kann." Seit 1988 gibt es im Steinpflaster unmittelbar vor der Stadtkirche eine Mahntafel, die an die sechs Millionen ermordeter Juden während der Hitlerzeit erinnert. Erst im 19. Jahrhundert hatten sich im Zuge liberalerer Zuzugsregelungen wieder rund hundertzwanzig jüdische Familien in Wittenberg angesiedelt. Zu Beginn der nationalsozialistischen Herrschaft wohnten noch siebzig Juden in der Stadt. Nur vier von ihnen überlebten den Holocaust. Seit 2009 erinnern „Stolpersteine" vor den Wohnhäusern an die infolge der Shoa zu Tode gekommenen Wittenberger Juden.

Erfreulicher als das verachtende Spottbild ist der poetische „Geburtsort", der sich linker Hand befindet. Unmittelbar gegenüber der „Judensau" liegt die Studentenbude Paul Gerhardts. Der bekannteste lutherische Liederdichter hat von 1628 bis 1643 in Wittenberg Theologie studiert. Er wohnte in einem der hiesigen Pfarrhäuser. Der Kirchplatz war damals ein Friedhof. Zieht man eine gerade Linie von der Stadtkirche über die ehemalige Friedhofskapelle bis zu den Fassaden der angrenzenden Bürgerhäuser, trifft man auf seine einstige Unterkunft. Die Pfarrerskinder wurden von Paul Gerhardt schulisch unterrichtet. Mit dem „Nebenjob" als Hauslehrer verdiente er sich sein tägliches Aus- und Unterkommen. Allem Anschein nach schrieb er unter dem Eindruck einer örtlichen Brandkatastrophe seine ersten geistlichen Gedichte.

Wittenberg war bis dahin vom Dreißigjährigen Krieg verschont geblieben. Der Schwedenkönig Karl Gustav hatte „die Quellstube der Reformation" vor Kampfhandlungen verschonen wollen. Doch durchziehende schwedische Soldaten lösen unabsichtlich einen vernichtenden Stadtbrand aus. Die „Tabak trinkenden", kräftig rauchenden Skandinavier verursachen ein Feuermeer. Zweitausend Einwohner kommen dabei ums Leben: ein Drittel der damaligen Stadtbevölkerung. Von seiner Unterkunft aus schaut Paul Gerhardt auf den Wittenberger Gottesacker. Er sieht ihn als Sammlungsort der Erschrockenen. Täglich beobachtet er trauernde, verwaiste, verzweifelte, lebensmüde Menschen, die an einem Grab stehen. Er spürt existentiell, wie dünn die Wand zwischen Leben und Tod ist. Er erkennt: „Ich bin ein Gast auf Erden und hab hier keinen Stand." In der Lehre Martin Luthers findet Paul Gerhardt theologisch begründeten Trost, den er in seinen Liedern über Generationen hinweg mit großer Wertschätzung weitergibt. Er setzt poetisch um, was Luther theologisch gedacht hat. War Luther der Verkündiger der Gnade, so wird Paul Gerhardt zum Seelsorger der Begnadigten. Durch Paul Gerhardts Lieder hat das lutherische Evangelium nicht nur den Kopf, sondern auch die Herzen der Menschen erreicht.

Vom Kirchplatz aus empfiehlt sich noch der Besuch des Bugenhagen-Hauses in der Jüdengasse. Hinter der Stadtkirche hatte der erste evangelische Superintendent seinen Wohnsitz. Johannes Bugenhagen gilt als weitgereister und sprachgewandter „Reformator des Nordens". Er war Luthers Botschafter in Hamburg, Braunschweig, Dänemark und Pommern. Sein Wittenberger Domizil wird uns als erstes evangelisches Pfarrhaus der Welt gezeigt. Bereits 1522 hatte er geheiratet. Von der Kirchturmseite aus führt uns eine kleine Gasse in wenigen Schritten zum kommunalen Stadtzentrum. Dort eröffnet sich dem Besucher ein beliebtes Fotomotiv. Auf dem weitläufigen Marktplatz stehen die beiden Reformatoren Martin Luther und Philipp Melanchthon. Ihre bronzenen Statuen werden von einem gotisch anmutenden Baldachin bedeutsam überdacht. Dahinter erhebt sich das würdige Rathaus im eleganten Stil der Renaissance. Es wurde noch zu Luthers Lebzeiten errichtet.

Lucas Cranach d.J. war nicht nur ein begnadeter Kunsthandwerker, sondern auch der innovative Bürgermeister der Stadt. In diesem Gebäude befand sich sein Amtssitz. Die beiden Reformationsdenkmäler stehen auf „vaterländischem Granit". Luther umfasst die von ihm übersetzte Bibel. Melanchthon hält das von ihm formulierte Augsburger Bekenntnis in den Händen.

Die gleichwertige Darstellung der beiden Reformatoren dokumentiert deren ebenbürtige Bedeutung. Melanchthon hat unter Luthers aufbrausendem Temperament zeitweise gelitten. Dennoch bezeugt er, von ihm „das Evangelium gelernt" zu haben. Luther schätzt den diplomatischen „kleinen Griechen" als geschickten Verhandlungsführer und „bewundernswerten Mann, der fast ein übermenschliches Maß" habe. Die beiden heroischen Denkmäler führen

Philipp Melanchthon (1497–1560)

uns in Wittenbergs preußische Zeit zurück. Im historisierenden 19. Jahrhundert verwandelte sich die Stadt zum „Sanktuarium der evangelischen Christenheit", zum protestantischen Wallfahrtsort. Aus dem kurfürstlichen Schloss am westlichen Ortsausgang wurde eine preußische Zitadelle. Die daneben befindliche Schlosskirche gestaltete sich zum Tempel des Luthertums. Der gewaltig erhöhte Kirchturm erinnert nun in seiner Form an die martialische preußische Pickelhaube. Die aus Mosaik angefertigte Turminschrift strahlt Luthers Bekenntnis „Ein feste Burg ist unser Gott" proklamierend ins Land. Die neugotische Neugestaltung der Schlosskirche wurde vom preußischen Herrscherhaus in den 1880er Jahren in Auftrag gegeben. Die alte Anlage sollte dabei nicht „sklavisch wiederholt" werden, zumal es in der Kirche kaum mehr originale Ausstellungsstücke gibt. Das sakrale Reformationsdenkmal ist vielmehr eine in

Stein und Kunst verdichtete Heldenverehrung. Die zwei bronzenen Grabplatten vor der Kanzel überdecken die Grabstätten Melanchthons und Luthers. Nebeneinander haben die beiden ihre letzte Ruhe gefunden. Die Glasfenster und Wappen der Kirche erinnern an prägende Reformatoren, selbstbewusste Reichsstädte und entschlossene Landesherren, die die evangelische Sache befördert haben. Luthers hammerschwingende Protestaktion wird mit einer Bronzetür aus dem Jahr 1858 dokumentiert. Die 95 Thesen sind darauf als Schriftrelief zu lesen.

Unser Rückweg zum Ausgangspunkt führt uns wieder durch die Collegienstraße. Mit ihren historischen Merkorten zieht sie sich wie eine Perlenkette durch Wittenberg: ein Highway der Reformationsgeschichte. Links und rechts erinnern weiße Gedenktafeln an bekannte Persönlichkeiten, die in Wittenberg gelebt haben. Vom Geist der Stadt geformt, haben sie Luthers Lehre auf unterschiedliche Weise nach ganz Europa getragen. Auf der rechten Straßenseite lohnt sich ein dreimaliges Abbiegen. Da ist zunächst die Kunstwerkstatt des „zweiten" Cranach-Hofes. Hier befindet sich die reformatorische Medienzentrale, die Luthers Gedanken zu Buch und Bild werden ließ. Vierhundert Meter weiter führt ein Eingangsportal zu dem freien Platz vor der „Leucorea", der einstigen Universität. 1814 wurde das traditionsreiche Bildungsinstitut von Napoleon geschlossen und danach von den Preußen nach Halle verlegt. Kurz vor dem „Schwarzen Kloster" zeigt das Melanchthonhaus eine Dauerstellung zum Lebenswerk des kurpfälzischen „Lehrers der Deutschen", des „Praeceptor Germaniae". Noch einmal an der dahinsiechenden Luthereiche vorbei führt uns der Rundweg zurück zum Bahnhof.

Für welche Botschaft steht Wittenberg? Zum Reformationsjubiläum wird die Stadt glänzend herausgeputzt und mit einem Millionenaufwand „ins Licht" der Öffentlichkeit gerückt. Der Besucher wird an dynamische Zeiten eines epochalen, gesellschaftlichen Aufbruchs erinnert. Ja, die römische Kirche hat auf dem weißen Sandhügel bei der Elbe eine „kleine, kluge Schwester" bekommen. Aber rechtfertigt das den Vergleich mit der „ewigen Stadt"? Kann man ernsthaft das hiesige Kirchenwesen zum „evangelischen Vatikan" erheben? Die Unterschiede sind doch erheblich. Während Rom voller Katholiken ist, sind die meisten Wittenberger bekennende Atheisten.

Die einstige Brunnenstube der Reformation liegt in der am stärksten säkularisierten Region Europas. In Sachsen-Anhalt gibt es die wenigsten Protestanten in ganz Deutschland. Knapp fünfzehn Prozent gehören zur evangelischen Kirche und nur dreizehn Prozent sagen, sie glaubten an Gott. Der Museums-Luther wird volkstümlich gefeiert vom Lutherbier bis zu den Luthersocken. Aber der Prediger des Evangeliums bleibt vielen fremd. Konfessionslosigkeit ist auch in hiesigen Dörfern zur Normalität geworden. Ist das ein Grund, argwöhnisch oder gar lustvoll das Ende des Protestantismus zu beschwören? Herrscht schon Kirchendämmerung?

Vielleicht liegt gerade in Luthers Wittenberg-Erfahrungen der Schlüssel zur Zukunft: Das Große beginnt im Kleinen, die Erneuerung kommt von unten, der Glaubensstand entsteht im Widerstand, der Geist kommt aus dem Buchstaben der Heiligen Schrift. Gott wird nicht im lauten Sturm der Massen, sondern in der Stille des Hörens erfahren. Die Landeskirchen der ehemaligen DDR haben dem Westen eines voraus. Sie haben gelernt, als Minderheit selbstbewusst zu glauben und eröffnete Freiräume mutig zu gestalten. Ist es ein Zufall, dass aus dieser ostdeutschen „Kinderstube" respektierte Politiker kommen? Angela Merkel, Joachim Gauck oder Thomas de Maizière sind Führungscharaktere, die im politischen Establishment als authentische Persönlichkeiten auffallen. Sie gestalten pragmatisch und leidenschaftlich die Gesellschaft. Sie sind nicht frömmlerisch, aber erkennbar evangelisch. Und da sind kantige Menschen wie der Wittenberger Pfarrer Friedrich Schorlemmer oder der Wittenberger Theologennachfahre Arnulf Baring. Mit ihrer intellektuellen Schärfe und ihrem solidarischen Widerspruch bleiben sie aufrechte Protestanten. Der deutsche Papst Benedikt XVI. nimmt im Grunde die Lebenserfahrung Luthers auf, wenn er sagt: „Kreative Minderheiten werden die Zukunft Europas gestalten!" Es ist eine kleine Kerze, die einen großen Raum „ins Licht" bringen kann.

Wartburg

Der Geborgene

Eine Höhenburg bekundete im Mittelalter öffentlich die Macht eines Adligen. Die herausgehobene Örtlichkeit veranschaulichte die gesellschaftliche Bedeutung ihres Besitzers. Als steinerne Festung war sie ihm eine sichere Wohnung. Als landschaftliches Highlight verkörperte sie das Zentrum territorialer Verwaltung. Als Rittertheater bot sie ein Podium für ausschweifende Unterhaltung.

Die Wartburg in der Gesamtansicht

Die Burg schützte den Verfolgten. Sie wurde dem Heimatlosen zur Zuflucht, dem Vogelfreien zum hütenden Nest. Hinter ihren Mauern herrschte der Burgfrieden, ein räumlich begrenzter Waffenstillstand. Im Hoheitsbereich des verschanzten Geländes waren Fehden bei Strafe untersagt. Hier ruhte der Streit. Schwerter und Spieße mussten am Eingangstor abgelegt werden. Die Wartburg wird zu Luthers Asyl, zum windstillen Auge mitten im Sturm. Aus dem Gebannten wird der Geborgene.

Der deutsche Kaiser Karl V. war neu gewählt. Von seinem ersten Biographen wird er später als „Karl der Größte" bezeichnet. Der Namenszusatz bezieht sich allerdings nicht auf seine politische Begabung. Mit dem Superlativ ist die spektakuläre Ausdehnung des Habsburger Herrschaftsbereiches gemeint. Durch die spanischen Gebiete in Übersee regiert Karl ein Imperium, „in dem die Sonne nicht untergeht". Doch der Erhalt der Macht hat einen hohen Preis. Der Kaiser muss blutige Kriege und zähe Verhandlungen führen. Teure Kompromisse und ungelöste Probleme prägen seine Regierungszeit. Die Widersacher zündeln mal da und mal dort. Die widerspenstigen Kurfürsten streben nach Eigenständigkeit. Der launische Papst und die oppositionellen Franzosen kosten ihn Kraft. Die angreifenden Türken rütteln an der südöstlichen Flanke des Reiches. Karl gleicht einem angespannten Feuerwehrmann im ausgetrockneten australischen Busch. Überfordert rennt er von Brand zu Brand. Und nun lodert ihm auch noch heftiges reformatorisches Feuer aus Wittenberg entgegen. Als er nach 36-jähriger Herrschaft abdankt, wirkt er abgekämpft und resigniert.

Karl ist geprägt von der Idee eines universalen Europas ohne nationale Bindungen. Er möchte den Einklang des Reiches auf der Basis einer verbindenden christlichen Tonart. Im römischen Glauben sieht er die integrative Potenz, kulturelle Grenzen zu überwinden. Er versteht sich als Vater einer großen katholischen Völkerfamilie. Als Amtmann der Einheit bekämpft er Luther wie einen Spaltpilz. Bei seinem Rücktritt blickt der gichtgeplagte Karl unzufrieden auf sein gescheitertes Lebenswerk zurück. Er bereut die Einhaltung seines Wormser Schutzversprechens: „Ich irrte, als ich damals den Luther nicht umbrachte. Der Irrtum wuchs ins Ungeheuerliche." Hätte ein schneller Tod des „Schädlings" die Kirchenspaltung bereits im Keim ersticken können? Schon der päpstliche Kirchenbann hatte sich aus taktischen Gründen verzögert. Gewöhnlich hätte sich die kaiserliche Reichsacht zeitnah anschließen müssen, als kämen beide Verurteilungen wie aus einem Mund. Doch auch das staatliche Machtwort kommt mit Verspätung. Im Rahmen seines Wahlkampfes hatte Karl den Kurfürsten schriftliche Zugeständnisse machen müssen. Falls er zum Kaiser gewählt würde, wäre Luther vor einem etwaigen Schuldspruch öffentlich von ihm anzuhören. Die Glaubensfrage wird zum Politikum. Im Frühjahr 1521 ist es soweit. Eineinhalb Jahre war der neu gewählte Kaiser im Ausland unterwegs. Nun stellt er sich den Mitgliedern des Reichstages. Er braucht die Unterstützung der Stände für die Verwaltung des Staates. Das Haupt des Reiches kann nicht handeln ohne die wichtigsten Glieder des Landes. Um das osmanische Problem zu lösen, muss er Handlungsfreiheit im Innern gewinnen. Fünf Monate lang trifft sich die deutsche Führungselite in Worms. Die Vertreterversammlung der Territorien und Städte ist das machtpolitische Gegenüber des Kaisers. Auch wenn Karl nicht an deren Mehrheitsbeschlüsse gebunden ist, ohne die Unterstützung dieser Männer kann er sein Land nicht regieren.

Am 17. April steht die „Causa Lutheri" auf der Agenda des Gremiums. Der besagte Schutzbrief war zusammen mit der kaiserlichen Vorladung Luthers nach Wittenberg geschickt worden. Dem Angeklagten wird darin eine dreiwöchige Schonfrist gewährt. Das Schreiben verspricht ihm freies Geleit im Anschluss an die Verhandlung. Bei Luthers Freunden läuten die Alarmglocken. In Worms könne kein Kurfürst mehr eingreifen. Jan Hus sei ein abschreckendes Beispiel. Schon einmal ist die Asche eines angeklagten Ketzers in den Rhein gestreut worden. Auch Hus habe nur seine Lehre vor den Reichsoberen verteidigen wollen. Doch sein mutiger Weg zum Konstanzer Konzil habe mit einem königlichen Wortbruch und der Hinrichtung auf dem Scheiterhaufen geendet.

Luther weiß um die Gefahr, aber er lässt sich nicht einschüchtern: *„Ein Ruf des Kaisers bedeutet, dass ich von Gott berufen werde."*

Für das Evangelium will er öffentlich Zeugnis ablegen, koste es auch den eigenen Tod. An seinen besorgten Weggenossen Spalatin schreibt er: *„Wir werden nach Worms kommen, aller Pforten der Hölle zum Trotz. Wenngleich so viele Teufel drin wären als ihrer Ziegel da wären."* Lucas Cranach bemüht sich beim Magistrat um einen kleinen Pferdewagen für den Geladenen. Der deutsche Reichsherold Kaspar Sturm begleitet das Gespann mit seinen Soldaten. Er versichert seinem Schützling unaufgeregt die sichere Ankunft: „Solange ich euch begleite, geht jeder Angriff auf eure Person nur über meine Leiche." Sturm ist dem Kaiser treu ergeben, aber die Päpstlichen sehen ihn als „grimmigen Feind des Klerus". Kirchenpolitisch steht er in der Tat auf Luthers Seite. Der gradlinige Beamte beschreibt dem Kaiser von unterwegs aus schriftlich die Lage. Er könne es nicht verhindern, dass „alle Welt, Alt und Jung, Knaben und Mädchen, Luther entgegenströmten". Seine Fahrt gleiche einem „Triumphzug". In Naumburg gibt es ein öffentliches Festessen. In Leipzig wird der trotzige Mönch mit Ehrenwein gefeiert. In Erfurt stärkt er sich in der Begegnung mit alten Freunden. Feudale Empfänge und überfüllte Kirchen: Wo Luther auftaucht, jubeln die Menschen. Die Deutschen umgeben „ihren Luther" mit einer Mauer des Ehrengeleits. Der päpstliche Delegationsleiter möchte dieses Brimborium verhindern. Sein Plan ist, dass „der Schurke möglichst unauffällig in die Stadt gebracht werden" soll.

Doch in Worms herrscht Ausnahmezustand. Die prolutherische Stimmung bleibt den römischen Lobbyisten nicht verborgen. Der Türmer kündigt Luthers Ankunft mit Fanfaren gellend an. Die Massen strömen auf die Straße. Beim Mainzer Tor drängen sich Einheimische und Gäste. Da sind seine Unterstützer, aber auch die „roten Hütlein aus Rom". Ein Priester berührt ehrfürchtig Luthers Gewand, als betaste er eine Reliquie. Adlige Ritter geben Luther das Geleit und beschirmen seinen Einzug. Im Gasthaus Schwanen hat sich Kurfürst Friedrich vornehm zurückgezogen. Mit vorsichtiger Diplomatie zieht er von dort aus die Fäden. Hieronymus Aleander, der Gesandte des Papstes, erspürt den Geist dieser Stunde. Er schreibt nach Rom: „Als Luther, der Ketzer, vom Wagen stieg, blickte er mit seinen dämonischen Augen im Kreise herum und sagte mit fester Stimme: Gott wird mit mir sein."

Im Johanniterhof findet der Angeklagte sein Wormser Domizil. Als er am nächsten Tag vor die ehrwürdige Versammlung tritt, raunt ihm der alte Haudegen Georg von Frundsberg, oberster Landsknecht des Reiches, zu: „Mönchlein, Mönchlein, du gehst jetzt einen schweren Gang." Doch das Schwerste ist die Mauer, gegen die der Couragierte anrennt. Luther ist sprachlos enttäuscht, als er vor dem schweigenden deutschen Souverän steht. Er hatte sich eine dialogische Aussprache gewünscht, nun stellt ihn Karl V. ohne Diskussion vor die Entscheidung. Der kaiserliche Dolmetscher deutet auf einen Büchertisch und richtet zwei Fragen an den Angeklagten: Bekennst du dich zu diesen Schriften? Und: Bist du bereit, diese Schriften zu widerrufen? Der seither umjubelte Luther wirkt defensiv. Der zu Selbstkritik geschulte Bibelprofessor wäre bereit gewesen, sich überzeugen zu lassen. Ihm geht es nicht um den Status eines unverbesserlichen Rechthabers. Noch sieht er im Kaiser ein väterliches Gegenüber. Wie ein fragendes Kind sucht er die Grenze. Er erbettelt sich geradezu den Beweis, dass er falsch liegt. Eine faire Verhandlung hatte er erwartet, doch nun wird ihm bereits kommentarlos das Urteil präsentiert. Da zieht er die Reißleine. Er erbittet sich Bedenkzeit. Die Päpstlichen „zischen". Der genervte Kaiser ärgert sich über die unnötige Verlängerung des Problems. Luther wird wieder zurück in seine Unterkunft geführt. Am nächsten Tag will er erneut vor den Reichstag treten, um nun eine Antwort „*ohne Hörner und Zähne*" zu geben. Die Sitzung zieht sich hin. Erst als die Dämmerung eintritt, kommt er dran. Im Saal wird Licht entzündet. Im Widerschein der Fackeln „glitzern und zwitzeln" seine Augen „wie Sterne". Luther nützt die konzentrierte Aufmerksamkeit des Gremiums zu einer mitreißenden, theologisch und politisch geschickten Verteidigungsrede. Er schließt mit Worten, die eine neue Zeitepoche einläuten: „*Wenn ich nicht durch Zeugnisse der Schrift oder durch klare Vernunftgründe überzeugt werde – denn weder dem Papst noch den Konzilien allein glaube ich, da es feststeht, dass sie öfter geirrt und sich selbst widersprochen haben –, so bin ich durch die Stellen der heiligen Schrift, die ich angeführt habe, überwunden in meinem Gewissen und gefangen in dem Worte Gottes. Daher kann und will ich nichts widerrufen, weil wider das Gewissen etwas zu tun weder sicher noch heilsam ist. Gott helfe mir, Amen!"*

Kaiser Karl V. (1500–1558)

Das Gewissen eines Einzelnen als Bollwerk gegen die versammelte kirchliche und staatliche Macht, als Plattform Gottes im Kampf um die Welt! Im Saal wird es unruhig. Die Befürworter rufen: „Heil." Die Spanier schreien: „Ins Feuer mit ihm." Kaiser Karl wirkt zunächst irritiert. Er spricht kein Deutsch und nur wenig Latein. Als ihm die Antwort endlich ins Französische übersetzt wird, bleibt sein erstarrter Mund offen stehen. Verschiedene Porträts zeigen, dass Karls herunterhängendes Kinn offenbar ein körperliches Wesensmerkmal von ihm war. Der erstaunte Gesichtsausdruck erweckt den Eindruck, als könne der unnahbare, mittelalterlich denkende Herrscher die Veränderungen der Neuzeit nicht fassen, als müsse er angesichts des atemlosen gesellschaftlichen Wandels tief Luft holen. Doch der Kaiser steht zu seinem Wort. Luther wird weggeführt, aber nicht verhaftet. Als er erleichtert in seinem Nachtquartier eintrifft, reißt er die Arme nach oben und ruft: *„Ich bin hindurch!"* Es kommt noch zu einigen Nachverhandlungen. Luthers Aufenthalt verlängert sich. Selbst die schärfsten Gegner wollen ihm Brücken bauen. Aber seine Haltung bleibt unverrückbar. Er ist mit seinem Gewissen im Gotteswort gefangen, wie ein geretteter Schiffbrüchiger im Netz Christi. Am Abend des 25. April 1521 erscheint schließlich der kaiserliche Sekretär. Er teilt ihm die Aufnahme des „Prozedierens" mit, den ersten Schritt zum Vollzug der Reichsacht. Diese führt zur völligen Rechtlosigkeit des Geächteten. Keiner darf ihm mehr Schutz bieten. Jeder kann dem Vogelfreien nun straflos „den Dolch zwischen die Rippen" stechen. Luthers Schriften sind zu verbrennen. Deren Käufer und Verkäufer sind zu bestrafen. Der Kaiser müsse nun als „Vogt und Schutzherr der Kirche" handeln. Das Geleitversprechen werde aber eingehalten. Für Luther ist diese Begegnung das Signal zum Aufbruch. Aleander schreibt später empört nach Rom: „So ist denn der ehrwürdige Schurke gestern drei Stunden vor Mittag mit zwei Wagen abgereist, nachdem er sich eigenhändig in Gegenwart vieler Personen viele Brotschnitten geröstet und manches Glas Malvasierwein ausgetrunken hat." Die ungehinderte Abreise Luthers hatten selbst ärgste Feinde empfohlen. Die Furcht vor anarchischen Unruhen war groß. Das Zeichen des revolutionären Buntschuhs war in den Gassen Worms aufgetaucht. Es versetzte die Mächtigen in Angst und Schrecken.

Kurfürst Friedrich hatte heimlich für Martin Luthers Sicherheit vorgesorgt. Der Abreisende war in Kenntnis gesetzt worden, dass er irgendwo unterwegs *eingetan und verborgen* werden würde. Zeit und Ort seiner Bergung waren ihm nicht bekannt. Nur ein kleiner Kreis Eingeweihter wusste Bescheid. Als die mehrköpfige Reisegesellschaft das kursächsische Herrschaftsgebiet erreicht hatte, konnten Friedrichs Beauftragte handeln. Am 1. Mai 1521 predigt der Professor noch in der überfüllten Eisenacher Georgenkirche. Anschließend besucht er die bäuerliche Verwandtschaft im nahen Möhra. Die Rettungsaktion beginnt am 4. Mai. Im Glasgrund bei Steinbach muss die Kutsche einen Anstieg bewältigen. Es wird steil und immer stiller. Der Begleitschutz zieht sich zurück. Plötzlich hört man aufgeregtes Schnauben und Wiehern. Luther und seine Mitreisenden werden von fünf maskierten Reitern umzingelt. Diese zerren ihn aus dem Wagen und lassen ihn neben ihren Pferden zu Fuß hergehen. Luthers Begleiter machen sich ängstlich aus dem Staub. Unten am Glasbach schimpfen und lärmen die Entführer. Ihr bedrohliches Gehabe hält an, bis die Tatzeugen verschwunden sind. Dann legen die Reiter ihre Maskerade ab und lüften das Geheimnis.

Luther wird auf ein Pferd gesetzt und über verwunschene Waldwege zur Wartburg gebracht. Burghauptmann Hans von Berlepsch führt ihn in seine Unterkunft. Zehn Monate lang wohnt nun das gekidnappte „Mönchlein" nach seinem schweren Wormser Gang in zwei kleinen Kammern über Berlepschs Wohnung. Luther wechselt den Stand und die Kleidung. Aus dem Geistlichen wird ein junger Edelmann. Aus Bruder Martin wird der „Junker Jörg". Statt klösterlicher Tonsur pflegt er nun „Haupthaar und Bart". Er lebt hier inkognito. Nur über einen unsicheren Steg kann er das ritterliche Gemach erreichen. Bei nächtlich verschlossenem Burgtor ist das Gebäude hermetisch verriegelt. Von der Außenwelt abgeschirmt, soll der „sächsische Drachen" (Aleander) zur Ruhe kommen. Innerhalb der Burg und ihrem unmittelbaren Umfeld darf er sich frei bewegen. Ein bewaffneter Begleiter ist immer dabei. Luther ergeht sich in der Natur. Er „sammelt Erdbeeren" im Gehölz. Auf seinen Spaziergängen trifft er mit Eisenacher Franziskanern zusammen.

Um ein Haar wäre dabei das Geheimnis um seine Person aufgeflogen. In der erhabenen Tiefe des Thüringer Waldes könnte seine Seele befreiend aufatmen. Der Wartburgaufenthalt könnte dem erschöpften Kämpfer zur erholsamen Kur werden. Doch er ist weit davon entfernt. Ihn beschwert das Leben in dieser gesprächsarmen Einsamkeit. Er fühlt sich der Menschheit entrückt wie „im Reich der Vögel", verbannt wie Johannes auf

Junker Jörg

„*Patmos*". Auch seine Verdauung gewöhnt sich nur schwer an die fleischreiche Kost der Rittersleute. Schmerzhafte Verstopfung raubt ihm den Schlaf. Sein Unterleib sei „*böse geworden*". Die tägliche Gebetspraxis erlebt er als „*faul*". Seine Zweifel wachsen zur gefühlten Gottverlassenheit. Die „*Angriffe des Satans*" werden täglich schlimmer. In dieser angespannten Situation soll es zum legendären „Wurf mit dem Tintenfass" gekommen sein. Ganz handgreiflich habe er sein Schreibgefäß beim nächtlichen Aufwachen dem gehörnten Wesen entgegengeschleudert. Dass er den „*Teufel mit Tinte vertrieben*" habe, wird heute allerdings auf Luthers Bibelübersetzung bezogen. Die Verdeutschung des griechischen Neuen Testamentes wird zu seinem prägenden Wartburger Thema. Wieder ist es die Begegnung mit Gottes Wort, die Luther zum Frieden führt. Auf der Wartburg hatte er „*das Warten zu lernen*". Nun will er der Bitte von Freunden entsprechen und fängt an, die Bibel in die Sprache des Volkes zu übersetzen.

Luther war nicht der erste Bibelübersetzer im Reich. Bereits seit dem Jahr 1466 waren verschiedene Übertragungen der Heiligen Schrift in deutscher Sprache vorhanden. Der Ausgangspunkt dieser Übersetzungen war allerdings stets die lateinische Bibel, also nicht das ursprachliche Original. Diese Vorgehensweise birgt das Problem aufgewärmter Lauheit. Wenn sprudelndes Wasser durch zwei unterschiedlich große und andersartig temperierte Gefäße hindurch weitergereicht wird, geht Frische und Inhalt verloren. Die bisherigen Übersetzungen waren langweilig und schwer verständlich. Man hat sie im Dialekt verfasst. Sie kamen umständlich und aufs Regionale begrenzt daher. Ihnen fehlten emotionale Energie und nationale Durchschlagskraft. Luther orientiert sich bei seiner Bibelübersetzung an den biblischen Ursprachen. Ohne den lateinischen Zwischenschritt schöpft er unmittelbar aus der Quelle des biblischen Wortes. Mit exegetischer Präzision ermittelt er nicht nur, was der Text sagt, sondern auch das, was er meint. Die gewonnene Bedeutung überträgt er in das deutsche Gefäß der „sächsischen Kanzleisprache". Die Art des öffentlichen Schriftverkehrs am Wettiner Hof wird ihm zum grammatikalischen Rückgrat seiner dialektfreien Übersetzung. Der behördlichen Trockenheit begegnet er mit sprachlicher Kreativität. Die fehlende Bildhaftigkeit der Beamtensprache füttert er mit eigenen Wortschöpfungen auf.

Beim Übersetzen war ihm nicht die wörtliche Übertragung, sondern der innere Sinn des Textes wichtig: *„Man muss nicht die Buchstaben in der lateinischen Sprache fragen, wie man Deutsch reden soll. Das tun die Esel. Sondern man muss die Mutter im Hause, die Kinder auf der Gasse, den gemeinen Mann auf dem Markt drum fragen und selbigen aufs Maul sehen, wie sie reden, und danach dolmetschen, so verstehen sie es dann und merken, dass man Deutsch mit ihnen redet."* Luther orientiert sich am gesprochenen Wort und übersetzt die Bibel für den Hörer. Dem Verwaltungsdeutsch flößt er eine inspirierende Seele ein. Den Satzbau übernimmt er aus der Volkssprache und verlebendigt damit den Sprachfluss. Durch seine theologische und poetische Begabung bringt er Wahrheit und Schönheit in eins.

Luthers einmalige Genialität besteht in der kombinierten Klarheit sowohl des Denkens wie auch des Fühlens. Mit der Bibelübersetzung ist ihm eine kulturelle Meisterleistung gelungen, die bis in die zeitgenössische Literatur hineinwirkt. Sein Bibeldeutsch wird zur Grundlage der klassischen Hochsprache des 17. Jahrhunderts. In einer „Besenkammer" beginnt eine geistige Geburt. In zwei Monaten hat Luther das Neue Testament auf der Wartburg übersetzt. Der Drucker Melchior Lotter bringt den Bestseller nach Luthers Rückkehr im September 1522 relativ preisgünstig heraus. In Cranachs Werkstatt werden manche Seiten mit Holzschnitten versehen. Die dreitausend Exemplare des „Septembertestamentes" sind in kürzester Zeit vergriffen. Bereits im Dezember kommt es zu einer zweiten Auflage. 1534 ist dann die vollständige Bibel des Alten und Neuen Testamentes von Martin Luther ins Deutsche übersetzt: ein schriftliches Denkmal der Reformation.

Luthers Bergung auf die Wartburg war anfangs geheim geblieben. Der Geächtete ist wie vom Erdboden verschwunden. In Deutschland kursieren Gerüchte, dass Luther ermordet worden sei. Der Maler Albrecht Dürer klagt: „Oh Gott, ist Luther tot,

wer wird uns hinfort das Heilige Evangelium so klar vortragen?"
Es werden bereits Nachrufe verfasst. Man bemüht sich um eine
historische Einordnung des Geschehenen und sieht in dem furcht-
losen Mönch einen „zweiten Bonifatius". Viele trauern um Luther.
Aber es gibt auch Zweifler. Der skeptische Aleander „riecht den
Braten". Recht bald vermutet er öffentlich, dass Kurfürst Friedrich, „der sächsische Fuchs", sein verurteiltes Landeskind auf „einer Burg" versteckt halte. Nach und nach sickert die Wahrheit
durch. Luther ist nicht ohne Außenbeziehungen. Er pflegt den
Briefkontakt zu seinen Wittenberger Freunden. Er hört von den
dortigen Reformen und begleitet sie anfangs wohlwollend. Als
aber mit Karlstadt und den bilderstürmenden Schwärmern das
Chaos droht, schreitet er ein. Im März 1522 kehrt er aus seinem
Eisenacher Exil an die Elbe zurück und schafft Ordnung. Er ist
wieder mitten im Leben.

Wie kleine Adern ziehen sich auch heute noch romantische Wan-
derwege aus den umliegenden Tälern sternartig zur Wartburg hinauf. Von Eisenach aus ermöglicht eine geteerte Straße die beque-
me Autofahrt bis zur Halbhöhenlage unter die Burg. Der dortige
Parkplatz ist kostenpflichtig. Über einen fünfzehnminütigen Trep-
penaufstieg gelangt der Besucher zum geöffneten Burgtor. Der
mühsame Wegabschnitt kann auch mit einem Kleinbus absolviert
werden. Auf einer Serpentinenstraße verkehrt er bis hinauf zur
Burg. Durchschnittlich sterben hier jedes Jahr zwei bis drei Besucher infolge der körperlichen Anstrengungen beim Aufstieg. Für
das Reformationsjubiläum 2017 wird daher die Installation einer
Seilbahn erwogen.
Das UNESCO-Weltkulturerbe ist die am meisten frequentierte
Touristenattraktion Thüringens. In den besucherreichen Sommer-
monaten empfiehlt sich das frühe Aufstehen. Die erste Führung am
Morgen beginnt um 8.[30] Uhr, die letzte abends um 17.[00] Uhr. Der
einstündige Rundgang zeigt die historischen Tiefenschichten einer
900-jährigen Burggeschichte.

Der byzantinische Palas ist das Hauptgebäude der Burg. Mit seinen ornamentgeschmückten Kapitellen zählt er zu den am besten erhaltenen romanischen Profanbauten nördlich der Alpen. Der Kern der Festungsanlage wurde von der Gründerfamilie der Wartburg errichtet. Das bauliche Fundament legte im Jahr 1067 der fränkische Graf Ludwig der Springer. Laut einer Sage soll er den günstig gelegenen Platz bei einem Jagdausflug entdeckt haben. Mit besitzergreifender Stimme habe er gerufen: „Wart, Berg, du sollst mir eine Burg tragen." Doch es gab ein Problem: Die Gemarkung gehörte ursprünglich nicht zu seinem Territorium. So habe er in einer nächtlichen Geheimaktion Erdboden aus seinen Besitzungen herbeischaffen lassen. Der heimatliche Humus sei dann auf der Spitze des neu entdeckten Berges aufgeschüttet worden. Kurze Zeit später sei der Kaiser gekommen, um die Eigentumsverhältnisse zu klären. Da habe Ludwig die anwesenden Ritter mit ihren Schwertern in die herangeholte Erde hinein stechen lassen. Dazu habe er mit erhobener Hand einen heiligen Eid geschworen: „Dieser Fleck ist mein rechtmäßiger Grund und Boden." Trotz der raffinierten Pointe dieser Legende ergibt sich der Ortsname in Wahrheit wohl von der herausgehobenen geographischen Lage des Berges. Die „Warte" kommt vom Wort „Wachen". So ist die Wartburg eigentlich eine Wachtburg, eine Wehranlage, die zwar oft belagert, aber nie erobert wurde. Ihre herausgehobene Position in westlicher Ausrichtung ist ein sichtbares Symbol für die Loslösung Thüringens vom östlich liegenden Sachsen. Die aufgeweckte Schlauheit Ludwigs mag indes der historische Kern der obigen Sage sein. Seine Zielstrebigkeit wirkt in den erfolgreichen Nachfahren weiter. Die nach ihm benannten Ludowinger Grafen erlangen einen herzogsähnlichen Status. Zweihundert Jahre lang beeinflussen sie die Geschichte Deutschlands. Unter Heinrich I. erblühen Kunst und Kultur. Die Meistersinger Walther von der Vogelweide und Wolfram von Eschenbach singen damals im hiesigen Festsaal. Ihr musikalischer Wettstreit ist als legendärer „Sängerkrieg" auf dem Fresco des Moritz von Schwind am vermeintlichen Originalort festgehalten. Ludwig der Heilige, Heinrichs Sohn, bringt bei seiner

Hochzeit die ungarische Prinzessin Elisabeth auf die Wartburg. Statt Prunk und Pracht pflegt sie die Armen der Stadt. Als Heilige Elisabeth wird sie zur verehrten Landesmutter. Ihr karitativer Einsatz gilt als Vorbild mittelalterlicher Adelsfrömmigkeit. Die Elisabeth-Kemenate im Frauengemach der Burg erinnert an ihren klösterlich anmutenden Lebenswandel.

Der letzte Ludowingerherrscher ist Landgraf Heinrich Raspe. Nach offensichtlichen Spannungen vertreibt er die beliebte Elisabeth, die junge Witwe seines Bruders, von der Burg. Raspe gelangt sogar zu deutschen Königswürden. Sein wetterwendisches Wirken ist Höhepunkt und Abschluss eines politisch erfolgreichen Adelsgeschlechtes. Mit ihm sterben 1235 die Ludowinger in ihrer männlichen Linie aus. Die anschließenden Erbstreitigkeiten führen zur Teilung der großen Grafschaft. Die westlichen Gebiete gehen an Heinrich von Hessen, den Osten bekommt der Wettiner Heinrich von Meißen, ein gräflicher Vorfahr Friedrichs des Weisen. Bei einer weiteren Zerschneidung des Landes, der Leipziger Teilung, kommt die Wartburg zum ernestinischen Hoheitsgebiet. Der einstige Landgrafensitz dient nun zur „Ferienresidenz" der Wittenberger Kurfürsten. Dadurch kann die Feste später zur Fluchtburg Martin Luthers werden.

Seit der Reformation ist der viergliedrige Wehrbau dem Luthergedenken gewidmet. In der authentisch erhaltenen Lutherstube hat der Reformator gelebt und gearbeitet. Außer der Bibelübersetzung sind in dem spartanischen Raum noch weitere wegweisende Schriften entstanden. Auf den vermeintlichen Tintenfleck, mit dem Luther den Teufel verjagt haben soll, wird beim Rundgang augenzwinkernd verwiesen. Allerdings stammt er aus jüngerer Zeit und wurde nachweislich mehrfach erneuert. Ihr heutiges Aussehen verdankt die Wartburg einer umfangreichen Renovierung im 19. Jahrhundert. Bereits 1815 hatte der deutsche Dichterfürst Johann Wolfgang von Goethe an dieser historischen Stätte ein Kunstmuseum vorgeschlagen. Er selbst begann, ritterliche und sakrale Exponate zu sammeln, die zum Grundstock der heutigen Ausstellung werden sollten. Von Goethe stammen auch Zeichnungen, die in der zweiten Hälfte des 19. Jahrhundert zur Renovierung der Burg inspirierten. Großherzog Alexander von Sachsen-Weimar-Eisenach ließ die heruntergekommene Ruine in die heutige Gestalt umwandeln. Und die Wartburg sollte danach, wie Goethe voraussah, „noch manchen Pilger zählen".

Die Wartburg – Blick in den Innenhof

Auch beim nationalen Aufbruch des 19. Jahrhunderts sollte „die deutscheste aller Burgen" eine bedeutsame Rolle spielen. 1817 trafen sich hier zum dreihundertsten Reformationsjubiläum die gesellschaftlichen Widerständler. Fünfhundert Studenten und einige Professoren protestierten gegen reaktionäre Politik und Kleinstaaterei. Aus verschiedenen „deutschen Landen" kamen sie auf der Wartburg zusammen, um von dem Nationalsymbol eine Botschaft ausgehen zu lassen: So wie Luthers Bibelübersetzung eine einheitliche deutsche Sprache bewirkt habe, so solle von diesem Ort auch eine einheitliche deutsche Nation ihren Anfang nehmen. Die Protestversammlung atmete einen gottesdienstlichen Geist und wurde mit Choral und Segen beendet. Verschiedene Studentenverbindungen halten die Tradition der Wartburgfeste bis heute aufrecht. Zum Abschluss des Festakts erklingt stets der Choral „Ein feste Burg ist unser Gott". Unter dem Wehen der bunten Fahnen klingt er vom Burghof männlich und forsch hinaus in die Weite des Thüringer Waldes.

Die kämpferisch wirkende „Hymne des Protestantismus" galt lange Zeit als „lutherische Marseillaise". Die deutschen Soldaten des Ersten Weltkrieges haben sie martialisch gesungen, als sie in den Krieg gezogen sind. Der Choral wirkt, als wären in ihm die politischen Auseinandersetzungen Luthers poetisch abgebildet. Doch der Text ist nicht im öffentlichen Streit geboren. Dessen starke Worte sind aus der Seelsorge herausgewachsen. Martin Luther hat das Lied nach einer furchtbaren Pestwelle in Wittenberg geschrieben. Durch Krankheits- und Todesnot hindurch hatte er bei Gott seinen Burgfrieden gefunden. Geborgen ist Luther nicht hinter dem dicken Tor einer gemauerten Burg. Geborgen ist er im Wort seines Gottes. Das darin verkündigte himmlische Reich *„muss uns doch bleiben"*. Kein protestantisches Trutzlied also, sondern ein Lied des Vertrauens auf Gott.

Eisleben

Auf der Durchreise

Eine seltsame Fügung: Luthers Geburtsstadt wird auch zu seinem Sterbeort. „Geboren und gestorben zu Eisleben." Auf dem hiesigen Friedhof mag diese stereotype Grabinschrift üblich gewesen sein. Wiege und Bahre standen damals eng beieinander. Der ererbte Boden hat die Menschen lebenslang an ihren Wohnplatz gebunden. Martin Luther war aber solchen ortstreuen Traditionen längst entwachsen. Sein abenteuerlicher Lebenslauf passt nicht mehr zu den berechenbaren Biographien der bäuerlichen Vorfahren. Dennoch endet seine Geschichte genau dort, wo sie angefangen hat. Sie ist ein wechselvoller Lebensparcours über Stock und Stein, eine Glaubensexpedition, die mit einem einfachen „Ja" begonnen hat und nach langem Suchen, Zweifeln und Fragen wieder bei einem einfachen „Ach, ja" angekommen ist. Auf der Durchreise war Martin hier geboren worden. Ein halbes Jahr nur hatten die Eltern in der Stadt gelebt. Während der Arbeitsplatzsuche des Vaters war er zur Welt gekommen. Auf der Durchreise ist er auch unversehens 63 Jahre später hier gestorben. Die mühevollen Verhandlungen mit den ortsansässigen Mansfelder Grafen hatten ihm die Lebenskraft vollends genommen. Eisleben steht nicht für die dramatischen Ereignisse und die großen Emotionen in Luthers Biographie. Eisleben steht für die nüchterne Frage nach der Lebensbilanz: Welcher Ertrag liegt zwischen Ausgang und Eingang, zwischen Start und Ziel? Mit welcher Erkenntnis kehrt Luther nach Eisleben zurück? Was findet er in seiner Heimat?

Durchreisende haben die Ortschaft Eisleben wohl gegründet. Die aus Skandinavien stammenden Sueben waren während der Völkerwanderung durch das östliche Harzvorland gekommen. Von

Eisleben um 1650

der Ostsee aus bewegte sich ihr Treck Richtung Süden. Auf der Reiseroute hinterließen sie Siedlungen wie Fußstapfen im Schnee. Mehrere Orte mit der Endung „leben" markieren ihren Pfad. Im vorderen Teil des Ortsnamens wird jeweils der betreffende Grundherr genannt. Vielleicht war es ein „*eisen*harter" *Eis*fried, der zum ersten *Eis*lebener Bürger wurde. Der hintere Namensteil bezeichnet das Land, das der Besitzer „zurückgelassen" hat, die Erbmasse also. Das germanische Wort „leben" hängt mit dem englischen Verb „to leave", also verlassen, zusammen. Darin ist Dynamik und Statik enthalten. Der Ortsname „Leben" bedeutet gleichzeitig das Verlassene und das Hinterlassene, das Hergegebene und das Empfangene. Die Bezeichnung lässt anklingen, dass alles Irdische nur geliehen ist, dass alles Leben nur ein Lehen ist. Das Land gehört nicht mehr dem, dessen Namen es trägt. Ob durch die Völkerwanderung oder ob durch den Tod bedingt: Der Erblasser ist „weitergezogen" auf der Durchreise zum Himmel. Das wird auch zu Luthers existentieller Erfahrung in Eisleben.

Das „Eis" im Stadtnamen täuscht. Hier ist es eher warm und trocken. Die klimatische Situation im geschützten Regen- und Windschattenbereich hinter dem Harz begünstigt die Landwirtschaft. Geringe Niederschläge und relativ hohe Temperaturen ermöglichen den Anbau von Trauben und Südfrüchten. Das in Deutschland einzige geschlossene Anbaugebiet von Aprikosenbäumen findet sich am hiesigen „Süßen See", einem Stück mediterranen Ostens. Eine kaiserliche Urkunde belegt den Weinbau bereits im Jahr 973. Der gesundheitlich angeschlagene Luther schreibt noch kurz vor seinem Tod, wie *„sehr gut"* hier *„der Landwein"* sei. Der Wein wird damals von den Bergknappen besonders *„an Feiertagen und am Sonntag"* getrunken. Luther meint im Blick auf den örtlichen Alkoholkonsum: *„Man muss mit dieser Gegend Nachsicht haben. Ich zeche auch. Es soll mir aber nicht jedermann nachtun, weil nicht alle meine Mühen ertragen."*

Um das Jahr 1200 beginnt die Industrialisierung. Der Kupferbergbau gelangt in die Region. Die Mansfelder Grafen erhalten das kaiserliche Bergrecht. Sie steigen damit zu den reichsten Adelshäusern des Landes auf. Neben ihrer fünfzehn Kilometer nordwestlich liegenden Stammburg bauen sie Eisleben zur zweiten gräflichen Residenz aus. Am Marktplatz errichten sie ihr städtisches Schloss. Zahlreiche Glücksritter lassen sich vom landesweit erschollenen „Berggeschrei" anlocken. Das „Ruhrgebiet des Mittelalters" verzeichnet einen stetigen Bevölkerungsanstieg. Neue Baugebiete werden erschlossen. Bei der Breiten Straße entsteht die Eislebener Neustadt. Sie wird zum sichtbaren Zeichen des wachsenden Wohlstandes, aber auch zum Zankapfel der drei Mansfelder Grafenbrüder. *„Die Sache mit der Neustadt"* führt Luther hierher und kostet ihn schließlich das Leben. Er ahnt seinen Tod schon zuvor: *„Ich ziehe jetzt dahin nach Eisleben, will die Grafen von Mansfeld, meine Landesherren, helfen vertragen. Da Christus den himmlischen Vater und das menschliche Geschlecht versöhnen und vertragen wollte, musste er darüber sterben. Gott gebe, dass es mir auch so gehe."* Luther fühlt sich *„alt, abgelebt und müde"*. Dennoch wird er *„überschüttet mit Dingen, die gesprochen, verhandelt, getan werden sollen"*. Nach dem gewaltigen reformatorischen Durchbruch hatte er den mühsamen evangelischen Aufbruch zu gestalten. Neben den theologischen waren nun immer häufiger seine organisatorischen Fähigkeiten gefragt. Und oft brauchte es die Kraft seiner ganzen Person, um menschliche Beziehungen und gesellschaftliche Strukturen am Auseinanderfallen zu hindern. Das sollte sich auch bei seinem letzten Friedensschluss zeigen.

Als neutrale Autorität will er den Mansfelder Grafen helfen, ihre Besitzstreitigkeiten beizulegen. In seinen Briefen hatte er bereits mehrfach das *„gewalttätige Regieren"* des Grafen Albrecht angeprangert. Nun waren die adligen Brüder aneinander geraten. Zwei Versöhnungsversuche, einmal im Oktober und dann im eiskalten Dezember 1545, waren bereits fehlgeschlagen. Am 23. Januar 1546 bricht Luther fiebrig und schwach ein drittes Mal nach Eisleben auf. Seine drei Söhne Johannes (19), Martin (15) und Paul (13 Jahre alt) begleiten ihn. Der Vater spürt, dass letzte Dinge zu tun sind. Er möchte die Nachkömmlinge zu seinen heimatlichen Wurzeln führen.

Von Wittenberg aus geht es mit dem Pferdewagen nach Halle. Gefährlicher Eisgang und Hochwasser hindern die sofortige Fährfahrt über die Saale. Bis der Fluss *„ausgezürnt"* hat, tröstet sich Luther mit *„gut thorgischem Bier und gut rheinischem Wein"*. Er ist zu Gast bei Halles Superintendent, dem alten Freund Justus Jonas. Erst drei Tage später, am 28. Januar, kann die Reise fortgesetzt werden. An der Grenze zum Mansfelder Land wird er von 113 gräflichen Reitern feierlich empfangen. Bis dahin war er einige Kilometer zu Fuß gegangen. Jetzt sollte er sich in den bereitgestellten Wagen setzen. Den überhitzten, verschwitzten Körper ereilt ein frostiger Luftzug. Ein ungewöhnlich *„kalter Wind"* vor Eisleben bläst ihm *„von hinten durchs Barett"* und lässt ihm *„das Hirn zu Eis"* erfrieren. Er erleidet einen Schwächeanfall. Nur durch warme Tücher und kräftiges Essen kommt er wieder auf die Beine. Die nachfolgenden Verhandlungen mit den habgierigen Grafen sind ätzend. Luther verzweifelt beinahe an den juristischen Spitzfindigkeiten ihrer Ratgeber. Sie hätten *„Gift in jeder Silbe"*, schreibt er. Am liebsten wollte er *„die Wagen schmieren"* und abreisen, aber *„der Jammer"* um sein *„Vaterland"* würde ihn noch dort *„halten"*. Sechs Briefe schreibt der gesundheitlich Angeschlagene während dieser aufreibenden Tage nach Hause. Seine Käthe bangt um ihn in ängstlicher Sorge. Durch innige Zeilen und liebevolle Briefunterschriften schimmert die heitere Herzenstiefe ihrer Beziehung hindurch. Aus der pragmatischen Verbindung zweier alleinstehender Klosterleute war zärtliches Eheglück geworden. Mal mit strengem, erwachsenen Ton, mal mit kindlichem Humor will er seine *„allerheiligste Frau Doktorin"* trösten: *„Bete du und lass Gott sorgen! Dein altes Liebchen."*

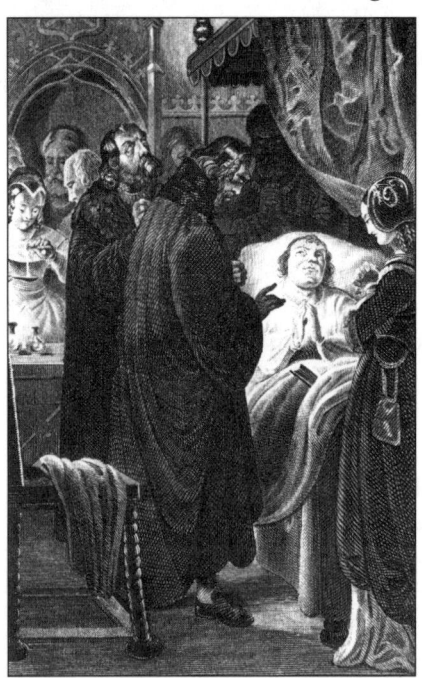
Luther auf dem Sterbebett

Als endlich die erhoffte Verständigung unter den zerstrittenen Adeligen erreicht ist, geht seine Kraft zu Ende. An Heimreise ist nicht zu denken. Am 17. Februar legt er sich erschöpft und vom Brustschmerz geplagt zu Bett. Trotz seiner körperlichen Schwäche verlässt er immer wieder das Krankenlager. Unruhig wankt er in der Stube umher. Er ringt nach Luft. Das Atmen schmerzt. Dennoch will er das gemeinsame Abendbrot nicht versäumen, denn *„Alleinsein bringt keine Fröhlichkeit"*. Das Gespräch kreist um seine Todesahnungen. Aber er ist sich auch gewiss, die vorausgegangenen Lieben in der Ewigkeit wieder zu sehen. Noch einmal schmaust er genüsslich mit ordentlichem Appetit. Die Atmosphäre beim Essen ist durchaus von fröhlichem Trotz geprägt. Dann kommt die Todesnacht. Nach kurzer gesundheitlicher Erholung folgt ein krampfartiger Druck. Die beschriebenen Symptome deuten auf eine Angina Pectoris. Die koronare Krankheit gelangt nun ins Endstadium. Herbeigeholte Helfer und heiße Tücher nützen nichts mehr. Kalter Todesschweiß tritt auf Luthers Stirn. Er ist in dieser Abschiedsstunde nicht allein. Zwei seiner Söhne stehen dem Vater bei, dazu Graf Albrecht, der mit seiner Ehefrau aus dem nahen Stadtschloss herbeigeeilt war, und Justus Jonas, der treue Weggenosse noch aus Erfurter Tagen. Er hat das Abschiednehmen später schriftlich festgehalten. Dann der Stadtpfarrer, der Medicus, die Dienstboten: Es ist ein geradezu öffentliches Sterben. Das Atmen wird zum Ringen. Mit letzter Kraft ruft er: *„Vater, in deine Hände befehle ich meinen Geist, du hast mich erlöst, du treuer Gott."*

Dann wird es plötzlich ruhig. Jonas beugt sich zu ihm und fragt mit lauter Stimme: „Ehrwürdiger Vater, wollt ihr auf Christus und seine Lehre, wie ihr sie gepredigt habt, beständig sterben?" Luther antwortet darauf mit einem klaren „Ja" und wendet sich um. Kurz danach hört sein Herz auf zu schlagen. Er stirbt am frühen Donnerstagmorgen des 18. Februars 1546. Ohne die römischen Sterberiten zu absolvieren, ohne Sterbesakrament, Salbung, Sündenbekenntnis und priesterliche Absolution: Er ist gegangen allein im Vertrauen auf Gottes Gnade. Trotz Schmerz und Beklemmungen war er nicht in mittelalterliche Höllenangst zurückgefallen. Die Gewissheit, die er im Leben erkannt hatte, das Vertrauen auf Christus hat ihn im Sterben getragen. Sein Lebenskampf war zur Ruhe gekommen. Gott hat seinen Wunsch erfüllt und ihm ein *„seliges Stündlein"* beschieden. Um 9 Uhr wird er in ein Sterbegewand gehüllt, den weißen „schwäbischen Kittel", der keine Taschen hat. Man legt ihn in einen Zinksarg und bahrt ihn in der benachbarten Andreaskirche auf. Die Mansfelder Grafen wollten ihr Landeskind in heimischer Erde bestatten lassen. Doch der sächsische Kurfürst hatte bereits die Überführung nach Wittenberg angeordnet.

Unter feierlichem Glockengeläut bewegt sich der Trauerzug durch die von Menschenmassen gesäumten Straßen des Landes. Am 22. Februar trifft Luthers Leiche in Wittenberg ein und wird von der trauernden Witwe empfangen. Den Trauergottesdienst gestaltet Stadtpfarrer Johannes Bugenhagen. Philipp Melanchthon hält die lateinische Totenrede für den Freund, der ihn oft herausgefordert hat. Darin bezieht er sich auf das ungestüme Wesen Luthers und geht auf seine ihm oft vorgeworfene Heftigkeit ein. Er zitiert dazu einen Ausspruch des Humanisten Erasmus: „Gott hat dieser letzten Zeit wegen der Größe ihrer Krankheiten einen scharfen Arzt gegeben." Anschließend wird der Leichnam in der Schlosskirche bestattet.

Luthers letzte irdische Reise nach Eisleben war sein Weg zurück zum Ursprung. Mit dem Tod im Gepäck ging es zum Ort des Lebens. Auch unser Stadtrundgang soll vom Ende her zum Anfang führen. Wir beginnen am Andreaskirchplatz in der Sangerhäuser Straße 47. Dort gibt es vereinzelte Parkplätze. Vom Bahnhof aus sind es fünfzehn Gehminuten hierher. Die Höhepunkte der Stadtbesichtigung sind erkennbar ausgeschildert. Die dreischiffige, doppelspitzige Andreaskirche ist leicht zu finden. Sie wurde gegen Ende des 15. Jahrhunderts spätgotisch umgestaltet. Hier steht die authentische Kanzel, auf der Martin Luther in den gut vierzehn Tagen seines letzten Aufenthaltes noch viermal gepredigt hat. Das letzte öffentliche Kanzelwort hört die Eislebener Gemeinde am Montag, dem 15. Februar 1546, drei Tage vor seinem Tod. Luther spricht über die Einladung Jesu „Kommet her zu mir, alle, die ihr mühselig und beladen seid" (Matthäus 11,28). Er gerät ins Stocken und muss den Redefluss abbrechen. Seine letzten Worte werden zum Gebet: *„Du bist allein mein Herr und Meister, ich bin dein Schüler. Das und viel mehr wäre von dem Evangelium zu sagen, aber ich bin zu schwach. Wir wollens hierbei bleiben lassen."*

Unmittelbar gegenüber der Andreaskirche liegt ein im Renaissancestil „herbeigemauertes" Bürgerhaus, das als „Luthers Sterbehaus" die Touristenströme anzieht. Die Butzenscheibenromantik des 19. Jahrhunderts wurde bei der jüngsten Renovierung noch baulich betont. Die Stuttgarter Architekten haben die touristischen Serviceeinrichtungen in einen hofseitig errichteten Erweiterungsbau verlegt. So wirkt die Gedenkstätte nur umso historischer. Die inwendige Ausstellung trägt den Titel „Luthers letzter Weg". Sie informiert über die kräftezehrenden Einigungsgespräche des Reformators und zeigt Luthers vermeintliches Sterbezimmer. In den vierzehn Räumen wird auch das evangelische Memento Mori beschrieben, der Umgang mit Sterben und Tod in der lutherischen Tradition. Die mittelalterliche Möblierung wurde um 1862 vom preußischen Staat zusammengestellt. Wirklich „original" ist nur das Bahrtuch, mit dem Luthers Sarg auf der Fahrt nach Wittenberg bedeckt war. Aus dem Familienbesitz seiner Nachfahren wurde es 1888 für das Museum käuflich erworben.

Das zweigeschossige Gebäude ist durch einen Aufzug barrierefrei zu besichtigen. Trotz der millionenschweren Restaurierung des UNESCO-Weltkulturerbes wird das hiesige Luthergedenken durch eine ernüchternde Wahrheit getrübt: Neuere Forschungen belegen eine historische Verwechslung der früheren Chronisten. Das „echte" Sterbehaus Luthers liegt demnach woanders, nämlich etwas unterhalb der Straße. Luther war während seiner Verhandlungen im Haus des Berg- und Hüttenunternehmers Philipp Drachstedt zu Gast. Dieser wohnte „oben am Markt". Mittlerweile wurde das Haus „Markt 56" als Drachstedts ehemaliges Wohndomizil identifiziert. Der heutige Nachfolgebau ist das jetzige „Hotel Graf von Mansfeld". Während der DDR-Jahre wurde der Geschichtsirrtum wie ein Staatsgeheimnis behandelt. Luthers originales Sterbehaus beherbergte damals die örtliche SED-Parteizentrale.

Der festliche Markplatz spiegelt die Blütezeit der wohlhabenden Kupferjahre zur Lutherzeit wider. Seit 1883 steht auf der einstigen Stadtgerichtsstätte ein theatralisches Lutherdenkmal von Rudolf Siemering. Es zeigt den Reformator im Pathos der deutschnationalen Gründerjahre. Als Sieger des Guten über das Böse schaut er selbstbewusst in die Richtung seines Geburtshauses. Vom Markt aus gehen wir zu den Lutherhöfen. Im einstigen Petriviertel wird mit einem barock gestalteten Gebäude an Luthers Geburtsort erinnert. Am 10. November 1483 hat er hier das Licht der Welt erblickt. Ausgrabungen zeigen, dass an dieser Stelle um 1500 herum das kleine Vorstadthaus eines Hüttenhandwerkers stand, vielleicht war es auch eine Schenke. Luthers Eltern wohnten dort in einer gemieteten Übergangswohnung. Schon nach wenigen Wochen zog die Familie weiter nach Mansfeld. Trotz der geringen Aufenthaltsdauer wurde die Geburtsstelle schon bald als lutherische Pilgerstätte verehrt. Nach einem Stadtbrand 1689 konnte der Bauplatz von der Stadt erworben und das Gebäude neu aufgebaut werden. Eines der ersten deutschen Geschichtsmuseen fand darin seinen Platz. Seit der großen Renovierung im Jahr 2007 ist dort die Ausstellung „Von daher bin ich" zu sehen. Rund 250 Exponate erzählen von der Herkunft des Reformators. Mit Bildern und Einrichtungsgegenständen können die Lebensumstände der damaligen Zeit nachempfunden werden. Der silberne Schwan im Obergeschoss stellt ein bekanntes symbolisches Attribut des Reformators dar. Dass Luther öfters im Bildmotiv dieses großen Schwimmvogels gezeigt wird, geht auf einen Ausspruch des böhmischen Reformators Jan Hus zurück. Dieser war 1415 trotz kaiserlicher Zusage des freien Geleites beim Konstanzer Konzil zum Tod verurteilt worden. Als ihn die Feuerflammen ergriffen hatten, soll er in prophetischer Schau gerufen haben: „Heute bratet ihr eine Gans (tschechisch „Hus" bedeutet die „Gans"), aber aus der Asche wird in hundert Jahren ein Schwan auferstehen."

Nur einen Steinwurf vom Geburtshaus entfernt befindet sich Luthers Taufkapelle, die Petri-Pauli-Kirche. Am 11. November 1483, am Folgetag seiner Geburt, ist der zweitgeborene Luder Sprössling auf den Namen des Tagesheiligen „Martin" von Tours getauft worden. 1486 wurde der Grundstein für die heutige Kirche gelegt. Martin wurde noch im Vorgängergebäude getauft. Mit der jüngsten Sanierung hat der spätgotische Bau eine thematische Profilierung bekommen. Unter dem Titel „Zentrum Taufe" soll hier das Eingangssakrament des christlichen Glaubens ins öffentliche Bewusstsein gerückt werden. Mit Workshops, Glaubenskursen und Tauferinnerungsfeiern wird das Thema vor Ort anschaulich vertieft. Neben dem rekonstruierten Taufstein Luthers befindet sich ein siebzig Zentimeter tiefes Ganzkörpertaufbecken, das im Boden eingelassen ist. Dessen Wasser ist quellenartig in Bewegung. Die Planer wollen mit dem aktionsorientierten Taufzentrum der Tatsache Rechnung tragen, dass es „in Ostdeutschland mittlerweile doppelt so viele

Wie könnten wir nun unsere Reise zusammenfassen? Symbolisiert die zurückschreitende Eislebener Spurensuche nicht die geistliche Wegstrecke, die der weltberühmte Reformator in seinem aufgewühlten Leben absolviert hat: Es geht nach Hause zum Ursprung der göttlichen Gnade? Ist Luthers Lebenslauf im Resümee nicht ein „Heimweg zur Taufe"? Der vollständige Name seiner Taufkapelle scheint ein biographisches Programm zu verkörpern: „Petri trans aquam: Petrus über dem Wasser." Die bildstarke Bezeichnung ist zunächst lokal zu verstehen. Sie spielt auf die räumliche Position der Kirche im Brückenbereich jenseits des städtischen Baches an. Sie steht für die geschichtlich fassbare Herkunft des Reformators: Ein Kind des Mittelalters auf der Brücke zur Neuzeit. Entscheidender aber ist die theologische Bedeutung des Kapellennamens. In dem aphoristischen Ausruf klingt eine biblische Geschichte an, die Luthers Lebenskampf exemplarisch erschließt: Petrus wandelt auf dem See Genezareth „über dem Wasser". Am Anfang des Wunders steht nicht das eigene Wollen, sondern der Befehl Christi. Petrus wagt den Schritt über die Reling ins Meer dieser Welt, weil Jesus ihn ruft. Auch Luther sieht sich als ein *„von Gott verordneter"* Beauftragter. Wie der Apostel Paulus nimmt er für sich in Anspruch, *„das Evangelium nicht von Menschen, sondern allein vom Himmel durch unsern Herrn empfangen"* zu haben. Petrus bricht auf und die Wasserfläche trägt ihn. Er vermag es, über dem Wasser zu gehen. Luther weiß um dieses große Gefühl: *„Der Heilige Geist ist kein Skeptikus."* Er macht die Herzen gewiss und hält über Wasser. Sein weiter Atem bewahrt uns vor dem Abgrund der Depression. Doch dann kommen Winde und Wellen der Anfechtung. Petrus zweifelt. Seine Augen verlieren den Herrn. Er droht zu versinken im haltlosen Strudel der Tiefe. Aus dem starken Felsen wird ein ersaufender Stein.

Luther kennt den Zweifel als Zwilling des Glaubens. Einmal schreibt er: *„Mehr als eine Woche lang war ich den Toren der Hölle und des Todes nahe. Ich zitterte an allen Gliedern. Christus war mir* verloren. *Ich war hin- und hergeschüttelt von Verzweiflung und Gotteslästerung.*" Doch die Rettung findet er nicht in sich selbst, sie kommt von außen. Es ist das *„verbum alienum"*, das Wort von der fremden Gerechtigkeit, die der Gekreuzigte schenkt. Es ist die bergende Kraft, die nicht in meinen frommen Werken, sondern allein in Gottes Herzen gründet. Es ist die ausgestreckte Hand Christi, die alleine mich hält. Der reformatorische Durchbruch ist nichts Einmaliges. Der Weg von der abgründigen Angst zur jubelnden Befreiung war für Luther kein punktueller und dann abgeschlossener Akt. Bis in die letzten Lebenswochen hinein tauchen dichte Gewitterwolken aus dunklen Welten auf. Dann schaut er, dann ruft er, dann traut er auf Christus. Dann sieht er die Sonne, deren Strahlen alles Sorgen durchbricht.

Evangelische Gewissheit ist kein Haben, sondern ein Werden. Innere Freiheit ist kein Status, sondern ein beständiges *„Zurückkriechen unter die Taufe"*. Eine Klarheit in actu. Ein Ergreifen der Gnade. Wenn Luthers Zweifel mächtig waren, hat er sich mit einem fremden Wort getröstet. Mit Kreide hat er es vor sich auf den Tisch geschrieben: „Baptizatus sum – ich bin getauft." Ein passives Wort, das allen Aktionismus von sich weist. Er wusste: Am Glauben kann ich zweifeln, an der Taufe nicht. Das betende Ausstrecken zu Christus ist der stetige Heimweg zur bedingungslos empfangenen Gnade Gottes. Man kann sie sich nicht verdienen. Man kann nur dafür danken. Am Abend seines Todes sagt er noch ahnungsvoll zu den Freunden: *„Ich bin hie zu Eisleben geboren und getauft, wie wenn ich hier bleiben sollte."* Bei der Taufe bleiben. Hier ist erhabene Freiheit und fraglose Geborgenheit. Weil Luther „wohl weiß, *woher* er kommt", ist er getrost im Blick auf die Frage, *„wohin* es geht". Das ist die persönlich erfahrene Botschaft seiner Lebensfahrt: Wir sind gehalten auf der Durchreise zu Gott.

Lebensdaten von Martin Luther

1483 Geburt (10. November) und Taufe (11. November) in Eisleben als Sohn des Bergmanns Hans Luder und seiner Ehefrau Margarete geb. Lindemann

1484 Umzug nach Mansfeld; der Vater pachtet ein eigenes Bergwerk

1488 Lateinschule in Mansfeld

1497 Besuch der Domschule in Magdeburg bei den „Brüdern vom gemeinsamen Leben"

1498 St. Georgenschule in seiner „lieben Stadt" Eisenach; Luther wohnt bei den Patrizierfamilien Cotta und Schalbe

1501 Immatrikulation an der Universität Erfurt; Grundstudium der „Sieben freien Künste"

1505 Magisterprüfung; Beginn des Jurastudiums; Blitzeinschlag bei Stotternheim (2. Juli); Eintritt ins Erfurter Augustiner-Eremiten-Kloster (17. Juli)

1507 Priesterweihe im Erfurter Dom (3. April); Beginn des Theologiestudiums

1510 Reise nach Rom wegen eines Klosterstreites

1511 Luther geht endgültig nach Wittenberg

1512 Promotion zum Doktor der Theologie; Übernahme der Bibelprofessur

1513 Erste Vorlesung über die Psalmen

1515 Vorlesung über den Römerbrief

1517 Auseinandersetzung mit der Scholastik; Veröffentlichung der 95 Thesen zum Sündenablass (31. Oktober)

1518 Heidelberger Disputation; Luther wird in Rom angezeigt; Verhör Luthers durch Kardinal Cajetan in Augsburg (12.–14. Oktober); Kurfürst Friedrich der Weise verweigert die Auslieferung Luthers

1519 Zweite Psalmenvorlesung; Leipziger Disputation (27. Juni bis 16. Juli)

1520 Bannandrohungsbulle Exsurge Domine (15. Juni); Veröffentlichung bedeutender Reformschriften, u.a. „Von der Freiheit eines Christenmenschen"; Verbrennung der Bannandrohungsbulle vor dem Elstertor (10. Dezember)

1521 Päpstlicher Kirchenbann (3. Januar); Luther weigert sich vor dem Wormser Reichstag, seine Schriften zu widerrufen; kaiserliche Reichsacht (8. Mai); Schutzhaft auf der Wartburg; Übersetzung des Neuen Testaments ins Deutsche innerhalb von elf Wochen

1522 Luther kehrt nach Wittenberg zurück; Veröffentlichung des „Septembertestaments"; Beginn der kirchlichen Reformen und der Übersetzung des AT (Dauer 12 Jahre)

1524 Ablegung der Mönchskutte (9. Oktober)

1525 Bauernkrieg in Thüringen; Heirat Luthers mit Katharina von Bora (13. Juni)

1528 Fortsetzung der kirchlichen und schulischen Reformen in Sachsen

1529 Protestation der evangelischen Stände in Speyer; Luther verfasst den „Kleinen" und den „Großen Katechismus"

1530 Melanchthon verfasst das lutherische Grundbekenntnis der Confessio Augustana; Luther begleitet die Verhandlungen des Augsburger Reichstags von der Feste Coburg aus; Luthers Vater stirbt

1531 Gründung des Schmalkaldischen Bundes (27. Februar); Luthers Mutter stirbt

1534 Veröffentlichung der vollständigen Bibelübersetzung Luthers

1537 Verschiedene Reisen und Krankheiten

1546 Luther stirbt in seinem Geburtsort Eisleben (18. Februar), Bestattung in der Wittenberger Schlosskirche (22. Februar).

Ein Reisevorschlag

1. Tag: Erfurt – Studium und Klosterleben

Auf einer zweistündigen Führung folgt man Luthers Spuren vom Dom bis zum Augustinerkloster. Die Klosterführung kann sich daran anschließen. Die wichtigsten Sehenswürdigkeiten der Stadt sind auch mit einem Elektro-Scooter zu erreichen. Das empfehlenswerte, multimedial ausgestattete Stadtmuseum erschließt den historischen Background der mittelalterlichen Universitäts- und Handelsmetropole. Im Ega-Park wird dem Besucher ein sinnlicher Eindruck der gärtnerischen Tradition Thüringens vermittelt. Man erfährt auch etwas über den Anbau von Waid, das als „blaues Gold" zur Grundlage des städtischen Wohlstands wurde.

ADRESSEN:
- Erfurt Tourist Information, Benediktsplatz 1, 99084 Erfurt, Tel.: 0361-66400, Mail: info@erfurt-tourismus.de
- Stadtmuseum „Haus zum Stockfisch", Johannesstraße 169, 99084 Erfurt, Tel.: 0361-65556-51, Fax: 0361-65556-59, Mail: stadtmuseum@erfurt.de
- Erfurter Garten und Ausstellungs-GmbH (ega), Magdeburger Allee 34, 99086 Erfurt, Tel.: 0361-564-3737, Fax: 0361-564-1702, Mail: info@egapark-erfurt.de

UNTERKUNFT:
Evangelisches Augustinerkloster zu Erfurt, Augustinerstraße 10, 99084 Erfurt, Tel.: 0361-57660-0, Fax: 0361-57660-99, Mail: info@augustinerkloster.de

Andachten, Gottesdienste und Einkehrtage im Augustinerkloster

KULINARISCHES:
„Martins"-gans mit Thüringer Klößen

EVENTS:
➢ Krämerbrückenfest am dritten Wochenende im Juni
➢ Ökumenische Martinsfeier am Abend des 10. November auf dem Domplatz.

2. Tag: Von Stotternheim nach Eisleben – zwischen Leben und Tod

Eine gute Stunde dauert die Autofahrt von Erfurt nach Eisleben. Kurz hinter Erfurt lohnt sich ein erster Zwischenstopp bei Stotternheim. Die ausgeschilderte Andachtsstätte am Lutherstein erinnert an das schicksalhafte Sommergewitter, das Luther den Weg ins Kloster geführt hat. Eine zweite Abzweigung empfiehlt sich nach Wettelrode bei Sangerhausen. Um 9.³⁰ Uhr öffnet dort das Erlebniszentrum Bergbau. Im Rahmen einer 75-minütigen Bergwerksführung lernt der Besucher die Geschichte des Kupferschieferbergbaus im Mansfelder Land kennen. In der Lutherstadt Eisleben beginnt täglich vom 1. April bis zum 10. November um 14.⁰⁰ Uhr eine öffentliche Stadtführung am Markplatz. Außerdem sind thematische Sonderführungen mit der „Schulmeisterin Else" oder dem „Nachtwächter Ambrosius" möglich. Besichtigt werden sollten das Geburts- und das Sterbehaus Luthers sowie die Andreas- und die Taufkirche Luthers. Eine abendliche Weinprobe an der Weinstraße der Mansfelder Seen beschließt die Tour mit einem guten regionalen Tropfen.

ADRESSEN:
➢ Tourist-Information, Lutherstädte Eisleben & Mansfeld e.V.,
Hallesche Straße 4, 06295 Lutherstadt Eisleben,
Tel.: 03475-602124, Fax: 03475-602634,
Mail: info@lutherstaedte-eisleben-mansfeld.de

- Erlebniszentrum Bergbau, OT Wettelrode, 06526 Sangerhausen,
  Tel.: 03464-587816,
  Mail: info@roehrig-schacht.de
- Kloster St. Marien zu Helfta, Lindenstraße 36,
  06295 Lutherstadt Eisleben,
  Tel.: 034/5-711-500, Fax: 03475-711-555,
  Mail: pforte@kloster-helfta.de

UNTERKUNFT:
Hotel »Graf von Mansfeld«, Markt 56, 06295 Lutherstadt Eisleben,
Tel.: 03475-66300, Fax: 03475-250723,
Mail: info@hotel-eisleben.de

GEISTLICHES:
Chorgebete bei den Zisterzienserinnen im Kloster St. Marien zu Helfta

KULINARISCHES:
Luthers „guter Landwein" aus der Mansfelder Region; auch Georg Friedrich Händels Vater hatte hier einen Weinberg

EVENTS:
- Mittelalterliches Spektakel zu „Luthers Geburtstag" auf dem Wiesenmarkt am Wochenende um den 10. November
- Theatersommerfest der Landesbühne Sachsen-Anhalt zum Ende der Spielzeit

3. Tag: Mansfeld und Magdeburg – Schülerzeiten

In einer 20-minütigen Autofahrt gelangt man an Schieferabraumhalden vorbei nach Mansfeld. Wir beginnen den zweistündigen Stadtrundgang bei Luthers Elternhaus. Die dortige Ausstellung informiert über die dreizehn ersten Lebensjahre Luthers in Mansfeld. Interessant sind die neueren archäologischen Fundstücke, die einen Einblick in Luthers „Kinderstube" vermitteln. Die Anlagen rund um Schloss Mansfeld kann man individuell oder im Rahmen einer Führung anschauen. Die inneren Räume sind nicht zu besichtigen. Nach der Mittagspause führt uns eine einstündige Fahrt durch das Börderland nach Magdeburg. Stadtrundgänge und -fahrten werden von der Stadtinformation vermittelt, können aber auch selbstständig durchgeführt werden. Es empfiehlt sich u.a. ein abendlicher Stadtspaziergang samstags um 18 Uhr oder eine vorgebuchte Lutherführung.

Die jüngere Geschichte der Stadt wird lebendig durch ein Online-Angebot der „MDR-Zeitreise". Mit QR-Code kann der Besucher sich bewegte Bilder und Informationsmaterial passend zum Standort auf sein Smartphone oder Tablet holen. Neben dem Mauritiusdom sollte auf jeden Fall das Kunstmuseum Kloster Unser Lieben Frauen angeschaut werden. Eine neuere Attraktion ist das Wasserstraßenkreuz mit der längsten Kanalbrücke der Welt.

ADRESSEN:
- ➢ Stadtinformation Mansfeld, Junghuhnstraße 2, 06343 Mansfeld,
   Tel.: 034782-90342, Fax: 034782-90344,
   Mail: stadtinfo@mansfeld.eu
- ➢ Luthers Elternhaus, Lutherstraße 26, 06343 Mansfeld,
   Tel.: 034782-9193810,
   Mail: info@martinluther.de
- ➢ Schloss Mansfeld, Schloss 1, 06343 Mansfeld,
   Tel.: 034782-20201,
   Mail: info@schloss-mansfeld.de
- ➢ Tourist-Information Magdeburg, Ernst-Reuter-Allee 12,
   39104 Magdeburg,
   Tel.: 0391-8380-402, Fax: 0391-8380-430,
   Mail: info@magdeburg-tourist.de

UNTERKUNFT:
Roncalli-Haus e.V., Max-Josef-Metzger-Straße 12/13, 39104 Magdeburg,
Tel.: 0391-596-1400, Fax: 0391-596-1440,
Mail: roncallihaus@roncalli-haus.de (gegenüber vom Dom)

GEISTLICHES:

➤ Montags bis freitags, 12 Uhr: 15-minütiges Mittagsgebet im Dom
➤ Möglichkeit zur stillen Meditation in der Kapelle des Roncalli-Hauses

KULINARISCHES:

„Bötel mit Lehm und Stroh" – Eisbein mit Erbsenpüree und Sauerkraut
(Magdeburger Spezialität aus mittelalterlicher Zeit)

EVENTS:

➤ Kirchen- und Kulturfest: „Luthers Einschulung" in Mansfeld am
  1. Samstag nach Ostern
➤ „Kaiser-Otto-Fest" im Magdeburger Domviertel, Anfang September
➤ Magdeburger Weihnachtsmarkt vom Montag nach Totensonntag bis
  zum 30. Dezember.

4. Tag: Wittenberg – Professor und Reformator

Von Magdeburg aus geht es in eineinhalb Autostunden elbaufwärts
nach Wittenberg, dem Zentrum des Luthergedenkens. Im Mittelpunkt steht die Besichtigung des Lutherhauses, für das man sich
mindestens drei Stunden Zeit lassen sollte. Auf dem Stadtrundgang gelangt man zu den wesentlichen Sehenswürdigkeiten. Es sind
verschiedene Stadt-, Rad-, Familien- und Eventführungen möglich. Mit dem Audio-Guide kann man die Lutherstadt im eigenen
Tempo besichtigen. Besondere Konzerte, wechselnde Ausstellungen
und Aktionen lassen sich bei der Tourist-Information erfragen. Der
neugestaltete Luthergarten ist mit 500 Bäumen aus aller Welt be-
pflanzt, die von unterschiedlichen Kirchen gestiftet wurden. Der
Park veranschaulicht die weltweite Auswirkung der Reformation.
Wittenberg eignet sich auch für einen längeren Aufenthalt als Ausgangspunkt für verschiedene Ausflüge. In der großen Jüterboger
Nikolaikirche steht Tetzels Kasten. In Torgau, der zweiten kurfürstlichen Residenz, findet sich das Grabmal für Katharina Luther
und eine Katharinenstube. Die dortige Schlosskapelle wurde nach

Luthers kirchenbaulicher Konzeption geschaffen und von ihm ein-geweiht. Im Wörlitzer Gartenpark kann man die Seele baumeln lassen und mit der „MS Lutherstadt Wittenberg" lässt sich die Elbe auf- und abwärts befahren.

ADRESSEN:
- Tourist-Information Lutherstadt Wittenberg, Schlossplatz 2,
  06886 Lutherstadt Wittenberg,
  Tel.: 03491-4986-10,
  Mail: info@lutherstadt-wittenberg.de
- Lutherhaus Wittenberg, Collegienstraße 54,
  06886 Lutherstadt Wittenberg,
  Tel.: 03491-4203118, Fax: 03491-4203270,
  Mail: info@martinluther.de
- Wittenberger Passagierschifffahrt, Schlossstraße 16,
  06886 Lutherstadt Wittenberg,
  Tel.: 03491-7690433, Fax: 03491-7690434,
  Mail: info@ms-wittenberg.de
- Torgauer Tourismus und Bäder GmbH, Fischerdörfchen 11,
  04860 Torgau,
  Tel.: 03421-7014-0, Fax: 03421-7014-15,
  Mail: info@tic-torgau.de
- St.-Nikolai-Kirche Jüterbog – Nikolaikirchplatz, 14913 Jüterbog,
  Büro: Planeberg 71, 14913 Jüterbog,
  Tel.: 03372-432509, Fax: 03372-442628
- Wörlitz-Information, Förstergasse 26,
  06785 Oranienbaum-Wörlitz, OT Wörlitz,
  Tel.: 034905-31009, 19433, Fax: 034905-31010,
  Mail: info@woerlitz-information.de

UNTERKUNFT:
Luther-Hotel, Neustraße 7–10, 06886 Lutherstadt Wittenberg,
Tel.: 03491-458-0, Fax: 03491-458-100,
Mail: info@luther-hotel-wittenberg. de

- Stundengebete der Communität Christusbruderschaft Selbitz in der Fronleichnamskapelle neben der Stadtkirche
- Morgengebet: Mo, Di, Do (mit Eucharistie), Fr 7.^{15} Uhr
- Abendgebet (im Winterhalbjahr): Mo, Mi, Do, Fr 18 Uhr

KULINARISCHES:
Röhrenwasserbier im Wittenberger Brauhaus, Am Markt 6

EVENTS:
- „Luthers Hochzeit", großes Historienspektakel rund um den 13. Juni
- Reformationsfest am 31. Oktober mit Konzerten, Festgottesdiensten, Marktgeschehen.

5. Tag: Eisenach mit der Wartburg und Möhra – Bildung, Bibel, Bauernstand

Zweieinhalb Stunden dauert die Autofahrt von Wittenberg nach Eisenach. Der Rundgang durch die Hörselstadt beginnt am Nikolaitor und nimmt unterwegs besonders die Georgenkirche, das Luther- und das Bachhaus in den Blick. Zur Wartburg kann man in einer dreiviertel Stunde zu Fuß oder in wenigen Minuten mit einem Busshuttle vom Bahnhof aus gelangen. Die letzte Führung beginnt dort um 17 Uhr. Der Lutherstammort Möhra lässt sich am nächsten Morgen noch bei der Abreise mitnehmen. Das Wichtigste hat man dort in einer Stunde gesehen. Der Möhraer Geflügelpark ist im Sommerhalbjahr tagsüber frei begehbar. Wer einen längeren Aufenthalt im Thüringer Wald plant, kann zum Lutherdenkmal nach Steinbach wandern, dem Ort der fingierten Gefangenahme. Eine Tour über den Rennsteig bietet sich von hier aus an.

ADRESSEN:
- Ev.-Luth. Diakonissenhaus-Stiftung Eisenach, Nikolaizentrum, Karlsplatz 27/31, 99817 Eisenach, Tel.: 03691-260230 oder 260239, Mail: a.brackenhoff@diako-thueringen.de

- ➤ Wartburg-Stiftung, Auf der Wartburg 1, 99817 Eisenach,
  Tel.: 03691-2500, Fax: 03691-203342,
  Mail: info@wartburg.de
- ➤ Lutherhaus Eisenach, Lutherplatz 8, 99817 Eisenach,
  Tel.: 03691-2983-0, Fax: 03691-2983-31,
  Mail: info@lutherhaus-eisenach.de
- ➤ Touristik-Information, Markt 24 (im Stadtschloss), 99817 Eisenach,
  Tel.: 03691-79230, Fax: 03691-792320,
  Mail: info@eisenach.info
- ➤ Lutherstammhaus, Familie Hans-Georg Ihling, Lutherplatz 1a,
  36433 Moorgrund OT Möhra,
  Tel. / Fax: 03695-84535,
  Mail: hg-ihling@t-online.de

UNTERKUNFT:
- ➤ Haus Hainstein, Am Hainstein 16, 99817 Eisenach,
  Tel.: 03691-2420, Fax: 03691-242109
- ➤ Steigenberger Hotel Thüringer Hof, Karlsplatz 11, 99817 Eisenach,
  Tel.: 03691-28-0, Fax: 03691-28-190

GEISTLICHES:
Andachten und geistliche Besinnung im Diakonissenhaus: Mo bis Fr.
Morgenandacht: 8 Uhr, Mittagsgebet: $12.^{15}$ Uhr, Lobpreisstunde: Fr $18.^{30}$
Uhr, Wochenschlussandacht: Sa $18.^{30}$ Uhr, geistliche Impulse für Gruppenreisen möglich

KULINARISCHES:
Thüringer Rostbratwurst

EVENTS:
- ➤ Thüringer Bachwochen im März
- ➤ zweijährlich: Telemann-Tage im Sommer
- ➤ Frühlingsfest: Eisenacher Sommergewinn.

Ausgewählte Literatur

Aland, Kurt (Hg.): Lutherlexikon, Nachdruck der 4. Auflage, Göttingen 1989

Die Bibel. Nach der Übersetzung Martin Luthers, revidierte Fassung von 1984, Stuttgart 1999

Berlich, Martina / Schuchardt, Günter (Hg.): Eisenach, Orte der Reformation, Leipzig 2011

Biermann-Rau, Sibylle: An Luthers Geburtstag brannten die Synagogen. Eine Anfrage, 2. Aufl., Stuttgart 2014

Böhmer, Heinrich: Der junge Luther, 7. Aufl., Leipzig 1955

Bornkamm, Heinrich: Das bleibende Recht der Reformation. Grundregeln und Grundfragen evangelischen Glaubens, Hamburg 1963

Brecht, Martin: Martin Luther, Band 1, Sein Weg zur Reformation, 1483–1512, 3. Aufl., Stuttgart 1990

Brecht, Martin: Martin Luther, Band 2, Ordnung und Abgrenzung der Reformation, 1521–1532, Stuttgart 1986

Brecht, Martin: Martin Luther, Band 3, Die Erhaltung der Kirche, 1532–1546, Stuttgart 1987

Bröhenhorst, Klaus / Degenhardt, Gerrit: Neugierig auf Calvin. Ein Reformator in 17 Kapiteln, Münster 2008

Buchwald, Reinhard (Hg.): Luther im Gespräch. Die Aufzeichnungen seiner Freunde und Tischgenossen, Stuttgart 1938

Burk, Carl: Martin Luther, 3. Aufl., Stuttgart 1883

Diwald, Hellmut: Luther. Eine Biographie, 5. Aufl., Bergisch Gladbach 1984

Dorgerloh, Stephan / Rhein, Stefan / Schilling, Johannes (Hg.): Wittenberg, Orte der Reformation, Leipzig 2012

EKD-Magazin zum Themenjahr der Lutherdekade Nr. 4/2012: Reformation und Musik

Fausel, Heinrich: D. Martin Luther. Sein Leben und Werk, Lizenzausgabe, Holzgerlingen 2008

Febvr, Lucien: Martin Luther. Dt. Übersetzung von ‚Martin Luther, un destin‘, Paris 1996

Friedenthal, Richard: Luther. Sein Leben und seine Zeit, 11. Aufl., München 1983

Hägglund, Bengt: Geschichte der Theologie. Ein Abriß, 2. Aufl., München 1990

Heussi, Karl: Kompendium der Kirchengeschichte, 16. Aufl., Tübingen 1981

Hoffmann, Wolfgang: Luther. Ein praktischer Reiseführer zu den bedeutendsten Wirkungsstätten des Reformators in Deutschland, Wernigerode 1995

Kirchenamt der EKD (Hg.): Perspektiven 2017. Ein Lesebuch, Hannover 2013

Kirchenamt der EKD (Hg.): Rechtfertigung und Freiheit, 500 Jahre Reformation 2017. Ein Grundlagentext des Rates der EKD, 2. Aufl., Gütersloh 2014

Lachenmann, Hans: Bekenntnis-Zweifel-Vertrauen. Das apostolische Glaubensbekenntnis kommentiert und ausgelegt, Stuttgart 1993

Lohse, Bernhard: Martin Luther. Eine Einführung in sein Leben und Werk, 2. Aufl., München 1983

Luther, Martin: D. Martin Luthers Werke, 120 Bände, Weimar, 1883–2009

Metaxas, Eric: Bonhoeffer. Pastor, Agent, Märtyrer und Prophet, 6. Aufl., Holzgerlingen 2014

Oberman, Heiko A.: Luther. Mensch zwischen Gott und Teufel, 2. Aufl., Berlin 1983

Pestum, Jo: Martin Luther, München 1983

Petri, Dieter / Thierfelder, Jörg: Grundkurs Martin Luther und die Reformation. Materialien für Schule und Gemeinde, Stuttgart 2015

Raßloff, Steffen / Leppin Volker / Seidel, Thomas A. (Hg.): Erfurt, Orte der Reformation, Leipzig 2012

Rhein, Stefan: Der Wein ist gesegnet. Martin Luther und der Wein, Wiesbaden 2012

Schilling, Heinz: Martin Luther, Rebell in einer Zeit des Umbruchs, München 2012

Schorlemmer, Friedrich: Hier stehe ich, Martin Luther, 2. Aufl., Berlin 2003

Stade, Heinz / Seidel, Thomas A.: Unterwegs zu Luther, Weimar und Eisenach 2010

Das Martin-Luther-Land

Celle

Gardelegen
Stendal

Rathenow

Brandenburg
an der Havel

Gifhorn

Wolfsburg

Burg (bei
Magdeburg)

Potsdam

Braunschweig
Helmstedt

Beelitz

Wolfenbüttel

Magdeburg

Salzgitter

Hoher Fläming

Jüterbog

Zerbst / Anhalt

Halberstadt

Dessau-Roßlau

**Lutherstadt
Wittenberg**

Goslar

Bernburg (Saale)

Jessen
(Elster)

Osterode
am Harz

Quedlinburg

Köthen (Anhalt)

Gräfenhainichen

Harz

Mansfeld

**Lutherstadt
Eisleben**

Nordhausen
Sangerhausen

Delitzsch
Eilenburg

Torgau

Halle
(Saale)

Mühlhausen/
Thüringen

Bad
Frankenhausen/
Kyffhäuser

Leipzig

Naumburg
(Saale)

Grimma

Hainich

Borna

Eisenach

Weimar

Möhra

Erfurt

Jena

Gera

Rudolstadt

Zwickau

Chemnitz

Thüringer Wald

Marienberg

Meiningen

Saalfeld/Saale

Annaberg-Buchholz

Rhön

Plauen

Klingenthal

Erzgebirge

Frankenwald

Hof

Karlovy Vary
(Karlsbad)

Bad Kissingen

Coburg

Kronach

Rehau

Schweinfurt

Kulmbach

Münchberg

Cheb

Marktredwitz

Bamberg

Bayreuth

© diGraph / Robert Fontner-Forget

Bildnachweis

Seite 26: Stahlstich von C.A. Schwerdgeburth, 1847; Seite 41: Kupferstich von Matthäus Merian um 1650; Seite 44: Gemälde von Lucas Cranach d.Ä.; Seite 60: zeitgenössischer, anonymer Maler nach Jan van der Velde (1568–1623); Seite 78: Kupferstich von Matthäus Merian um 1647; Seite 89: Gemälde von Gustav Adolph Spangenberg; Seite 130: Kupferstich von Albrecht Dürer um 1524; Seite 134: Kupferstich von Lucas Cranach d.Ä., 1520; Seite 143: Reformationsaltar von Lucas Cranach d.J. um 1547; Seite 155: Kupferstich von Hans Brosamer; Seite 166: Gemälde von Lucas Cranach d.Ä.; Seite 174: Radierung von Hieronymus Hopfer; Seite 176: Porträt von Lucas Cranach d.Ä., 1522; Seite 185: Kupferstich von Matthäus Merian um 1650.

Trotz intensiver Bild-Recherche war es nicht immer möglich, die genauen Rechtsinhaber zu ermitteln. Der Verlag ist für entsprechende Hinweise dankbar.